陕西师范大学一流学科建设基金资助

本项目受教育部人文社会科学青年基金项目资助：
基于利益相关者的农业完全成本水价形成及
效应机理研究（17XJC790010）

陕西师范大学西北历史环境与经济社会发展研究院学术文库

水权视域下农业水价形成及传导效应研究

Study on the Formation and Transmission Mechanism of Agricultural Water Price from the Perspective of Water Rights

穆 兰◎著

中国社会科学出版社

图书在版编目（CIP）数据

水权视域下农业水价形成及传导效应研究／穆兰著. —北京：
中国社会科学出版社，2017.9
ISBN 978 – 7 – 5203 – 1227 – 1

Ⅰ.①水… Ⅱ.①穆… Ⅲ.①农村给水—水价—研究—中国
Ⅳ.①F426.9

中国版本图书馆 CIP 数据核字（2017）第 256662 号

出 版 人	赵剑英
责任编辑	张　林
特约编辑	王家明
责任校对	沈丁晨
责任印制	戴　宽

出　　版	中国社会科学出版社
社　　址	北京鼓楼西大街甲 158 号
邮　　编	100720
网　　址	http://www.csspw.cn
发 行 部	010 – 84083685
门 市 部	010 – 84029450
经　　销	新华书店及其他书店

印刷装订	北京君升印刷有限公司
版　　次	2017 年 9 月第 1 版
印　　次	2017 年 9 月第 1 次印刷

开　　本	710 × 1000　1/16
印　　张	16
字　　数	253 千字
定　　价	76.00 元

凡购买中国社会科学出版社图书，如有质量问题请与本社营销中心联系调换
电话:010 – 84083683

目　　录

第 一 章

绪　　论

水是生命之源、生产之要、生态之基，是生态系统中最活跃、影响最广泛的要素，是人类生存和发展不可替代的基础性资源和战略性资源。在人类社会发展的初期，水资源被视为一种永不枯竭的要素，可以免费无偿使用。随着经济社会的快速发展和人口的急剧增长，水资源的稀缺性逐渐加剧，供需矛盾日益凸显，甚至成为战争的导火索。根据联合国相关研究报告指出，"在过去50年中，由水引发的冲突达507起，其中37起是跨国境的暴力纷争，21起演变为军事冲突，因水而签订的国际公约共200多个"。[①]

为应对全球性水资源危机，在水资源供给有限的情况下，各国纷纷从水资源供给管理转向需求管理。水权制度和水价政策成为水资源需求管理的热点和前沿，随着国际上一些发达和发展中国家相继取得了水权市场建设的成功，我国亦开始了水权制度和水价综合改革制度的探索。

第一节　研究背景

一　中国水资源现状

1. 水资源利用现状

水资源属于基础性、战略性经济资源和环境资源，水资源的可持续利用是国民经济可持续发展的基本保障。然而我国面临严重的水危机，水资源成为经济社会发展的"心头之患"。我国 2015 年水资源总量为

---

① 《联合国世界水资源开发报告》，2003。

27963 亿 m³，位于世界第 6 位，但人均水资源量只有 1999m³，不足世界平均水平的 1/4，是联合国认定的 13 个缺水国家之一。水资源短缺和生态环境恶化是制约我国经济社会发展的重要问题。[1]

我国基本水情特殊，水资源时空分布极不均匀。"我国北方地区所拥有的水资源量仅为水资源总量的 19%，而这一地区的耕地面积却占全国耕地总面积的 60% 以上。相反，在南方地区，耕地面积仅占全国耕地总面积的 36%，其水资源拥有量却为全国水资源总量的 81%。"[2] 水资源总量贫乏，时空分布不均，导致我国水资源面临严峻挑战。

我国的水污染形式日益严峻，江河湖泊的污染状况堪忧。资料显示，我国 80% 的污水未经处理直接排入江河湖海，1/3 以上的河段受到污染，90% 的城市水域污染严重，70% 的城市河段不适宜做饮用水源。地下水污染也十分严重。监测表明，我国城市地下水已普遍受到污染，其中受到较重污染的城市占 64%，轻污染的城市占 33%。

在水资源短缺的同时，由于用水效率不高等原因，水资源浪费现象严重。我国城市公共供水系统（自来水）的管网漏损率平均达 21.5%，仅城市便器水箱漏水一项每年就损失上亿立方米，全国每年浪费水资源更在 100 亿 m³ 以上。另外，水资源的重复利用率和有效利用率低：我国的工业用水重复利用率仅有 45%，万元工业产值耗水量远远高于工业发达国家，农业灌溉有效利用率一般只有 25%—40%。

因此，目前我国水资源供给已经接近瓶颈，地下水水位危机，预示着水资源的开发要受到限制，再加上海水淡化成本极高，尚不能大范围推广。在这种情况下，靠增加供给来解决日益严峻的水资源供需矛盾，无异于杯水车薪，无济于事。因此就需要在水资源需求管理上下功夫，提高水资源的利用效率。

2. 农业水资源利用现状

农业一直以来都是我国用水第一大户，根据近年来水利部发布的《中国水资源公报》，无论从供水量还是耗水量来看，农业部门用水量一

---

① 林关征：《建设节水型社会的水价制度思考》，《科学经济社会》2007 年第 1 期。

② Danielp. Loucks、Johns、Gladwell：《水资源系统的可持续性标准》，王建龙译，清华大学出版社 2003 年版，第 4 页。

直在全国第一（见表 1-1）。

表 1-1 我国农业水资源利用基本情况

年份	全国水资源总量（亿 m^3）	用水量		耗水量	
		全国总用水量（亿 m^3）	农业用水比例（%）	全国总耗水量（亿 m^3）	农业耗水比例（%）
2015	27962.6	6103.2	63.1	3217.0	64.3
2014	27266.9	6094.9	64.0	3222.0	65.0
2013	27957.9	6183.5	63.4	3263.4	65.0
2012	29526.9	6141.8	63.6	3244.5	75.0
2011	23256.7	6107.2	61.3	3201.8	73.7
2010	30906.4	6022.0	61.3	3182.2	73.6
2009	24180.2	5965.2	62.4	3155.0	75.1
2008	27434.3	5910.0	62.0	3110.0	74.7
2007	25255.2	5818.7	61.9	3022.0	74.6
2006	25330.1	5795.0	63.2	3042.0	75.7
2005	28053.1	5633.0	63.6	2960.0	76.2

资料来源：《中国水资源公报》。

　　然而，目前我国农业用水受到了来自供给与需求的双重压力。在供给方面，存在人均水资源少、南北分布不均、水污染突出、生态系统退化等问题，水资源短缺已经成为我国社会经济发展的重要制约因素。与此同时，工业和生活用水需求的快速增长与农业用水形成激烈的竞争，农业用水的供给量大为减少。随着经济的快速发展以及新型城镇化进程的加快，水资源由农业向非农转移的趋势仍将持续，这意味着未来农业用水的供给将持续下降。而在需求方面，我国农业对水资源的依赖性极强，大约65%的粮食作物和90%的蔬菜作物生产在灌溉农田上（国家统计局，2012）。因此，从粮食安全角度来看，随着中国粮食需求的不断攀升，未来农业水资源需求将面临更大的压力。

　　3. 水资源管理方式转变
　　面对水资源短缺问题，政府所采取的应对措施是利用政策工具提高资源分配效率。鉴于在水资源供给管理改革方面，改革的步伐非常缓慢，解决水资源短缺的根本出路在于从供给管理转变为需求管理。需求管理的政策工具就包括水权交易和水价政策，这是解决当前水危机的重要途径。水权交易是近年来兴起的一种促进水资源有效分配的政策工具。然而，我国水权市场探索自 2000 年东阳—义乌水权交易起步，十多年来推进缓慢，主要原因：一是水资源使用权确权登记未能成功推行；二是我国农业水价价格偏低；三是缺乏一个反映各个利益相关方诉求及其共同作用的平台。因此，2014 年，水利部提出在宁夏、江西、湖北、内蒙古自治区、河南、甘肃和广东 7 个省区开展水权试点，试点内容包括水资源使用权确权登记、水权交易流转和开展水权制度建设三项内容，并在适当时候全国推行。然而目前我国农业水价也偏低，不能起到调节水资源杠杆的作用。这主要是和我国长期以来的农业水价政策有关。新中国成立初期，我国实行农业水价免费政策，后来又长时期执行福利水价政策，使得农业水价长期偏低，水资源浪费现象十分严重。2015 年中央一号文件首次明确指出"建立健全水权制度，开展水权确权登记试点，探索多种形式的水权流转方式。推进农业水价综合改革，积极推广水价改革和水权交易的成功经验"。这体现了中央政府水资源管理方式，从供给管理转向需求管理的决心。

二 中国水权及水价现状

对水权制度和水权市场的关注一方面是由我国客观存在的严重的水危机造成的，另一方面也体现了我国政府对水资源问题的高度重视。

1. 政府对水资源高度重视，探索政府与市场相结合的治水模式

面对水危机，我国政府十分重视水资源问题的解决。一方面，这种高度重视可以从我国的水利基础设施建设中看出来。新中国成立以来，我国兴起了两次水利设施建设高潮。一次就是新中国成立初期，我国在全国范围内掀起整治河流、兴修水利的高潮，奠定了新中国水利基础设施的基础，很多地方至今还受益于此。另一次是 1998 年特大洪水之后，我国开始了新一轮的水利工程建设投资，1998—2003 年中央水利基建投资总额达 1786 亿元，是 1949 年到 1997 年水利基建投资总额的 2.36 倍。国家共发行国债 6600 多亿元，其中用于水利建设 1258 亿元，约占 1/5。另一方面，可以从国家关于水资源方面的方针政策看出国家对水资源管

理的重视。2002年我国开始进行节水型社会建设，甘肃省张掖市是我国第一个节水型社会试点，同时在张掖地区展开了水权制度和水权交易等试点。2008年我国开始农业水价综合改革，2011年《关于加快水利改革发展的决定》首次以中央一号文件的形式关注水资源问题，提出实行最严格的水资源管理制度，明晰红线意识。2013年水利部一号文件《关于加快推进水生态文明建设工作的意见》首次提出水生态文明建设。2014年国家扩大了水权改革试点，在宁夏、内蒙古等7省市自治区进行水权试点。2015年国务院发布《水污染防治行动计划》提出著名的"水十条"。2016年国务院2号文件对水价综合改革进行了全面部署。近几年的中央一号文件都在关注三农的时候提及水权制度改革和水权交易市场培育。从国家关注水利的重点可以看出，政府和市场相结合是水资源需求管理的大趋势，水权制度和水权市场是未来推进的重点。

当前，在推进新型城镇化和经济结构转型的过程中，用水矛盾更加凸显，工业用水、城市生活用水激增。在国家大生态的理念下，生态用水也是有增无减。农业用水受到侵蚀，正在逐渐下降。这是国家大政方针和实施国家战略的需要，在未来这一趋势仍不会改变。这就需要农业自身提高用水效率，改善农业水资源配置效率。目前农业用水占全部用水总量的3/5以上，仍是用水第一大户。但用水效率不高，与发达国家存在巨大的差距，水资源配置效率提升空间很大。通过水权制度和水权交易成为水资源改革的焦点。

2. 当前农业水价偏低，不能起到调节水资源杠杆的作用

水价调节是水资源优化配置的核心。目前我国农业水价偏低，不能反映农业水资源稀缺情况，导致农业水资源利用效率低下，水资源浪费严重。笔者2014年对西北干旱半干旱地区的农业水资源利用效率进行实地调研、测算和分析（见附录"西北干旱半干旱地区农业水资源利用效率调查——以西安市为例"）。这主要是和我国长期以来的农业水价政策有关。新中国成立初期，我国实行农业水价免费政策，后来又长时期执行福利水价政策，使得农业水价长期偏低，水资源浪费现象十分严重。目前我国的农业水价在缺水地区也只是几毛钱，在丰水地区甚至只有几分钱。水价和供水成本之间存在着相当大的差距，导致水管部门入不敷出，只能靠国家财政支持。连员工的工资发放都是问题，根本谈不上吸

引高素质人才。完全水价的理论早已经成为共识，水价由资源水价、成本水价和环境水价构成完全水价也成为常识，但是在用水户承受能力低下的情况下，完全水价也只是停留在了纸面上。

综上所述，面临水资源短缺问题，如何在水权改革的背景下，通过农业水价综合改革，改善农业水资源配置效率，使水资源得以持续利用，是本研究拟解决的最关键问题。

第二节 研究意义

我国是个农业大国，农业用水在水资源使用过程中占有重要的地位。水权是建立水市场的理论基础，水价是通过水市场内在运行规律实现对水资源合理配置的重要手段，是实现水权交易和转让的有效形式。水价的合理与否，对促进水权交易规范化和水市场发育与完善至关重要。因此，研究水权视域下农业水价的形成以及传导效应具有重要的意义。

一 水权制度建设是水资源优化配置的重要手段

水权和水市场是当前水资源配置的最高形式。目前世界范围内已经有不少国家建立了成熟的水权制度和水权市场，如美国、澳大利亚、日本等发达国家，也包括墨西哥、智利这样的发展中国家。联合国也主张在全世界范围内推广水市场。研究水权和水市场对于推动我国的水权制度和水权市场建设具有重要的意义。水权市场的培育需要一定的时间和过程，其中，水权的初始分配是水权管理的初级阶段，水权的有效实施是水权管理的中级阶段，水权市场的形成是水权管理的高级阶段。水权市场的运作比较复杂，水权市场的形成，需要一定时间的培育过程。由于权利的明确和有效保障是水权交易的前提，水权市场发育的程度可以作为衡量水权管理的尺度。本研究将在新制度经济学的理论框架下，对我国的农业水权制度，从农业水权的初始分配到水权交易等全过程，进行初步设计，这将极大地丰富和完善我国农业水权制度理论和推进农业水权市场培育的实践。

二　农业水价综合改革是实现水权的有效途径

我国的水资源管理方式目前仍是以行政管理为主，虽然在水资源管理过程中逐步实行了一体化管理，在一定程度上改善了"多龙管水"的局面。但是行政思维、计划思维仍然占主导地位，导致市场无法在水资源配置中发挥应有的作用。同时用水者协会等组织无法发挥作用，社会无法参与水资源的管理，只能被动接受国家的规定和措施。这主要体现在目前政府以行政命令的方式实施流域内、跨流域的调水，缺乏流域补偿机制。农业水价完全由政府制定，既不能反映资源稀缺程度，用水主体也无法参与具体的农业水价议价过程中来。而建立水权制度以后，政府的管理职能从过去较多的运用行政手段转向政府调控市场、市场引导用水户，用水户对于如何用水以及是否参加水权交易等根据效益最大化的原则自主决策，能够发挥微观经济主体的积极性。而建立水权制度之后，也会有效防止非农用水对农业用水的侵占。

三　完全成本水价形成机制是提高农业用水效率的关键

完全成本水价形成机制的构建，将改变农业实行福利水价的局面，实现由利益相关者共同制定水价的状态。一方面，农业水价研究将进一步探讨农业合理水价的构成以及形成机制，完善农业水价利益相关者在农业水价制定过程中的作用，体现社会治水、水价命运共同体的观念，改变政府单独定价的垄断状态。另一方面，农业水价的提升将改变现有农业水价偏低的格局，有效地提升水价调节农业水资源的作用，有助于完善市场机制，发挥市场在水资源配置中的决定性作用。同时也在此过程中完善了政府职能，最终与市场形成合力，共同实现农业水资源配置效率的提高。本研究通过利益相关者的视角完善农业水价形成机制，对促进农业水价综合改革具有重要的理论和实践意义。

四　农业水价政策综合效应研究是水价改革的重要保障

农业水价改革综合效应（微观效应和宏观效应）将为我国农业水价综合改革的顺利实施提供一定的理论依据。目前学术界对农业水价的传导机制缺乏系统的研究。农业水价的改变将可能改变农户的用水行为，实现农业节水和水权交易。也可能引起农户种植行为的改变，如从事经济作物或者弃耕，这会影响我国的粮食安全。同时农业水价会影响农产品的价格以及其他产业的布局，甚至对水生态系统产生不确定的影响。农业水价改革，牵一发而动全身。因此将农业水价控制在一定的范围之内，必须对农业水价的传导机制有着非常清晰的认识，以建立农业水价预警机制，使农业水价改革能够在合理的区间内运行。

在农业水资源配置效率不高和我国当前农业水价、水权制度改革的背景下研究农业水权、农业水价和水价传导具有十分重要的意义，这也是本研究的出发点和价值所在。

第三节　国内外研究进展

一　国外研究现状

1. 国外水权研究

国外对水权的研究始于 20 世纪 80 年代。Chaudhry 等（1990）较早地研究了印度水权市场交易的情况，指出水权交易跟农户生产规模和种植结构有关。[①] Michelsen 和 Yong（1993）研究了干旱期农业用水期权对城市用水的供应。利用综合的水文经济模型分析指出，在干旱时期通过农业用水期权交易可以在保障农业生产的基础上以更低的成本保障城市生活用水。[②] Gazmuri（1994）研究了发展中国家利用市场水权分配的潜在效率，指出水权交易可能是发展中国家实现水资源优化配置的重要政治改革。[③] Thobani（1997）指出水权市场可以更好地反映用水需求的变化、刺激投资及更好地促进水供给，并介绍了智利、墨西哥等发展中国家水权市场成功的经验。[④] Bauer（1997）研究了智利水权市场改革的经

[①] Chaudhry M. A., Yong R. A., Sampath P. K., "Economics Impacts of Alternative Irrigation Water Allocation Institutions", *Pakistan's Warabandi System*, 1990.

[②] Michelsen A. M., Young R. A., "Economics of Optioning Agricultural Water Rights for Urban Water Supplies During Drought", *American Journal of Agricultural Economics*, 1993, 75 (4): 1010 – 1020.

[③] Gazmuri S. R., Chilean water policy. Iwmi Books Reports, 1994.

[④] Thobani M., Tradable property rights to water: how to improve water use and resolve water conflicts, Reports, 1997.

验与教训，指出对水权市场应该保持适度和小心的期待。[1] Rosegrant 等
（2000）利用水文经济综合模型对智利迈波流域（Maipo river Basin）水权
交易进行了分析，结果表明水权交易可以使水资源转让具有更高经济附
加值的农业生产使用，农业生产不会受到影响且农户可以通过转让剩余
的农业水量获取收益。市场交易可以降低交易成本。[2] Howe 和 Goemans
（2003）通过对美国科罗拉多流域三个不同水权市场的比较，分析了制度
安排、经济环境以及水权界定的具体形式对水权市场的影响。[3] Heaney 等
（2006）描述了澳大利亚水权转让的四种第三方效应，包括对供水保证
率、供水准时性、水费及水质。[4] Ansink 和 Houba（2011）利用扩展到多
市场古诺模型探讨了水权市场中的市场力量。[5] Garrick 等（2013）利用
交易费用分析框架分析了水权市场和分配政策的演变。[6] Yoo 等（2013）
利用数据和模型指出利用边际意愿定价法实现水权的价格能够实现水资
源价值最大化。[7] Nikolakis 等（2013）利用对澳大利亚北部水权市场的调
查研究比较了土著居民和非土著居民对水权市场的看法。[8] Meinzen
（2014）从发展中国家的视角分析了财产权对农业可持续灌溉的影响。指
出水权市场的建立需要规范和实践，是一个有机的过程。[9] Broadbent 等

① Bauer C. J., Bringing water markets down to earth: The political economy of water rights in Chile, 1976 – 1995, World Development, 1997, 25 (5): 639 – 656.

② Rosegrant M. W., Ringler C., Mckinney D. C., et al., Integrated economic-hydrologic water modeling at the basin scale: The Maipo river basin, Agricultural Economics, 2000, 24 (1): 33 – 46.

③ Howe C. W., Goemans C., Water transfers and their impacts: Lessons from three colorado water markets, Jawra Journal of the American Water Resources Association, 2003, 39 (5): 1055 – 1065.

④ Heaney A., Dwyer G., Beare S., et al., Third-party effects of water trading and potential policy responses, Australian Journal of Agricultural and Resource Economics, 2006, 50 (3): 277 – 293.

⑤ Ansink E., Houba H., Market Power in Water Markets, Tinbergen Institute, 2011, 64: 237 – 252.

⑥ Garrick D., Whitten S. M., Coggan A., Understanding the evolution and performance of water markets and allocation policy: A transaction costs analysis framework, Ecological Economics, 2013, 88 (7): 195 – 205.

⑦ Yoo J., Simonit S., Connors J. P., et al., The value of agricultural water rights in agricultural properties in the path of development, Ecological Economics, 2013, 91 (6): 57 – 68.

⑧ Nikolakis W. D., Grafton R. Q., Hang T., Indigenous values and water markets: Survey insights from northern Australia, Journal of Hydrology, 2013, 500 (8): 12 – 20.

⑨ Meinzen D. R., Property rights and sustainable irrigation: A developing country perspective, Agricultural Water Management, 2014, 145: 23 – 31.

（2014）对农业水权租赁市场进行了一个经验研究。研究表明通过临时水权交换可以实现不同利益相关者的利益最大化。[1] Bekchanov 等（2015）运用水文经济模型对咸海流域（Aral Sea Basin）的水权交易的潜在收益进行了分析，分析表明通过水权交易可以获得可持续增长的利益，但是必须建立在基础设施完善、清晰的水权界定、法律规范等基础之上。[2] Connell（2015）分析了墨累—达令流域（Murray-Darling Basin）水权市场的可持续性，探讨了协商、协议在水资源文化和权利管理中的角色。[3] Johnson 等（2015）从绿色犯罪学角度阐述了在法律和政府管制下水资源确权和商品化对减少水资源利用冲突的重要性。[4] Adapa 等（2016）对从消费者视角分析水权市场的维度进行了总结，指出未来的研究应该更加关注消费者的维度。[5]

国外无论是从水权市场发展的经验还是研究都已经相对比较成熟，其研究的时间也很长。国外从理论和实践两个层面已经证明水权市场是配置水资源一种较好的形式，且已经发展到水银行、水金融等相对高级阶段。国外水权市场发展的经验值得我们借鉴。在理论上，国外的水权多是建立在私有水权的基础之上，和我国的基本国情有着本质的区别。但是其分析水权建立的框架和模型，值得我们在研究中进行借鉴和思考。

2. 国外水价研究

国外对水价的研究总体上是从 20 世纪 70 年代开始的。进入 80 年代以后，资源与环境问题日渐严重，更加引起各国政府和经济学家的重视，一些专家学者对水资源价值与价格进行了大量研究。国外关于农业

---

[1] Broadbent C. D., Brookshire D. S., Coursey D., et al., An experimental analysis of water leasing markets focusing on the agricultural sector, Agricultural Water Management, 2014, 142 (142): 88 – 98.

[2] Bekchanov M., Bhaduri A., Ringler C., Potential gains from water rights trading in the Aral Sea Basin, Agricultural Water Management, 2015, 152: 41 – 56.

[3] Connell D. Irrigation, Water Markets and Sustainability in Australia's Murray-darling Basin, Agriculture & Agricultural Science Procedia, 2015, 4: 133 – 139.

[4] Johnson H., South N., Walters R., The commodification and exploitation of fresh water: Property, human rights and green criminology, International Journal of Law Crime & Justice, 2015, 44: 146 – 162.

[5] Adapa S., Bhullar N., Desouza S. V., A systematic review and agenda for using alternative water sources for consumer markets in Australia, Journal of Cleaner Production, 2016: 14 – 20.

水价的研究主要包括农业用水定价的理论基础与方法、农业水价的确定模式、农业水价的实施方式、农业用水需求价格弹性和农业水价政策及影响等。

由于供水的自然垄断特点，关于农业水价的理论基础与方法研究领域，不同学者提出的研究方法不同，主要有成本定价法（成本定价法又根据供水成本确定的具体方法不同分为平均成本定价法和边际成本定价法。平均成本定价法又称为成本加利润法，是一种常见的垄断部门的定价方法，由水资源生产成本、利润和税金三部分组成，平均成本的确定主要依据历史成本资料，利润率一般取社会平均利润率或政府管制利润率。边际成本定价法是根据增加单位供水量所需增加的供水生产成本作为水价的定价依据）、影子价格法（是在资源短缺条件下，通过单位资源投入所产生的追加效益确定水资源价格的方法。[1] 这种方法实际上是效用原则在资源定价中的具体应用，同时也是计划定价方法中有利于水资源配置向最优化方向发展的一种价格）等。同时，学者又相继提出了受益水价（按照一定的经济准则，如购水合同、水表尺寸等，不仅使水价能够回收全部成本，而且通过对工程受益范围内征收受益税和土地改良增产税，实现用水户的用水收益与供水者的经济利益直接挂钩）和社会政治水价（这种水价是基于各国的宏观经济政策，针对水市场的特殊性和水行业的生产特点提出的。补贴水价是指工程的基建投资部分或全部由政府承担，用水户只需负担运行维护管理费用及部分基建投资的回收。供水生产单位也不需要承担回收工程全部或部分基建投资的任务，政府补贴投资部分一般通过税收等国民经济二次分配形式，实现对供水补贴投资的回收）。[2][3]

关于农业用水定价模式及实施方式方面，Schneider（1991）研究了一

---

① Varela-Ortega C., Sumpsi J. M., Garrido A., et al., Water pricing policies, public decision making and farmers′response: implications for water policy, Agricultural Economics, The Journal of the International Association of Agricultural Economists, 1998, 19 (1 - 2): 193 - 202.

② Johansson R. C., Tsur Y., Dinar A., Doukkali R, Roe T., Pricing and allocation of irrigation water: A review of theory and practice, Water Policy, 2002, 4 (2): 173 - 199.

③ Mahmoud A. Z., Aty M. S., René Coulomb., The World Water Council in Three Years—1994 - 1997, Water International, 1998, 23 (2): 97 - 106.

定用户需水量弹性，为进一步研究节约用水提供了有益的经验。[①] Schneider（1991）指出人口统计和社会经济变量，如住户年龄、种族、家庭成员的组成对用水量有很大影响，在研究水价定价时，要考虑这些因素。[②] 随着研究的不断深入，更多学者采用一定的理论模型来研究水资源价格。其中，供求定价模型是基于"一般均衡"思想，将水作为一种商品来考虑，由美国学者 Dauglas James 和 Robert Rlee 提出的一种定价模型。

CGE 模型应用于水资源领域开始于 20 世纪 90 年代，涉及范围包括水资源配置、水资源价格、水权水市场以及与水有关的政策模拟等方面。目前的方法有三种：第一种方法将水资源以实物量形式纳入 CGE 模型，不能分析国民经济体系中水资源价格与数量的关系，实际上并未真正反映水资源与国民经济的关系；第二种方法未能将水资源作为一种要素来考量，不能反映水资源要素供给对国民经济的影响，仅适用于分析水行业对其他行业的影响；第三种方法真正做到了将水资源与国民经济的耦合，将水资源要素的生产、分配、消费、排放过程客观反映到其他行业生产过程中，能客观评价水资源要素对国民经济的影响，为制定水资源政策提供依据。能值测算法，试图将水资源开发、利用过程中的投入全部转换为太阳能，以能值与价格的关系来测算水资源价值，并进一步测算水价。能值分析理论和方法由美国著名生态学家 Odum（1996）为代表于 20 世纪 80 年代创立，是生态经济学中用来衡量自然系统与经济系统的产品与过程的新概念，其内涵是将系统流动和存储的过程统一转换成太阳能，以能值转换率将生态经济系统内流动和储存的各种不同类别的能量和物质转换为同一（指相同的标准）标准的能值。Asad（2010）对巴西农业用水价格改革的历程进行了回顾，认为政治权利结构和机构设置造成了水价改革失败，应该确定水价改革的首要目标是收回成本，其次才是经济效益。[③]

---

① Schneider, M. L., User-specific water demand eladticites. Journal of water resources planning and management, 1991, 117 (1).

② Murdock S. H., Role of sociode mographic charceteritics in rojections of water use, Jouranal of Water Resources Planning and Management, 1991, 2: 117.

③ Asad U. Performance of farmers organization in Punjab Pakistan: the challenges and way forward, Irrigation and drainage, 2010 (1): 23–30.

关于农业用水价格政策方面，国外学者研究表明，出于考虑稳定农产品价格，提高国际市场竞争力，以及提高水价可能存在政治风险，目前大部分发展中国家灌溉用水仍采用的是补贴性低水价政策。Berbela 和 Gomez（2000）认为，由于长期以来的低水价政策，农民对水资源的商品性意识不强，科学调整农业用水补偿机制是水价改革的重要组成部分，同时指出将水价仅作为控制用水的单一工具对减少农业用水的作用不是十分有效，低水价政策不仅降低了水资源有效配置，同时也对农业生产率有消极的作用。[①]

综上所述，我们可以看出，国外水价研究已经完全摆脱就资源而论资源的狭窄境地。从水价制定理论、方法和依据、水价制定和实施的影响因素、实施方式、水价的水资源管理作用等方面提出了理论现实的模式及政策框架。

二 国内研究现状

国内对农业水价和农业水权的研究也日渐增多，日趋成熟，产生了一系列研究成果。

1. 水权研究

目前国内关于水权等研究主要集中在初始水权界定和分配、水权交易和水权交易市场几个方面。从 2000 年开始，国内水权研究迎来高峰，目前已经形成了大量的研究文献。

（1）初始水权界定与分配：

国内对初始水权界定与分配的研究主要集中在流域初始水权，主要分为三个方面：

第一，是进行流域的案例研究，目前国内主要的流域已经都有文献产生。国内学者分别对塔里木河、长江流域、黄河流域、卫河流域、淮河流域、松辽流域、太湖流域等进行了初始水权分配的研究。[②③]

---

① Berbela J. , Gomez-Limonb J. A. , The impact of water-pricing policy in Spain: an analysis of three irrigated areas, Agricultural water management, 2000, 43: 219 – 238.

② 朱颂梅、唐德善：《塔里木河流域初始水权与政府效用的博弈分析》，《节水灌溉》2008 年第 2 期。

③ 李浩、黄薇、刘陶：《跨流域调水生态补偿机制探讨》，《自然资源学报》2011 年第 9 期。

第二，是对初始水权分配的原则、影响因素和模式进行研究。

关于初始水权分配的原则，和莹（2006）提出"公平优先、兼顾效率"的原则;[①] 吴丹（2012）提出宏观调控、总量控制、尊重现状、公平性、效率性、可持续利用、"三生"用水统筹兼顾的原则。[②]

关于水权初始分配的影响因素，应当将水资源与流域地区发展的匹配程度、政府对重要流域地区水资源供给的政策扶持等区域协调发展因素考虑在内。关爱萍等（2011）认为经济社会发展、水文循环变化、工程使用期限、市场环境变化、政策法规调整五个因素影响水权初始分配。人均分水量、现状用水和水源地优先影响流域初始水权分配的公平性;地区在全流域的经济发展状况和用水效益影响着分配的有效性;生态环境情况和以产值结构变动率、人口增长率为主的社会发展状况影响分配的可持续性。[③]

关于流域初始水权分配的模式，根据实践的经验和学术研究，目前比较流行的主要是七种模式：人口分配模式、面积分配模式、产权分配模式、混合分配模式、现状分配模式、友好度分配模式、（a+b）+c 模式。[④]

人口分配模式：人口分配模式强调合理分配的公平性，但该模式的弊病在于推行过程中忽视了不同行业从业人员对水资源的需求差异。

面积分配模式：面积分配模式指内陆干旱区流域面积与相应的耕地面积及其他生产要素的分布并非简单的比例关系，源流地区流域面积普遍较大，但需水量并不大，按照面积分配模式可能致使河流下游在枯水年份更加缺水。

产权分配模式：与人口分配模式和面积分配模式相比，利用一个地区的经济发展状况来衡量该地区的用水水平更具备现实可能性。然而，产权分配模式未能兼顾平等发展理论，同时该模式对于产业的发展

① 和莹、常云昆：《流域初始水权的分配》，《西北农林科技大学学报》（社会科学版）2006 年第 3 期。

② 吴丹、吴凤平：《基于双层优化模型的流域初始二维水权耦合配置》，《中国人口·资源与环境》2012 年第 10 期。

③ 关爱萍、王科：《南水北调调水水权区域间初始配置研究》，《人民长江》2011 年第 3 期。

④ 陈艳萍、吴凤平：《基于演化博弈的初始水权分配中的冲突分析》，《中国人口·资源与环境》2010 年第 11 期。

不利。

混合分配模式：将人口分配模式、面积分配模式和产权分配模式进行加权得到混合分配模式。对于混合分配模式而言，实施的关键是权重的确定，而权重的大小则取决于各方的谈判能力和决策者偏好。

现状分配模式：现状分配模式从实践操作角度不会对生产造成过度冲击，水权的分配量更易确定从而利于分配政策的执行。

友好度分配模式：构造友好度函数将初始水权分配的原则进行了量化，以系统总体友好度最大为目标构建了流域初始水权分配的模式。

（a＋b）＋c 模式：采用（a＋b）＋c 模式对初始水权进行配置。该模式中，a 代表行政配置机制，b 代表政治民主协商机制，c 代表市场分配机制。

第三，是构建初始水权分配的模型。吴凤平等（2005）构建了多层次半结构性多目标模糊优选模型对流域第一层次水权进行初始分配。[①] 王慧敏（2009）借鉴钱学森提出的综合集成理论，构建了流域初始水权分配群决策的平台——流域初始水权分配综合集成研讨厅模型。[②]

（2）水权交易

对水权交易的研究，部分学者从法学的角度探讨水权交易的可行性以及水权交易的法律体系等。黄锡生等（2005）认为水权属于物权，是一种私权。除水资源所有权之外的其他水权，包括自然资源水使用权、取水权和产品水物权，具有可转让性，即是可交易的水权。[③] 裴丽萍（2007）认为可交易水权制度是可持续发展原则下实现水资源市场化配置的重要法律工具，是水权的高级表现形式。部分学者研究了水权交易的价格和水权交易机制。[④] 陈洪转等（2006）结合水权交易双方的效用函数，基于博弈原理及方法分别建立了水权交易准市场阶段和水市场阶段

① 吴凤平、葛敏：《水权第一层次初始分配模型》，《河海大学学报》（自然科学版）2005年第2期。

② 王慧敏、王慧、仇蕾等：《南水北调东线水资源配置中的期权契约研究》，《中国人口·资源与环境》2009年第6期。

③ 黄锡生、黄金平：《水权交易理论研究》，《重庆大学学报》（社会科学版）2005年第1期。

④ 裴丽萍：《可交易水权论》，《法学评论》2007年第4期。

的水权交易博弈定价模型，并对水市场定价模型的纳什均衡解进行了探讨，结果认为水权交易双方存在利益冲突，并且准市场阶段水权交易定价相对较低，水市场阶段水权交易定价相对较高。[①] 王慧敏等（2007）设计了水权交易 CAS 模型，并在 SWARM 平台上进行了仿真，证明市场机制的有效性。[②] 唐润等（2010）建立了水权交易的讨价还价模型，指出交易双方贴现率的大小对最终交易价格有着十分重要的影响，同时提出水权拍卖市场中政府必须进行规制，并在此基础上研究了风险中性和风险规避两种条件下水权第一价格拍卖和第二价格拍卖的策略和收益。[③] 刘峰等（2014）在借鉴国外水权交易和碳排放交易价格的基础上，提出我国水权交易价格形成机制的发展方向。[④]

2. 农业水价研究

目前的农业水价研究主要分为几个方面：

（1）农业水价承载力研究

农业水价改革是当前农业水资源改革的中心环节，水价要提升就需要以农户承载力为基础，目前国内相当数量的文献对此进行报道。

沈大军（2001）对黄淮海流域灌区农民灌溉水费支出进行了调查研究，分析了水费支出占收入的比例。[⑤] 姜文来（2003）在回顾我国农业水价演变历程的基础上，分析了当前农业水价政策难以落实的原因，给出了农业水价承载力的模型和公式，指出农业水价要置于社会经济环境的大背景条件下，充分利用 WTO 规则，提高农产品国际竞争力。[⑥] 廖永松等（2004）研究指出农民对灌溉用水价格的承受能力的决定性因素是生产活动的利润水平，主要是灌溉投入成本占农业生产成本的比例和生产利润，同时还要关

---

① 陈洪转、羊震、杨向辉：《我国水权交易博弈定价决策机理》，《水利学报》2006 年第 11 期。

② 王慧敏、佟金萍、林晨：《基于 CAS 的水权交易模型设计与仿真》，《系统工程理论与实践》2007 年第 11 期。

③ 唐润、王慧敏、王海燕：《水权交易市场中的讨价还价问题研究》，《中国人口·资源与环境》2010 年第 10 期。

④ 刘峰、段艳、邓艳：《我国水权交易价格形成机制研究》，《中国水利》2014 年第 1 期。

⑤ 沈大军、阮本清：《黄淮海流域灌区农民灌溉水费支出的调查报告》，《中国水利》2001 年第 4 期。

⑥ 姜文来：《农业水价承载力研究》，《中国水利》2003 年第 11 期。

注粮食主产区和低收入农民的粮食生产成本和收益情况。① 周振民、吴昊（2005）认为农民对水价的承受能力与当地的作物种类、产量、耕作水平、水土条件等都有一定的关系。② 付洪明等（2006）通过建立水费与用户实际收入或总产值的比值的水费支出指数，综合反映物价、心理和节约用水等因素对水价承受能力的影响。③ 陈菁等（2007）采用意愿调查方法研究农业水价承载力，以五岸灌区为例，分析了农户的农业水价承载力，并提出工程改造后试运行阶段水价标准合理范围的建议。④ 吕彦（2014）指出农民是农业水价承受的主体，其承受能力的大小决定着农业水价改革的力度和进程。通过农民对农业水价承受能力的调查，得出了灌区的运行能力是随着农业水价的上调逐步增加的，而用水是逐步减少的结论，并提出了促进农业水价改革的综合对策。⑤

关于农业水价承载能力的研究，主要是通过两种思路，一种是通过实地调研，通过问卷调查的方法，对农户的水价承载能力进行综合的评价；另一种思路就是通过数理模型的构建，对影响农业水价的综合影响因素进行分析。这两种方法都十分普遍。但是目前的水价承载能力并没有涉及水权交易，水权交易将如何影响农户承载能力，是未来研究的方向。

（2）农业水价补贴（补偿）研究

农业水价补贴（补偿）是农业水价分担的一种形式。邹新峰（2005）研究表明农村税费改革对末级渠系建设和农业水费收取影响巨大，建议推动农业水价改革，建立合理的补偿机制，引入科学的投入机制。⑥ 刘红梅等（2006）从经济学的角度对不同的农业水价补贴方式进行了分析，结果表明农业水价补贴由"暗补"变为"明补"是一种必然趋势，"明

---

① 廖永松、鲍子云、黄庆文：《灌溉水价改革与农民承受能力》，《水利发展研究》2004 年第 12 期。

② 周振民、吴昊：《农业水价改革与农民承受能力研究》，《水利经济》2005 年第 3 期。

③ 付洪明、马季喆、宋卫：《尼尔基水利枢纽工程供水对象水价承受能力分析》，《东北水利水电》2006 年第 1 期。

④ 陈菁、陈丹、陆军：《基于意愿调查的农业水价承载力研究》，《中国农村水利水电》2007 年第 2 期。

⑤ 吕彦：《农民对农业水价承受能力研究》，《中外企业家》2014 年第 6 期。

⑥ 邹新峰：《农村税费改革对农业水价影响分析与对策》，《中国水利》2005 年第 14 期。

补"比"暗补"更有效。[1] 郑通汉、王文生（2008）认为实行两部制水价制度有利于供水生产成本费用的均衡补偿，阐述了建立"三位一体"农田水利良性运行长效机制的总体思路，及农业终端水价改革的内容与要求。[2] 周振民（2008）对河南省人民胜利渠引黄灌区农业水价的成本构成和水费征收方式进行了研究，提出了合理补偿农业成本水价的综合对策与措施。[3] 刘宏让（2010）针对宝鸡峡灌区农业供水价格政策性亏损问题，结合供水成本与农产品价格指数上涨等因素，提出了建立灌区农业供水成本补偿机制的建议。[4] 冯广志（2010）对完善农业水价形成机制若干问题进行了思考，认为水价主管部门坚持补偿成本是农业水价改革的核心原则，但多年来全国没有一个省贯彻执行，也没有一个灌区能做到。现行农业水价形成机制存在重大问题，需要完善。[5] 孙亚武（2011）根据农业供水价格管理的特殊性，针对宝鸡峡灌区农业水价执行中存在的问题，提出了公共财政对水价成本补偿的建议。[6] 孙梅英等（2011）论述了农业灌溉水费"暗补"改为"明补"的必要性与可行性。[7]

农业水价补贴或补偿机制是对农业水价的补充，目前的文献多集中在农业水价补贴的必要性和补贴形式的比较上。对于如何进行水价补贴，既能实现激励又能保障农户承载力，并没有深入的文献研究。

（3）水价模型研究

在水价模型研究方面，国内学者做了大量的研究。李长杰等（2006）通过买卖双方报价过程，建立了基于拍卖理论的贝叶斯水价模型，得出均衡状态下的价格。[8] 马孝义、赵文举（2006）在综合考虑供水单位和农

① 刘红梅、王克强、黄智俊：《农户采用节水灌溉技术激励机制的研究》，《中国水利》2006 年第 19 期。

② 郑通汉、王文生：《水利工程供水价格核算研究》，中国水利水电出版社 2008 年版。

③ 周振民：《引黄灌区合理补偿农业成本水价对策研究》，《灌溉排水学报》2008 年第 2 期。

④ 刘宏让：《灌区农业水价成本补偿机制探究》，《中国水利》2010 年第 12 期。

⑤ 冯广志：《完善农业水价形成机制若干问题的思考》，《水利发展研究》2010 年第 8 期。

⑥ 孙亚武：《对建立农业水价成本补偿机制的思考》，《陕西水利》2011 年第 1 期。

⑦ 孙梅英、马素英、顾宝群：《农业灌溉水费"暗补"改为"明补"的必要性与可行性》，《水利经济》2011 年第 1 期。

⑧ 李长杰、王先甲、范文涛：《水市场双边叫价贝叶斯博弈模型及机制设计研究》，《长江流域资源与环境》2006 年第 4 期。

民双方利益的基础上，从经济学角度探讨了基于帕累托优化的农业用水定价机制，建立了考虑国家对农民直接补贴的基于帕累托优化的农业用水的水价模型。[①] 王谢勇等（2011）提出了由资源水价、工程水价、环境水价、边际使用成本四部分组成的水价完全成本，并利用模糊数学、边际机会成本等理论构建了水价动态完全成本定价模型。[②] 孙建光、韩桂兰（2014）把塔里木河流域可转让农用水权价格中的资源水价细分为绝对水租、级差水租、水资源稀缺价值、水资源选择价值和超定额用水的水资源价值，并确定了流域资源水价形成的准市场机制；在此基础上，进一步确定资源水价各个组成部分的计量模型。[③] 景金勇等（2015）利用引黄灌区为例根据供水成本、资源成本、农民水价承受能力、电费及国家补贴等影响因素构建了阶梯水价模型。[④]

从农业水价模型来看，涉及的面也很广，基本涉及了农业水价的主要组成部分，只是侧重点各不相同，并且已经涉及用水户之间的博弈，主要是政府和农户的博弈，但是对于其他利益相关者的博弈研究尚不多见，且基于水权的水价模型研究尚显不足。今后的研究重点是一方面从利益相关者的视角研究农业水价形成过程中行为主体的博弈，另一方面通过水权来构建农业水价。

（4）农户灌溉决策行为以及影响因素研究

作为灌溉活动的主体，农户的灌溉决策行为极大地影响了该地区的农业灌溉用水效率，更会进一步影响该地区的农业生产活动，其对农业灌溉形式、效率等有重要影响。近几年，我国农业生产连续遭受旱灾侵袭，除气候因素外，税费改革后农民以小组为单位的共同合作灌溉模式的瓦解，以及由此而导致的农业生产活动抗旱脆弱性需要引起人们对当

[①] 马孝义、赵文举：《基于帕累托优化的农业用水定价机制与模型研究》，《科技导报》2006 年第 10 期。

[②] 王谢勇、谭欣欣、陈易：《构建水价完全成本定价模型的研究》，《水电能源科学》2011 年第 5 期。

[③] 孙建光、韩桂兰：《塔里木河流域河道渗漏生态水权及其计量研究》，《人民黄河》2014 年第 6 期。

[④] 景金勇、高佩玲、孙占泉：《引黄灌区"提补水价"节水模式及阶梯水价模型研究》，《中国农村水利水电》2015 年第 2 期。

前农田水利政策的反思。① 越来越多的学者从农户的角度出发研究灌溉用水问题，分析农户灌溉决策行为及其影响因素。

众学者对影响农户灌溉决策行为的因素研究涉及多个方面，包括自然环境条件、作物生理需求、社会经济条件等，但不局限于这些。其研究方法既有定性分析也有定量分析。张新焕等（2013）指出，自然因素是导致农户灌溉行为区域差异的根源，农户自身因素影响农户对灌溉和节水的认识，而政府决策可有效调控农户决策行为。②

除了以上针对多种灌溉决策行为进行综合分析外，有些学者针对特定农户灌溉决策行为进行分析。其中，灌溉技术选择是一个研究的热点。刘国勇、陈彤（2010）基于新疆焉耆盆地的样本，运用 Logit 模型分析研究了影响干旱区农户灌溉行为选择的因素，指出提高干旱区少数民族农户的科技文化水平、加强对农户节水灌溉技术培训力度、发展适度规模经营、集中统一种植、加大政府对节水灌溉技术推广应用的资金扶持力度等对于推进干旱区农户积极采取节水灌溉技术有显著影响。③ 许朗、刘金金（2013）利用山东省蒙阴县的农户调查资料，运用二元 Logit 模型对农户节水灌溉技术选择行为的影响因素进行了实证分析，指出农户对节水灌溉技术的认知程度、家庭收入来源及农业收入所占比重、耕地面积、有效灌溉面积、政府对节水灌溉技术的宣传力度、农户对节水灌溉政策的满意度、农户对节水灌溉技术投资方式的满意度以及水价认知，都是影响农户节水灌溉技术选择行为的重要因素。④ 黄季焜等（2016）对农户在严重干旱情况下的灌溉适应行为进行了分析。研究结果表明良好的农田水利设施条件对农户灌溉行为产生显著的正向效果；农户种植规模、户主年龄以及教育水平等农户家庭特征也显著地影响农户的灌溉行为。⑤

① 罗兴佐：《农民合作灌溉的瓦解与近年我国的农业旱灾》，《水利发展研究》2008 年第 5 期。

② 张新焕、肖艳秋、杨德刚：《基于 Logistic 模型的三工河流域农户节水灌溉驱动力分析》，《中国沙漠》2013 年第 1 期。

③ 刘国勇、陈彤：《干旱区农户灌溉行为选择的影响因素分析——基于新疆焉耆盆地的实证研究》，《农村经济》2010 年第 9 期。

④ 许朗、刘金金：《农户节水灌溉技术选择行为的影响因素分析——基于山东省蒙阴县的调查数据》，《中国农村观察》2013 年第 6 期。

⑤ 杨宇、王金霞、黄季焜：《农户灌溉适应行为及对单产的影响：华北平原应对严重干旱事件的实证研究》，《资源科学》2016 年第 5 期。

(5) 农业水价变动对农户灌溉决策行为的影响

在我国农业水价改革的市场化进程中，众多学者对水价与农户灌溉决策行为之间的关系进行了研究。很多学者把水价视为影响农户灌溉用水行为的重要因素。苏永新（2003）以甘肃地区的部分有代表性的灌区为例，研究了灌溉用水量和农业水价之间的关系，指出水资源的定价太高会导致作物用水需求得不到满足，会抑制农作物的产量，对地区发展带来不利影响；而水资源的定价太低又会使得用水主体在使用水的过程中失去节约意识，造成资源浪费，并研究给出灌溉用水的合理取值范围，在 0.07 元/m³ 至 0.22 元/m³ 之间。农业灌溉用水价格弹性的不同，也进一步导致水价变动对农户节水行为影响不同。[①] 江煜、王学峰（2008）探讨了干旱区农业灌溉水价与农户采用节水灌溉技术之间的关系，并建立政府与农户博弈模型，通过对模型进行分析，得出政府只有采用提高灌溉水价的方式，其与农户之间的博弈才能够达到非合作均衡，并得到一个博弈对策完美的纳什均衡解。[②] 牛坤玉、吴健（2010）以黑龙江省境内某农场为实证分析对象进行研究得出，在不同的灌溉水价区间，节水灌溉技术的采用和农户的灌溉行为都会相应发生变化。而对于不同的研究区域，农业灌溉用水价格弹性更是有所差别。[③] 刘一明、罗必良（2011）通过建立农户灌溉用水行为模型，通过分析单一水价与超定额累进加价这两种水价政策对农户用水行为的影响，结果表明，单一水价与超定额累进加价均会激励农户采用灌溉效率高的灌溉技术或对农户的种植面积和种植结构产生影响并对当地的土地流转市场产生影响。[④] 大多数研究者在研究农业水价变动对农户灌溉决策行为的影响时，一般都直接设定计量模型进行分析。采用定量研究的学者们主要集中讨论农业用水水价对农户灌溉用水量、节水技术的采用及农户合作

---

① 苏永新：《甘肃中部地区农业水价与用水量分析》，《甘肃水利水电技术》2003 年第 3 期。

② 江煜、王学峰：《干旱区灌溉水价与农户采用节水灌溉技术之间的博弈分析》，《石河子大学学报》（自然科学版）2008 年第 3 期。

③ 牛坤玉、吴健：《农业灌溉水价对农户用水量影响的经济分析》，《中国人口·资源与环境》2010 年第 9 期。

④ 刘一明、罗必良：《水价政策对农户灌溉用水行为的影响——基于农户行为模型的理论分析》，《数学的实践与认识》2011 年第 12 期。

意识的影响。

　　综上，国内学者的研究大多集中在对农业水价改革提出相关的政策建议上，对于农业水价形成机制缺乏深入研究，基于利益相关者的价格机制更是少有涉及，且定价模型也大都应用静态分析理论，较少有对价格变化进行动态的深入研究，对其传导效应更是鲜有涉及，这也是目前研究应该突破的重点。国外的水价研究领域非常广泛，大都是建立在供需双方决定的微观水市场的基础之上，更多关注其影子价格或内生价格，体现了水资源的市场化本质。我国的国情决定了我国的农业水价改革目标是多重的，不单是让稀缺的水资源回归真实价格，促进水资源的节约利用和可持续发展；还应该注重农民的福祉、国家粮食安全、生态环境保护等多重目标，这也是实践领域和学界需要共同努力和奋斗的目标。

　　因此，在国家农业水价综合改革的顶层设计基础上，本研究立足于中国实际，提出基于利益相关者的农业水价形成机制，对农业水价在微观和宏观两个层面的传导效应进行深入的研究分析，研究结果将会进一步丰富中国特色水资源管理理论，为我国进行农业水价综合改革提供有价值的参考。

第四节　本研究主要工作

　　当前我国正在探索水权制度建设和水权交易市场的培育，同时又在进一步推进农业水价综合改革，而水权是水价形成的基础，在水权视角下研究农业水价改革更具有合理性。

一　研究思路

　　本书的研究思路是：水权理论分析—水价形成机制分析—水价传导机制研究。首先，从理论上清晰地界定农业水权的定义和特征，并提出中国特色水权市场设计的思路和原则，探讨农业水价形成机制。因为水权是水价的基础。为了较为合理地反映农业水价情况，本研究分析了农业水价的理论基础，创新性地从利益相关者的视角探讨农业完全成本水价的构成。并通过相关的理论模型定量地分析了农业完全成本水价形成机制。最后重点分析了农业水价的传导机制，从微观和宏观两个层面对农业水价变动带来的影响进行了全方位的分析。最后给出相应的政策建议，以保障和完善本研究提出的农业水价形成机制。

本研究的最终目的就是从水权制度的建立到农业水价的形成及传导进行全方位的剖析，为农业水价调整找出一个合理的区间，以实现农业水价调节杠杆的作用，最终实现水资源的可持续利用。

本研究的总体框架如图 1－1 所示：

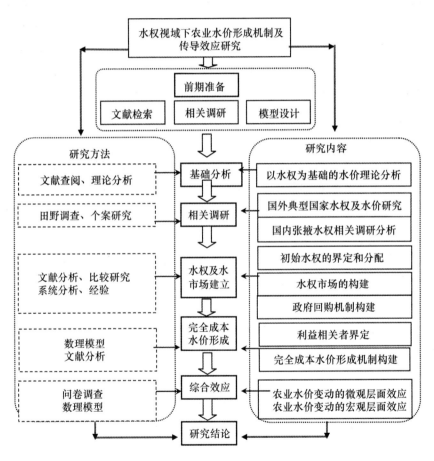

图 1－1　本研究的总体框架

二　研究方法

研究方法是指在研究中发现新现象、新事物，或提出新理论、新观点，揭示事物内在规律的工具和手段。研究方法的种类很多，因此对于研究方法的选择就显得十分重要，合理的研究方法将有助于研究问题的解决，不合理的研究方法将使得研究出现南辕北辙的情况。本书结合研究对象的特点，主要应用了如下研究方法：

1. 文献研究法

文献研究法是研究的出发点，只有大量阅读文献才能找出研究的差异点，避免重复研究，并能积极吸取先行者的研究经验、分析其不足，以便更好地找出问题的创新点。本书通过文献研究法对农业水权和水价国内外相关研究进行了文献梳理，发现了基于利益相关者的视角研究水权和水价的不多，同时对水价的传导机制研究薄弱，因此本文以此为切入点，深入研究农业水价形成和水价传导机制。同时本书利用文献研究法对国内外相关水权、水价的经验进行了总结。这为本研究农业水权和水价的设计提供了宝贵的参考意见。

2. 田野调查法

田野调查法有助于研究者对所研究的问题有着更直观地认识和理解，同时有助于获得大量的第一手资料和数据。本文通过田野调查法，对甘肃省张掖市的水权制度改革和节水型社会建设进行了考察，发现了我国水权制度建设和水权市场培育过程中存在的问题。这为本研究农业水权市场的构建提供了思路和改进的空间。同时通过田野调查获得的丰富的第一手资料和数据，为本研究理论模型和计量模型的检验提供了基础。

3. 数理模型法

数理模型法使得问题研究更加的精确，使得在定性研究的基础上，可以量化所研究的问题。本研究通过数理模型的构建研究农业水价形成机制以及农业水价传导机制。在定性研究获得的原则性基础上，数理模型有助于对水价形成和传导机制更深刻地理解，使得研究更加具有科学性。数理模型有助于更加直观的找出影响因素，以便更合理地提供相应的政策措施。

4. 比较研究法

本研究通过比较国外发达国家和发展中国家在水权和水价方面的经验和教训。为我国的农业水权制度和农业水价形成机制，提供了可参考的经验。通过比较也发现了不同国家具有不同的水情和背景，也为我国水权制度和水价的设计少走弯路提供了帮助。本研究还通过张掖和东阳

—义乌水权交易的比较研究得出了水权市场培育必须具备的条件，找出了制约当前农业水资源优化配置的关键因素。

三 研究内容

本书研究了水权视域下农业水价形成机制及传导效应，主要工作如下：

第一章，绪论。主要介绍了本研究的背景、目的和意义，通过理论分析及模型测算研究了西北干旱半干旱地区农业水资源利用效率，提出研究的紧迫性。并通过文献述评阐述了学术界对农业水权和水价问题研究的不足，同时，提出了本研究的思路、研究方法和研究框架。

第二章，农业水价理论基础研究。首先分析了水资源价值的来源，剖析了水资源价值和水资源价格的区别，并从劳动价值论、效用价值论和环境价值论三个方面分析了农业水价的理论基础，最后对农业水价概念的内涵和外延进行了界定，并分析了其构成机制，对农业水价的合理构成进行了深入的理论分析。重点解决了农业水价的理论基础和基本构成的原则。

第三章，典型国家的水权市场构建及水价运行机制。本章总结了日本、美国、澳大利亚三个发达国家水权市场建设及水价运行方面的经验，也总结了发展中国家如墨西哥、智利水权制度的经验。最后对我国东阳—义乌水权交易案例进行了深入的分析，为建立适应我国国情的农业水权提供了一定的经验积累。

第四章，西北干旱半干旱地区水权制度及水权市场案例调研分析——以张掖市为例。甘肃省张掖市是我国第一个节水型社会建设试点城市，同时也是水权改革较早的试点城市之一。2015年7月底8月初，笔者对甘肃省张掖市水权市场进行了为期十天的调研，期间跟张掖市环保局、水利局以及部分灌区水管所进行了深入的座谈，同时深入到农村进行了大量的走访和问卷调查。通过对张掖市水权制度和水权市场更深入的了解，分析了张掖市水权制度和水权市场取得的成绩及存在的问题，为设计具有中国特色的农业水权市场提供理论基础。

第五章，主要探讨我国农业水权的概念、特点和确权的方式，并运用新制度经济学相关理论对我国特色农业水权市场构建进行初步探索。

主要包括初始农业水权分配、农业水权交易和市场管理等方面。并对政府回购这种特殊的水权交易方式进行分析和设计。我国的特色水权市场刚刚起步，任重而道远，但是趋势不会改变。水权市场建设还有很长的路要走。

第六章，基于利益相关者的农业完全成本水价形成。本章重点对农业完全成本水价的形成进行模型设计。首先从理论上界定了利益相关者的概念，分析了其内涵和外延，并指出了农业水价形成过程中相关的利益相关者的类型。其次分析了农业水价形成过程中，利益相关者的作用。最后，在水权视域下建立了基于利益相关者的农业完全成本水价数理模型，构建了完全成本水价形成机制。

第七章，农业水价变动对农户灌溉决策行为的影响。本章开始探讨农业水价传导机制，应用相关的数理模型组，从微观层面上，研究了农业水价变动对农户灌溉决策行为影响，包括对农户种植结构、种植收益、节水选择、灌溉水量的影响，以期为我国农业水价改革提供理论依据。

第八章，农业水价变动对区域产业结构的影响。主要从宏观层面分析农业水价的传导机制，包括农业水价变动对农业产业结构、整个区域的产业布局调整以及整个宏观层面的水资源利用方式的影响。农业水价变动，牵一发而动全身，对于微观、宏观两个层面的传导机制的研究，可以清晰地分析农业水价政策调整所带来的影响。

第九章，政策建议。本章主要分为水权政策建议和水价政策建议两个方面，提出相应的建议，以促进农业水资源可持续利用。其次对农业水资源可持续利用的愿景进行了展望和畅想，最后对本书的不足和有待进一步深入的问题进行了简要的探讨。

附录1：西北干旱半干旱地区农业水资源利用效率调查——以西安市为例。通过文献查阅和实地调研，运用超效率DEA模型分析法，分别从时间和空间维度上评价了西安市近10年来全市以及各区县农业水资源利用效率；并且运用灰色关联法对影响水资源利用效率的相关因素进行了分析，进而得出水权建立与水价改革迫在眉睫的结论。

第 二 章

以水权为基础的水价理论

经济学的基础之一是价值理论。不管是西方经济学还是其他经济理论体系，都有一个价值理论作为基础。在商品经济社会中，无论是自然资源还是人类制造的产品，不管其价格如何变动，都有一个最基本的基础——价值。本章将从水资源价值源泉入手，解释农业水价的价值基础、形成机理以及如何发挥价格杠杆来调节水资源的配置。

第一节　水资源价值与水资源价格

一　水资源价值

如何准确定义水资源一直是学术界争论的关键问题。按照学术背景的不同，不同领域的学者对水资源的定义是有一定差异的。姜文来从社会经济属性角度出发，认为水资源除了自然属性外，还具有社会属性和经济属性。而一些学者从工程开发利用角度出发，认为水资源是可开发利用的水，可开发利用的意思指的是在特定的社会借贷、特定的技术水平下能够开发利用的水。从这个角度看，水资源显然是一个发展的概念，或许目前技术条件下无法利用的水体，随着技术的进步也会变成水资源。

水资源价值是多方面的，它是水资源所有权在经济上得以实现的前提、兼具调节水资源供需和水资源核算功能，也是水资源可持续利用的经济基础，水资源价值来源尚在争论之中。关于劳动价值论和效用价值论的争论更为激烈，从所有权让渡的角度来考察水资源价值可避免理论困境。

水资源价值理论研究是水资源价值核算的基础，是水资源的价值、价格应用研究的理论指导，在水资源价值研究中举足轻重。目前以经济学为基础发展起来的劳动价值论、边际效用价值论、环境价值论、生态价值论、存在价值论、价值工程价值论等价值理论，与传统的资源无价的观念相比虽然有很大的进步，但是并没有完全体现水资源价值的本质内涵，没有从根本上解决水资源价值问题。因此，如何在深刻理解水资源价值内涵和各种价值理论的基础上，建立适应现代化需要的资源价值理论，彻底改变资源无价的传统价值观念，使之成为适应人类经济社会发展，为水资源等资源价值核算提供科学的理论依据，是亟待解决的重要科学问题。

1. 水资源价值的内涵

人类对水资源价值的认识，是随着人类社会发展和水资源稀缺性的逐步显现而形成的。从工业革命以后，人类社会的迅速发展，世界人口的急剧增加，使人们对水的需求越来越多，特别是在第二次世界大战以后，水的供需关系发生明显的变化，水的供给不能满足需求，在世界部分地区水的供需矛盾紧张，水已经成为经济发展的制约因素之一，水资源出现严重短缺。目前的观点普遍认为水资源价值的内涵主要体现在三个方面，即稀缺性、有用性和资源产权。

（1）稀缺性

稀缺性是资源价值的基础，也是市场形成的根本条件，只有稀缺的东西才会具有经济学意义上的价值，才会在市场上有价格。自然资源之所以成为资源，之所以有价值，首先是因为在现实社会经济发展中的稀缺性，稀缺性是资源价值存在的充分条件。[①] 因此，水资源价值的大小是其在不同地区不同时段的水资源稀缺性的体现。

（2）有用性

水资源能够满足人类一种或多种功用的属性或性能。水资源之所以有价值，是因为它有用，有使用价值，能够满足人们某些方面的功用，例如，满足人类饮用及生活用水、农田灌溉、水力发电、工业生产、渔业养殖、旅游景观等。水质不同，其功能的种类及其功效是不同的，从而所体现的价值也不同，显然，高品质的水比低品质的水价值更大。

---

①　李金昌：《论环境价值的概念计量及应用》，《国际技术经济研究学报》1995 年第 4 期。

（3）水资源产权

水权是指水资源稀缺条件下人们有关水资源的权利的综合（包括自己或他人受益或受损的权利），其最终可以归结为水资源的所有权、经营权和使用权。水权与一般的资产产权不同，具有明显的特征，主要表现在以下几个方面：第一，水权的非排他性。我国宪法规定，水资源归国家或集体所有，这样导致了水权二元结构的存在。从法律层面上来看，法律约束的水权具有无限的排他性，但从实践上来看，水权具有非排他性，这是水权的特征之一。第二，水权的分离性。根据我国的实际情况，水资源的所有权、经营权和使用权存在着严重的分离，这是由我国特有的水资源管理体制所决定的。在现行的法律框架下，水资源所有权归国家或集体所有，这是非常明确的。但纵观水资源开发利用全过程，国家总是将水资源的经营权委授给地方或部门，而地方或部门本身也不是水资源的使用者，他们通过一定的方式转移给最终使用者，导致水权的非完整性。第三，水权的外部性。水权具有一定的外部性，它既有积极的外部经济性（效益），也有消极的外部经济性。我们以流域为例，如果上游过多地利用水资源，就可能导致下游可利用水资源的减少，甚至江河的干涸，给下游带来一定的损失。同样，在某一地区修建大型水库，由于改善了局部地区的小气候，可能给周边地区带来额外的效益，如增加旅游人数，为当地提供一定的就业机会等。

2. 水资源价值的构成

水资源价值内涵分析是理论研究的基础。水资源既是生态环境的基本要素、生态系统结构与功能的组成部分，又是国民经济和社会发展的重要物质基础和社会经济系统存在与运行的原动力。因此，水资源价值应该包括经济价值、生态环境价值和社会价值三个方面（见图 2-1）。（1）经济价值：水既是生产资料又是生活资料，可以满足工业、农业、居民生活等需求，因此水具有经济价值。社会经济系统中，水资源对经济社会发展需求的生产、生活资料的满足程度和效益即为水资源的经济价值，具体包括农业灌溉用水、工业用水、生活用水、发电、航运、渔业效益等；（2）生态环境价值：水是生态系统中能量和物质循环的介质，对于调节气候、净化环境起着不可替代的作用。水对生态环境系统正常运转需求的满足程度与作用就是水资源的生态环境价值，改善江、河、湖泊，维持河流以及库湖等水体所需要的正常生态环境，维护自然生态平衡，防止生态系统遭到破坏。具体包括泥沙的推移、营养物质的运输、环境净化以及维持湿地、湖泊、河流等自然生态系统功能及其他人工生态系统的功能；（3）社会价值：水域生态系统对于人类精神生活具有重要作用，带给人类巨大的文化和美学及教育意义。社会精神系统中，水资源对社会精神需求的满足程度即为水资源的社会价值，具体包括研究与教育、旅游、舒适性享受、文化美学功能等价值。

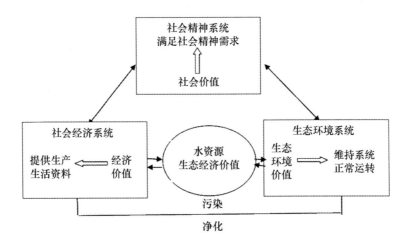

图 2 - 1 水资源价值结构示意

水资源是生物生存不可替代的物质，是生活中必不可少的投入物，是构成自然环境的基本要素之一。[①] 因此，水资源价值内涵应该是质和量的统一，自然资源价值与环境资源价值的统一，自然属性与经济社会属性的统一。水生态系统是一个开放系统，水体自然生态系统与社会经济系统构成水—生态—经济复合系统（水资源生态经济系统），具有生产、生活、供给、接纳、控制等功能。在水资源生态经济系统内，水由生态系统进入经济系统，经过生产过程，产生污染又返回水生态系统，水资源经济、社会、生态环境价值既因价值体现系统的不同而相互独立、自成一体，又因水循环流动而相互影响、相互制约（见图 2 - 1）。水资源经

---

① 姜文来：《水资源价值论》，科学出版社 1998 年版。

济、社会、生态环境价值三部分是紧密联系、不可分割的，科学的水资源价值理论应该是水资源内涵的本质体现，涵盖水资源经济、社会、生态环境三个方面价值。

二　水资源价值与水资源价格辨析

目前学术界对水资源价值和水资源价格尚未有统一的定义。也有许多学者将水资源价值和水资源价格两个概念混淆。常见的解释包括以下几种：

水资源价值通常指使用者为了取得水资源的使用权和支配权而支付给水资源所有者的货币额，它与水价是不同的概念，它是水资源本身所具有的价值。[①]　水价是水资源使用者使用水资源时付出的价格。科学的水价包括水资源本身价值、生产成本和合理的利润、污水排放费等。

实际上，价值和价格是对同一种物品或资源的不同层次的解释。一种物品要具有价值，应该具有两个基本属性，有用性和稀缺性。而价格则是指有价值的物品在交换中对价值的一种反应。水资源之所以具有价值是因为水资源具有有用性和稀缺性。[②]　有用性指的是水资源在国民经济中所具有的资源要素、环境功能和社会功能等性质。而稀缺性则是指面对人类国民经济快速发展的步伐，水资源无论从量上，还是质上都无法按照当前的利用状况维持国民经济可持续发展。水资源的价值正是由水资源的有用性和稀缺性双重属性共同作用的结果。

如果说水资源价值更多关注水资源本身具有的自然属性和经济属性的话，那么水价则更多关注水资源被开发利用过程中的社会属性和经济属性。水价除了包括水资源本身的价值之外，还应包括开发利用过程中的各种成本投入。按照这个理解，则水价应该是指水资源使用者付出的价格，这个价格应该包括水资源价值、供水成本以及相应的其他费用。合理的水价与水资源价值之间的关系应该为：

$$水价 = 水资源价值 + 供水成本 + 利润 + 污水处理费 \qquad (2.1)$$

---

①　郭剑：《水价理论与定价方法研究——重庆市主城区供水价格建议》，重庆大学出版社2003年版。

②　姜文来、唐曲、雷波：《水资源管理学导论》，化学工业出版社2005年版。

供水企业要实现从原始状态的水资源向用水户提供能够使用的各种水资源，需要经过对水资源处理、运输等多个环节。在市场经济条件下，这些行为属于企业行为，其提供的水商品价格中也应该包括其供水成本，正常企业利润和污水处理费等。因此，合理的水价不仅能够保护水资源价值，还应包括正常企业的供水成本和利润等因素。

根据2004年颁布的《水利工程供水价格管理办法》，水利工程供水价格是指供水经营者通过拦、蓄、引、提等水利工程措施销售给用户的天然水价格。《管理办法》明确了水利工程供水价格的构成有四部分：供水成本、供水费用、税金和正常利润。供水成本主要指供水过程中的各种制造费用，包括固定资产折旧费、维护费、材料费、直接工资以及水资源费等。按照供水对象的不同，水价又分为农业水价和非农水价。水利工程供水用于粮食作物用水、经济作物用水和水产养殖用水等属于农业用水。而非农业用水主要指直接供应的工业、生活、自来水厂、水力发电和其他用水。

第二节　水资源价值理论基础

水资源等自然资源价值的研究是在对传统自然资源价值观反思的基础上开展起来的。传统的资源价值观建立在"资源无价"的基础上，认为水资源是取之不尽、用之不竭的。因此，尽管水资源在人类经济活动中具有重要地位，人类在生产活动过程中却很少能够充分考虑水资源的价值，价值在水资源领域失去了作为资源分配杠杆的作用，从而造成在经济社会发展的同时，水资源危机日益严峻，进而影响了经济社会的可持续发展。

基于对传统的自然资源价值观的反思和对现实的自然资源供给与需求矛盾的分析，人们越来越认识到传统的资源价值观念难以适应当前经济发展的需要，必须重新认识并加以完善。因此，对自然资源的研究日趋活跃，已成为资源经济学、环境经济学、生态经济学和国民经济学等有关学科研究的一个热点。关于水资源是否具有价值，理论界具有不同的解释。国内外，关于直接探讨水资源价值的文献并不多见。但一些资源价值理论研究、资源核算的必要性探讨的文献中，不同程度地涉及了水资源价值问题。以下简要分析与水资源价值有关的理论。

一　马克思劳动价值论

早在 1662 年，威廉·配第在他的《赋税论》一书中首次提出了劳动价值论观点。1695 年，布阿吉尔贝在《法国详情》中提出商品按劳动量进行交换，商品的交换价值取决于生产商品的劳动时间。到了 18 世纪，亚当·斯密和大卫·李嘉图系统阐述了劳动价值论。1867 年马克思《资本论》第一卷问世，形成科学的劳动价值论。20 世纪 90 年代国内学者封志明、钱阔等人对马克思劳动价值论做了进一步发展，提出"资源动态"的概念。

马克思的劳动价值论认为，价值量的大小决定于它所消耗的社会必要劳动时间。也就是说人类赋予水资源的劳动消耗量决定水资源的价值。运用劳动价值论来考察水资源的价值，关键在于水资源是否凝集着人类的劳动。在这一点上，存在着不同的观点。一种观点认为，处于自然状态下的水资源，是自然界赋予的天然产物，不是人类创造的劳动产品，没有凝结着人类的劳动，它没有价值。另一种观点则认为，当今人类社会发展到今天，已不是马克思所处的年代，人类为了保持自然资源消耗速度与经济发展需求增长相均衡，投入了大量的人力物力，天然水资源等自然资源无不打上人类劳动的烙印，如对天然水资源进行观测、管理、监测等。它们含有人类劳动，因而具有价值。

事实上，立足于劳动价值论下的两种不同的结论都没有解决水资源被无偿使用的问题。前者认为水资源没有价值，因而衍化出没有价格的结论，导致了水资源被无偿使用和掠夺性的开发，破坏了生态平衡；后者尽管谈及水资源具有价值，但价值的补偿只是对所耗费的劳动进行补偿，没有涉及对水资源本身被耗费的补偿，因此，运用单纯的马克思的劳动价值论解决水资源等价值是有一定困难的，还得寻求其他更合适的途径。

二　效用价值论

效用价值论是以物品满足人的欲望的能力或人对物品效用的主观心理评价解释及其形成过程的经济理论。英国经济学家 N. 巴本最早明确表达效用价值观点，19 世纪 30 年代后，逐渐出现了边际效用价值论。按照效用价值理论，当某种物品具有效用并且稀缺时，就具有价值。运用此理论我们认为水资源具有价值。因为水资源是人类生活不可缺少的自然资源，无疑对人类具有巨大的效用。此外，自 20 世纪 70 年代以来，水资源供给与需求之间产生了尖锐的矛盾，水资源短缺已经成为全球性的问题。因此，水资源具有价值。

尽管效用价值论得出了水资源具有价值的结论，但也同样存在缺陷：1. 效用价值理论决定水资源的价值度量尺度是效用。商品的效用取决于消费者自身的感觉。这种理论将客观的经济稳态转化为主观的心理范畴，抹杀了水资源价值所反映的经济内涵。效用因人而异，从数量上加以衡量很困难，由此作为价值尺度来度量水资源价值缺乏客观性。2. 效用价值混淆了使用价值与价值的关系。马克思在《资本论》中对价值与使用价值的关系做了明确的定义：使用价值是价值的物质承担者，而不能决定商品的价值。物的使用价值是无法衡量和比较的。空气和面包对人哪个更有用，人不进食不行，但同样没有空气也无法生存。效用价值论中的效用，相当于使用价值，它用使用价值来决定水资源价值，这显然存在着严重不足。

因此，尽管效用价值论得出水资源具有价值的结论，由于该理论存在上述缺陷，建立在有缺陷的理论基础之上的水资源价值论是不完善的。

三 环境价值论

莱奥波尔德是现代环境哲学的奠基人和创立者，1933 年，他的著名论文《大地伦理学》的发表标志着环境价值论研究的开始。此后，佩切伊的"自然极限论"、卡拉普的生态世界观、拉塞尔的"地球觉醒观"、霍尔姆斯·罗尔斯顿的环境哲学思想都对环境价值理论进行了改进和完善。[①] 1993 年 A. 迈里克·弗里曼在《环境与资源价值评估——理论与方法》一书中，首次系统阐述了环境价值论。

基于环境资源价值论的水资源价值理论简称为水资源环境价值论，

---

① 方巍：《环境价值论》，复旦大学出版社 2004 年版。

而其他学者将其定义为：站在社会整体的角度，以环境的变化对水资源的影响评价或者水资源变化对环境的影响评价为主要研究内容，用经济的方法综合评价水资源，以便较科学地进行水资源定价。[①]

由于水环境的多价值与时空动态多变等复杂属性，水环境价值定量计算存在极大难度。到目前为止，环境价值论仍然是一个处于探讨和实验中的课题，只是构建了一些理论框架，没有完整的理论体系，因此目前基于环境价值论的水资源价值核算仍在探索当中。

四　生态价值论

自 20 世纪下半叶以来，尤其在 20 世纪 80 年代以后，环境危机和生态危机并存交织，导致人与自然关系紧张到了空前尖锐的程度，使生态与经济的极不协调成为当代经济社会发展的重大矛盾问题。20 世纪 80 年代，有关学者尝试初步分析自然资源的生态环境价值，并建立起了生态价值论。[②]

水资源不仅具有随机性和循环再生性的特点，作为自然生态系统的重要成分还存在脆弱性、厉害双关性。作为生态系统中的一个重要元素，除了具有使用价值外，还具有存在价值和生态价值，这就是统筹考虑价值观和生态学理论的水资源生态价值观。生态价值观将经济社会放在生态系统中考察，克服了以往只顾向大自然索取，缺乏对自然投入，忽视经济发展对自然依赖关系等传统的价值理论的缺陷，对于重新认识水资源价值具有极大的启发作用，但是也不可避免地存在一些缺陷，生态价值论仅仅把水资源等作为一种生产资料来考察，忽略了水资源作为环境资源的价值。另外，生态价值论所谈的补偿，仅仅包括对水资源等直接消耗的补偿，未包括由此引发的间接消耗的补偿。因此，尽管生态价值论能够在一定程度上阐述水资源的价值，但是由于存在上述难以弥补的缺点，也不能完全解释水资源的价值。

---

① 倪红珍、王浩、阮本清：《基于环境价值论的商品水定价》，《水利学报》2003 年第 10 期。

② 李金昌：《生态价值论》，重庆大学出版社 1999 年版。

五　其他价值理论

还有其他一些经济学家提出了哲学价值论、存在价值论、地租论，财富论等价值理论，从不同角度对水资源的价值进行分析研究，但都是非完全的价值理论。哲学价值论虽从哲学高度推导出水资源等自然资源具有价值的结论，但充其量是在理论上给予启示，必须从经济角度进行辅证。存在价值论仅仅基于人的行为，没有一个客观的标准。

综上所述，如何建立与中国特色的社会主义相符的水资源价值理论体系，为水资源核算纳入国民经济核算体系提供科学的理论依据，仍然是亟待深入研究的话题。

第三节　水权的基本概念和内涵

水权的界定是水权制度建设的核心之一。水权是基础，是促进水价形成机制科学化、培育和完善水市场的前提和保障。因此，要建立和发展水市场，促进水资源开发利用效益最大化，首先必须明晰水权，这是水权理论的核心。

水权界定是水权制度建设的重要内容之一，目前学术界均认同水权是由权利构成的集合体，而不是某种单独权利，但其争论的焦点在于如何对水权的权利集合进行精细划分，比较有代表性的观点有"一权说""二权说""多权说"等。在各种学说中，多数学者就水权的所有权和使用权已达成共识，而在其他权利（如经营权、转让权等）方面尚存在一定的分歧。如果从行政管理需要角度来看，水权应至少包含所有权、使用权、分配权和交易权等权利，并由此形成一个两级分类体系（见图 2 - 2）。需说明的是，在图中的各项权利并不是完全独立的，其相互间存在一定的交叉关系，这是由于各项权利分别对应于水资源使用、分配和转让等不同环节所致。

在该体系中，所有权归国家，这是我国《水法》所赋予的权利。使用权由取水权（也称为汲水权或引水权）、用水权和排污权三部分组成，分别对应水资源开发、利用和污水排放三个环节以及最严格水资源管理制度的"三条红线"（即取水权管理服务于用水总量控制和水资源开发利用控制红线；用水权管理服务于水资源优化配置和用水效率控制红线；
排污权管理服务于水环境保护和水功能区限制纳污红线）。部分学者曾将
取水权与用水权混为一体，这是不合适的：取水权是按照水资源开发利
用控制红线分配到本辖区的允许开采水量（包括地表水允许开采量和地
下水允许开采量），而用水权是进入用户终端的用水量。在由取水权向用
水权转化的过程中，通常先由政府部门完成对水权的分配和调控，再由
用水户根据自身需求来购买或转让水权，这样就实现了水资源管理与水
资源利用的分离。排污权，即水污染物排放权，也是使用权的一个重要
组成部分。由于水资源具有"量"和"质"双重属性，因此在利用水量
的同时会影响到水体纳污能力，同样向水体排污的时候又会影响到可利
用水量的多少。[①] 把排污权纳入水权，从而使水权管理与水资源管理成为
一个有机整体，并由此实现了水资源的"量"和"质"双重属性管理的
统一。分配权包括初始分配水权和实际分配水权，交易权包括行政预留
水权、市场调节水权和不可交易水权，其相关概念在此不一一赘述。

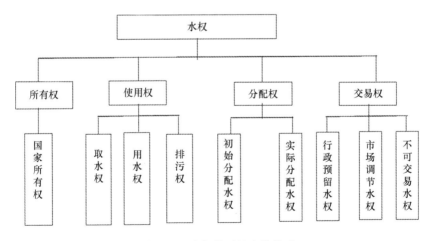

图 2 - 2　水权的两级分类体系

因此，明确使用权的形式和内容对水权制度构建和实现水资源市场

---

　　① 窦明、王艳艳、李胚：《最严格水资源管理制度下的水权理论框架探析》，《中国人口·
资源与环境》2014 年第 12 期。

配置的意义最为重要。

第四节 农业水价相关理论

一 农业水价的内涵与外延

农业水价即农业水资源使用中其价值的表现形式。从我国农业水价政策的发展来看，理解农业水价的概念，首先应该明确农业水价的本质不应该是一种行政事业收费，而是农业用水作为一种商品的商品价格。其次，作为市场经济下的商品价格，农业水价应该具备经济调节和商品交换的功能。最后，农业水价在真实反映市场供求关系的同时，其价格表现应趋近于其内在价值。因此，本研究的农业水价，是指具备商品的价格属性，能够对农业用水市场供求平衡起到调节作用，并且体现农业用水内在价值的市场交换价格。

同时，考虑到农业生产的多功能性和特殊性，国家在水价政策制定方面对农业水价给予了特殊的规定。《水利工程供水价格管理办法》明确界定了农业水价是水利工程供给农业用水的价格。无论从农业的基本特征还是面临的现状以及国家在水价方面的政策规定方面，都明确了农业水价的公益性和政策性。也就是说，在市场经济条件下，农业水价的制定并不能完全按照市场原则来核定，还必须考虑到农业用水的特殊性。因此，农业水价具有如下几个特性：

1. 公益性

农业生产本身具有极强的公益性，除了满足全社会的食品安全，对维护社会稳定具有重要的战略地位之外，还对地区的生态环境等有着重要的作用。而农业用水作为农业生产最基础的资源要素之一，其在参与农业生产过程的同时也为社会提供了上述公益服务。农业用水供给部门在为农业生产提供用水的同时，必然要从全社会的角度来考虑农业用水的公益性，因此制定的价格水平，不可避免地要考虑到这些问题。

2. 政策性

我国农业供水绝大部分是由专门的水管机构来完成。这些专门的水管机构在完成供水的同时，也承担着供水系统的管理维护工作和地区灌溉管理工作。同时，农业供水部门还承担相当一部分农业抗旱等工作。

一旦某地出现农业干旱，这些水管部门也会根据国家政策方针及时采取包括无偿供水等多种方针帮助农民抵御农业干旱。因此，农业水价具有很强的政策性。

3. 非强制性

商品经济的一个基本原则是交换原则，即俗称的"一手交钱，一手交货"。但农业供水面临的是农业这个特殊的行业，农业供水部门也面临着农民这一特殊的弱势群体。"供水保生产"属于当地政治任务，属于头等大事；而"收水费"只是水管部门的工作。许多地方都采用的是先供水后收水费的做法，这就造成了一些农民用水户拒缴水费现象的发生。加上农业供水，尤其是渠系供水的特殊性，也没法杜绝偷水现象。农业水价征收的非强制性特点比较明显。

二　农业水价理论机制

1. 农户灌溉决策行为理论分析

西方经济学的一个基本假设是生产者是理性的。如果将农户的农业生产行为看做市场经济条件下的一个市场行为，我们也可以假定农户是一个理性的生产单位，那么其追求农业生产的基本目标也是效益最大化。灌溉用水作为一种最基本的资源要素投入，在农民的生产过程中，与耕地、劳力、机耕、化肥、种子等其他生产要素一样，都是农业生产活动的投入成本。因此，将灌溉用水看作一种投入成本，农户必然要考虑这种投入要素的经济合理性。尤其是这种要素具有价格的前提下，影响农户灌溉决策行为的因素主要有两类，自然因素和社会因素。

自然因素主要指农作物的灌溉需水量。农业灌溉是指按照作物需水要求，通过灌溉系统有计划地将水利输送和分配到田间，以补充农田水分的不足。灌溉用水量分为净灌溉水量和毛灌溉水量两种。净灌溉水量由作物需水量和当地降水条件决定。作物需水量中的一部分由降雨供给，降雨供给不足部分由灌溉补充。作物生长过程中需要依靠灌溉补充的水量为作物的净灌溉需水量。某种作物的净灌溉需水量等于生育期内作物需水量与有效降水量之差，即：

$$I_{净} = ET_c - P_e \tag{2.2}$$

式中：$I_{净}$为作物的净灌溉需水量（mm 或 $m^3/$亩）；ET_c为作物需水量（mm 或 $m^3/$亩）；P_e为作物生育期的有效降雨量（mm 或 $m^3/$亩）。需要注意的是，一些地区由于土壤条件和气候条件等原因，净灌溉水量还包括附加灌水量，附加灌水量主要指水田的泡田水量、必需的渗漏量和盐碱地的冲洗压盐等水量。净灌溉水量的确定主要由作物的需水规律和当地气候条件决定，通常而言，有经验的农民会在长期的农业生产活动中形成固定的灌溉制度。但是实际上，农民在灌溉活动中，灌溉水量还受当地的灌溉工程设施、农业水价、农产品价格等社会因素影响。灌溉水由水源经各级渠道配送到田间，有部分水量损失（主要是渠道渗漏损失），因此水源供给的水量为净灌溉用水量和损失水量之和，这个总用水量称为毛灌水量（$I_{毛}$）。从管理的角度来看，这个毛灌水量就是水费征收的基础水量。

2. 农户灌溉决策行为对农业水价变动的反应机制

需求定理是西方经济学中的一个基本定理，指商品的需求量随价格的变化而变化。按照这个定理，构建农民灌溉需水量对农业水价反应机制的价格模型：

$$P = A + F(Q) \qquad (2.3)$$

模型中，P 为灌溉水价，Q 为农户生产活动的灌溉需水量。A 为除灌溉水价外，其他影响灌溉需水量的因素。

该模型作为农户灌溉决策模型，有一个基本假设，就是农户的生产目标为效益最大化。进一步假设，除灌溉需水外其他变量都是外生变量。这里的外生变量包括：灌区输配水系统的工程质量、灌溉管理水平等。那么，寻求既定产量目标下最小灌溉需水量就是农户的灌溉决策依据。而在外生变量不变的前提下，一定灌溉水平条件下满足生产目标所需的最小灌溉需水量是一定的。[①]

根据式 2.3，灌溉水价变动对农户灌溉决策行为的影响可以用图 2-3 来表示。图中 D_1 和 D_2 分别代表常规灌溉和节水灌溉条件下农户面临的灌溉需水价格需求曲线。由于节水灌溉的渠系状况、灌溉管理水平以及其他

---

① 雷波、杨爽、高占义：《农业水价改革对农民灌溉决策行为的影响分析》，《中国农村水利水电》2008 年第 5 期。

节水设施的投入，因此其曲线位于 D_1 之上。一开始，在常规灌溉 D_1 下，农户的灌溉用水面临的是低水价 P_1，感受不到价格的压力，灌溉用水量是 Q_1。因此，坐标点 A（P_1，Q_1）是农户最初的灌溉决策点。但是，随着水价的不断上升，农户在水价作用下不断减少灌溉水量，直到农作物常规灌溉下的最小灌溉水量 Q_1^*，此时对应的水价为 P_1^*，坐标点 B（P_1^*，Q_1^*）就是农业水价调整后，农户最佳灌溉决策点，也就是现在灌溉水平下农业水价改革的目标点。到达水价 P_1^* 后，灌溉水价不再增高，因为，如果价格继续增加，农户为了保证生产需要，要么沿着 B 点垂直向上，支付高额灌溉成本，要么就是为了节省，灌少量的水，进而影响产量。这两种选择都会对农民的收入带来影响，政策开始失灵。然而，如果公共政策的目标是进一步减少灌溉用水量，此时只依靠水价调整是不够的，那就必须调整外生变量，提高灌溉用水的效率，以减少总灌溉需水量。而最直接的办法就是提高节水技术，发展节水农业，改善渠系输配水状况。外生变量的改变，反映到灌溉水需求曲线上则表示为整条曲线位置的移动。将会由图中 D_1 点移动到 D_2 点。由于灌溉水平的提高导致需求曲线的变动，使得农户可以将灌溉决策点由 B 点移动到 D 点，这个移动过程能够保证农户实现节约用水和获取即定农业产量的双重目标。坐标点 D（P_2^*，Q_2^*）是农户面临新的灌溉条件下的灌溉决策点。

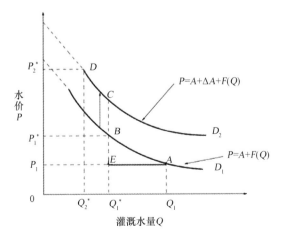

图 2 - 3　农户灌溉行为对水价变动的反应示意

从图中可以看出，农户的灌溉决策点从 A 点移动到 B 点，再移动到 D 点变动的过程的理论分析，即使农户灌溉决策行为变化的轨迹，同时也是农业水价促进农业节水的发展过程，这个过程我们大致可以总结为三个阶段：

首先，就是低价阶段，也就是农户面临曲线 D_1A 点以前的阶段。在这一阶段，基本上实行无偿供水或低价供水。由于缺乏水价的约束作用，农户很少考虑灌溉成本问题，所以这一阶段灌溉水浪费问题比较严重。

其次，进入价格调整促进节水阶段。由于认识到低价政策对灌溉水浪费行为的助长以及水短缺等问题的出现，管理机构开始注重价格的杠杆作用，水价的上调迫使农户不得不考虑灌溉水的成本问题。因此，为了获得最大化的经济效益，在不影响农业产量的条件下，农户开始减少灌溉水量。随着灌溉水价的持续调整，农户的灌溉用水量也持续降低，直到降低到现有灌溉条件下最低的灌溉水量 Q_1^*。

最后，进入到价格调整促进农业节水全面发展阶段。随着水资源短缺问题的持续加重，有必要改变现有用水效率，通过提高渠系工程状况来减少输水损失，保证农业生产获得基本灌溉水量。此外，通过进一步提高灌溉水价，农户为了保证农业生产不得不采用农业节水生产方式，引进滴灌、喷灌等农业节水技术，减少田间灌溉水量，通过政府和农民的共同作用，全面实行农业节水。

3. 农户对灌溉农业水价承受能力理论分析

在我国现有的体制下，农业水价政策的制定除了与水价的成本有关外，还与国家的经济实力、水权的管理体制、农户的政策水平以及农民对水价的承受能力等因素有关。农户作为灌溉水价的承受主体，其承受能力是当前水价政策制定中必须考虑的重要因素。

衡量农户的灌溉水价承受能力一般采用两个指标：经济承受能力和心理承受能力。其中经济承受能力是基础，对心理承受能力产生决定性的影响。一般认为，前者是用水平均水费支出占户均收入（总收入或可支配收入）的比值；后者是在前者的基础上，对被调查者年龄、性别、文化程度、不同收入组分别进行考察。农户年均纯收入是区域经济发达程度的一个综合性指标，也是研究农民经济承受能力的一个重要依据。然而，单靠人均纯收入一个指标远远不能反映农民对灌溉水价的实际承受能力，必须要考虑水费与农民农业生产成本、产值、净收益的比例，综合衡量农民灌溉水价的经济承受能力。

农民灌溉水价承受能力分析是合理确定灌溉水价，确保水费按时足额征收的理论基础和前提条件。随着水价改革的不断深入，水价工作正循序渐进地向正规化、法制化方向迈进，按经济规律办事，以成本甚至成本加微利确定农业用水水价已经达成共识，且必将成为水价改革的方向。但水价改革不可能一蹴而就，更不可能一步到位，必须经历一个过程。众所周知，影响水管单位财务收入的主要因素不仅仅是水价标准，水费计收率也是非常重要的因素，而农民灌溉水价的承受能力分析正是连接水价标准和水费计收率的桥梁和纽带，在当前形势下，在水价成本测算的基础上，确定农民灌溉水价承受能力，不仅是确定水价政策，促进水价逐步达到成本水价甚至成本加微利水价的前期不可缺少的工作，也为提高水费计收率奠定了基础。

第五节　农业水价构成

从资源水、商品水，再到排水回归自然，构成了水再生产生活中的基本循环过程，合理的水价构成必须反映这一过程的全部机会成本。国外制定水价模式有很多，主要考虑的因素有：水资源费、服务成本、用户承受能力、税费等。服务成本定价模式用于居民生活用水、用户承受能力定价模式则普遍用于农业灌溉用水。因此，在我国社会主义市场经济条件下，合理的农业水价应综合考虑经济效益、社会效益和环境效益，按照补偿成本、合理收益、优质优价、公平负担的原则制定，具体为[①]：

$$市场水价 = 资源水价 + 工程水价 + 环境水价 \qquad (2.4)$$

1. 资源水价——非市场调节的水价部分

资源水价是体现水资源价值的价格，可以通过水资源费的形式得到体现，表现为国家所有权的本质体系，具体包括：（1）天然水资源的价格，人们要取用天然水，就要付出代价，该价格是国家所有权得以实现

---

① 汪恕诚：《认清形势理清思路扎实工作努力开创水利工作的新局面水利部部长汪恕诚在全国水利厅局长会议上的讲话（摘要）》，《水利水电工程造价》2000 年第 2 期。

的经济表现形式，可以用水资源税的形式来征收，类似于地租。（2）水资源前期耗费（水源涵养和保护费用）的补偿。（3）水资源宏观管理费用的补偿等。基本计算公式为：

$$Cz = （F1 + F2 + F3）/W \qquad (2.5)$$

式中：Cz 为水资源成本，$F1$ 为天然水资源价格，$F2$ 水资源涵养与保护费，$F3$ 为水资源宏观管理费，W 为多年平均供水量。

2. 工程水价——市场调节的水价部分

所谓工程水价就是通过具体的或抽象的物化劳动把资源水变成产品水，进入市场成为商品水所花费的代价，包括正常供水生产过程中发生的直接工资、直接材料费、其他直接支出以及固定资产折旧费、工程维护费、原水费等以及为组织和管理供水生产经营而发生的合理销售费用、管理费用和财务费用。基本计算供水为：

$$Cg = （D + R + C_0）/W \qquad (2.6)$$

式中：Cg 为工程供水成本，W 为农业多年平均供水量（m^3），D 为固定资产折旧费，R 为工程大修理费，C_0 为工程年运行费。

若需购入原水则公式如下：

$$Cg = [（D + R + C_0）/W] + P \qquad (2.7)$$

式中：P 为付给上一级工程的单方水价，也称原水水价。

第一，要对综合利用水利工程的固定资产和年成本费用进行分摊。水利工程往往是多功能综合利用的，就是说一般的大中型水利工程都兼有如防洪、发电、航运、水产养殖、旅游等多方面的公益性和经营性用途，在农业水费核算过程中，必须将公益性和经营性的固定资产、年运行费、大修费进行分摊，主要的分摊方法有库容比例法、工作量法、功能效益法和可分离费用—剩余经济效益法，可根据具体情况加以选用。此处工程成本为农业供水专用工程年运行费、大修费、折旧费之和。

第二，以重置成本对固定资产计提折旧，以保证水利工程固定资产在物价变动情况下得到合理的补偿（物价变动较大的年份应以水利工程资产评估后的固定资产结果为计提折旧基础）。由于水利工程固定资产基本上不存在无形损耗，因此不必考虑加速折旧，固定资产的折旧方法通常采用直线折旧法即可，但必须足额提取，以保证损耗价值的及时补偿、

成本计算的正确性和固定资产再生产的资金需要。计算公式如下:

$$D = (K - Vs) \lambda \tag{2.8}$$

式中 D 为固定资产折旧费, K 为固定资产原值, Vs 为固定资产残值, λ 为折旧费率。

第三,大修理费用作为保证固定资产在使用年限中正常运行的补偿费用,是产品成本的组成部分,通常情况下与折旧费一样,逐年从产品销售中提取建立大修理专用基金,提取方法和折旧费的计算一样,大修理费率计算:

$$R = K\delta \tag{2.9}$$

式中: R 为大修理费, K 为固定资产原值, δ 为大修理费率。

第四,工程年运行费 C_0 是水利工程正常运行期内每年需支付的经常性费用,主要包括正常供水过程中发生的直接工资、直接材料费、其他直接支出以及为组织和管理供水生产经营而发生的合理销售费用、管理费用和财务费用、利息支出等。根据历史资料取计算基准年的前三年(不包括计算基准年)的年运行费均值为其值。

3. 环境水价——市场调节的水价部分

所谓环境水价就是经使用的水体排出用户范围后污染了他人或公共的水环境,为污染治理和水环境保护所需要的代价,主要包括水环境的恢复补偿费和水污染防治补偿费。目前,我国农业污染问题日益突出,农业污染量已占到全国总污染量(指工业污染、生活污染及农业污染的总和)的 1/3—1/2,不仅成为水体、土壤、大气污染的重要来源,而且对农产品安全、人体健康乃至农村和农业可持续发展构成严重威胁。无论从对自然环境的破坏程度还是污染程度来讲,农业都不亚于工业,在某些方面甚至超过了工业。而且,由于农业污染是"面状源"污染,这使之更难监测和控制,其治理难度比工业更大。因此这种外部成本必须纳入水价中。将农业生产造成的污染放入水价综合考虑来调整水价,既可促进节水、提高水资源利用率,又可以防治水污染。从可持续发展的要求来看,农业水价中必须体现环境代价。

由于目前没有较为成熟的环境水价测算方法,本研究认为根据实际现状可以按其占水价的一定比例来进行测算和补偿(或由政府统一制定)。

第六节　本章小结

　　本章旨在介绍水资源价值理论基础、水权的基本概念和内涵、农业水价的相关理论和基本构成等，为后面的研究打好理论基础，提供技术指导。在逐次分析了农业水价的基本构成由资源水价、工程水价和环境水价组成的基础上，提出完全成本水价应该基于利益相关者形成的水价之上，从而为后面在水权视域下构建完全成本水价形成机制的研究提供铺垫。

第三章

典型国家或地区农业水权及水价研究

当今，不仅我国面临水资源严重匮乏的问题，世界上许多国家也同样被水资源问题所困扰。为此，各国都在寻找合理的途径来解决水资源短缺的问题，而且都取得了一些值得我们借鉴的经验。为了适应经济建设与社会发展的需要，世界各国的水资源管理体制也会随其社会经济的总体发展而不断改革，也在水权建设和水价运行方面积累了很丰富的成果，从而提供给我们一些可供参考的成熟经验。

第一节 发达国家的水权及水价建设经验

一 日本水权经验借鉴

日本的水权制度起源比较早，其水权制度的主要法律依据《河川法》自颁布以来已有100多年的历史。水权制度在长期的运用与管理中不断得到完善，形成了比较系统严密的水资源管理体系。而其农业水费收入只占土地改良区收入的24%左右，财政补贴占总收入的17%。为了减轻资本回收的压力，中央政府和地方政府提供了一些财政补贴渠道，这些相关的经验值得我国学习和借鉴。

1. 水权的初始分配

日本是一个降雨充沛的国家，但同时又是一个人均水资源稀缺的国家。日本多年平均降雨量为1730mm，是世界平均值的1.8倍。因人口密度大，人均年降雨量仅为5300m³，仅为世界平均值的1/5。日本国土的

7/10 是陡峭的山地，河流短，急流多，随着经济发展和社会进步，河川水利调整和水资源开发利用日益占据社会重要地位。从 1603 年到 1867 年漫长的德川幕府封建统治时期，众多的水稻灌溉体系就已经纷纷建立起来，并且在枯水期相互之间产生了激烈的争斗，这导致了后来《河川法》的制定。

日本水权体系是以农业水权为主，日本农业用水所占比重较大，约占全年总用水量的 2/3。据统计，日本共有大坝 2700 座，其中专门用于农业灌溉的占一半以上，同时根据《河川法》的规定，1995 年，一级河川水权的总数为 100022 个。其中 80536 个是农业惯例水权，占河川水权总数的 80% 左右。13579 个是农业许可水权。日本的农业种植以水稻为主，其农业水权主要是灌溉水权。日本的灌溉水权规定得非常详细。这种详细的规定主要体现在灌溉水权的量和取水时间上。首先，单位面积的灌溉水权定额是根据蒸发量与渗漏量之和扣除有效降雨量和循环利用水量，再适当考虑送水损失来设定的。灌溉水权水量用公式表示如下：

灌溉水权水量 =（蒸发量十渗漏量）×生长期天数/（渠系水利用率）－生长期有效降雨－循环利用量

其中的蒸发量包括田面蒸发、叶面蒸发及渗漏量根据各地的观测值，有针对性地取用。值得强调的是日本的灌溉水权的申请与许可都是针对某灌溉工程所有受益面积的总需水量进行的，单位面积没有用水定额，农耕者一般也没有水权定额的概念，其水费也是按面积征收的。

另外，日本对灌溉水权的取水期间也进行了详细的设定，由于灌溉用水与其他类用水相比具有两个重要特征，一是根据农作物生长时间的不同，取水量有较大的波动，二是如果有一定的降雨时，一般不需要取水。灌溉水权取水期间限定有灌溉期与非灌溉期之别，非灌溉期用水主要是蔬菜或干旱作物用水以及河道、水渠的维持流量用水即生态用水。而灌溉期又细分为"五期""四期""二期"等。如"五期"将灌溉期分为苗期、泡田期、普通灌溉期、晒田期、抽穗期等，根据单位面积各时期的需水量设定某一地区相应时期的最大取水量。对灌溉水权取水期间的详细设定有利于水资源的有效管理。

日本的水权按照不同的标准，可以分为不同的类型，主要有以下几种：

（1）两种基本河川水权：习惯水权和许可水权

日本农业水权有两种最基本的分类方式，一种是《河川法》实施以前就已经存在的习惯水权，在日本被称为"惯行水权"。它是在长期的农业生产过程中逐渐自发形成的一种农业用水秩序，已得到了社会的广泛认可。河流、池塘以及小溪等只要有水的地方就有习惯水权，这是一种事实上的水权，无须法律的承认和认可，这种惯例水权的起源可以追溯到17世纪初期。1896年颁布了日本有史以来第一部《河川法》。《河川法》第23条规定，任何人要使用河水都必须获得河川管理者的特许，这就是许可水权。河川管理者检查新用水户提交的用水目的、数量和用水时限等资料，以便不影响河川上的其他用户以及河川本身。《河川法》承认了惯例水权，但仅仅对河流取水的这种用水习惯赋予了法律地位。许多惯例水权都没有被确认和公布。在实践中就存在着习惯水权和许可水权相矛盾和冲突的地方。如果不公布惯例水权，就无法反映河川实际的用水情况和用水量。在这种状况下，河川管理者无法了解实际用水的情况。然而，这种状况随着农业灌溉设备的更新已经逐渐发生了变化。根据《河川法》规定，当惯例水权的持有者想要更新农业用水设备时，他们就必须获得河川管理者的许可。借此机会，河川管理者强制惯例水权用户遵守水权并且申报用水情况。经过河川管理者确认新的授权合法之后，河川管理者将授予其许可，该许可会详细规定特定时期的用水目的、数量和期满时间。这样，农业用水户的用水就被纳入河川管理者的控制之下。

（2）按取水时间、取水量和权利稳定性划分水权

日本水权按取水时间、取水量和权利稳定性可分为稳定水权、暂定水权、丰水水权、暂定丰水水权、期别水权五种类型。

稳定水权指的是新申请的水权小于河流基准干旱流量扣除既得权利者的水权量和河流管理上必要的水量后的剩余水量时的水权。这种批准许可的水权，由于可以稳定持续地取水，具有稳定性，因此被称为稳定水权。

允许在一年期间的短期内取用水，原则上不可更新的水权，叫作"暂定水权"。这种水权界定方式主要是因为在水资源开发设施的建设过程中或某些特殊情况下，当不能满足对水的需求时，"暂定水权"作为管

理者解决问题的一种临时措施被使用。

所谓丰水水权，作为取水的许可条件，是指仅限于当河流的流量超过一定量的情况下可以取水的权利。

管理者授予的"仅限于当河流流量超过某一基准的情况下，允许在超出基准流量部分的范围内和批准的时间段内取水"的临时水权叫作暂定丰水水权。

由于农业内部根据农作物生长时期的不同，需要对农业用水采取"期别水权"，根据不同的取水时期和最大取水量的设定而产生的水权叫期别水权。这种水权确定方式可以有效地防止水资源的浪费。

此外，还可以按水资源的使用目的不同分为灌溉（农业）用水权、工（矿）业用水权、自来水用水权、发电用水权、养鱼用水权，以及其他使用目的"××用水权"等。

在许可水权制度下，水权的获得，必须首先进行申请。水权申请，又要遵守一定的原则。日本《河川法》对水权申请的原则进行了明确的规定，主要有：①事前申请原则。许可水权是基于水资源使用者的申请实行的，因此水资源使用者必须在使用前先向河川管理者提出申请。②同时申请原则。通常对水的使用会伴随着在河川区域内建设水库、堰等设施或开凿河床、堆砌土石等行为。因此在申请水权使用许可时，必须同时申请土地占用许可、新建设施许可、河川保护区域内工程许可。这一系列的许可与水权的使用是一个不可分割的整体，在河川管理上有必要同时进行。

在水资源的使用者提出申请后，水权申请能否得到批准，水权许可机关主要根据以下四个原则确定：①水权使用是否能促进公共福利。要分析水使用计划对国民生活、产业发展产生的影响，注意用水计划与国土开发、水资源开发、电力开发、土地开发等国家或地方政府规划是否存在冲突。以及是否存在河流水代替水资源的情况，由此做出综合判断。②新建水利设施是否对公共利益产生损害。要分析新建水库、堤坝、水坝等设施是否满足《河川法》中对建筑物的审查标准，是否会对治水等其他公益上的使用产生损害，是否会因占地与设施建设使用发生危害水质、土方坍塌等灾害事件，以及新建设施占地尽可能最少。③水使用计划的切实可行性。首先，计划必须遵守有关法律、法令的规定。其次，水权申请者必须具备实行计划的能力与信用。再次，所需水量必须是在科学合理的范围之内。最后，许可的取水量不能损害河流的正常利用以及流水机能，即始终遵循环保和可持续原则。

2. 水权的转让

根据日本《河川法》规定，河川水是公共用水，属于国家所有，在许可水权的框架下，不能私自进行转让，获得许可的水权所有者不能将其水权用于买卖转让等。但是随着经济社会发展，用水矛盾十分突出，水权之间的转让不可避免，日本政府对于新出现的用水情况也做了若干调整和规定，来解决水资源使用权之间的矛盾。

（1）新旧水权之间的转让

新旧水权之间的转让，要以既有水权者的同意作为前提条件，在既有水权者认可的情况下，政府行政机构才能够给予新取水者以相应的水权。同时作为转让的条件，新水权者必须建设必要的水库等水利设施，同时承担相应的过户费用等。

（2）地区之间的水权转让

为了实现地区之间的水权转让，成功实施调水，日本政府首先通过修订《河川法》，将水权的审批权限从地方政府转到国家。随后在国家的规划下实施了相邻县之间的调水工程。一方面，大力建设大量水库、取水堰等水利基础设施。另一方面，实行补偿机制，对在建设水库时受水淹的居民实行补偿，同时对水源地区也采取措施，实行补偿。这种水权转让方式，仍然是以政府为主导的行政管理方式，并不是市场意义上的水权交易。

（3）部门间的水权转让

随着城市化进程加快，以及农业用水效率的提高，农业用水出现了剩余，如何将剩余的水转为自来水和工业用水呢？尽管日本行政机构严格遵守《河川法》关于水权的条文，不允许水权交易，但是也有少数成功转让的情况。一是政府行政机构用水方在建设方的同意下，通过水利设施的合理化，将农业用水的剩余用水转为自来水，这种转让被称为合理化转用；二是灌溉受益水田面积减少而出现的剩余水的转用，被称为单纯转用；三是少数偶然情况，如爱知县用水事业计划阶段申请田地（旱田）灌溉用水的农民自己辞退，出现了剩余用水，将其转为工业用水，这时田地灌溉部分的费用由工业用水负担。

日本水权转让的程序是：水权转让主体和水权受让主体共同向河川管理人员提交《权利转让认可申请书》；然后，河川管理人员按照与授予新水权相同的审查标准，确认当事人的意思、转让理由、受让主体的事业计划等，对必要的取水量、可执行性、第三方的权益保护以及对河流环境的影响进行综合性审查；规模较大的水权转让由国土交通大臣作为河川管理人员发放许可，水权转让规模超大的转让需与相关大臣协商。

从总体上看，日本对水权的转让管理较为严格，没有国家的批准，不允许进行水权的转让。水权的转让只能通过国家在法律的安排下，进行水权的调整。

日本水资源的价格实行水资源费制度，其具体形式是以水权费的方式进行征收。水权费不仅包括对水资源的使用费，同时也包括了对河川其他产物的使用费。水权费的标准是由地方政府的河川管理人员根据本地特殊情况制定，经相关部门审核同意后再由专门的管理条例公开发布实行。水权费实行专款专用，征收的水权费归地方财政所有，用于河川的维护及管理。水权费按照使用目的不同分为流水使用费、土地占用费、土石开采费、河流产物开采费等。

水权费征收满足普适性原则，凡是对水资源的使用必须缴纳水权费，但是也有特殊减免的情况。如水权的使用是以国家或地方公共团体为主体，用于公用或伴随公用而使用，不以营利为目的（发电除外）的水资源使用方式，就可以免掉水权费。如果水资源使用的目的是出于保护河川环境，或进行有利于发展地区文化、产业等公益性活动，同样也可以申请免掉水权费。水权费缴纳的方式很灵活，既可以一年一次性缴纳，也可以分批分次缴纳，除使用的水量因自然灾害或许可内容变更而减少造成超额缴纳以外，水权费一般不予退还。对于不按期缴纳水权费的用水户，将追加延滞费用。

3. 水权制度的特点

日本水权制度具有自己鲜明的特征，和西方完全市场化的水权制度有着很大的区别。日本水权制度的特点主要有以下几点：

第一，水权方面的相关法律体系完善。日本虽然没有专门的水法或者水权法，但是，其围绕着《河川法》经过100多年的发展已经形成相对完善的法律体系。日本的水资源管理和水权制度设计以《河川法》为中心，由《特定多用途水库法》《水资源开发促进法》《水资源开发公团法》《水源地区对策特别措施法》《运河法》《公有水面填海造地法》《防洪法》《防砂法》等相关法律组成水资源相关法律体系。这让日本的水权制度有着十分完善的法律基础，对规范水权利益相关者的行为和解决水权纠纷起到了关键性的作用。

第二，日本民众的水权意识极强。在《河川法》100多年的教化下，日本民众的水权及环保意识很强，社会几乎很少出现违反取水许可及水权约束的行为，自觉遵守水事秩序，社会用水的风气良好。在用水过程中，一旦发现水事侵权及违法行为，水资源管理机构首先会劝诫当事人。对侵权者提出警告，若无效，则会选择借助媒体曝光，让其遭受社会的谴责，民众也就不再购买这些产品，从而使得侵权者利益受损，使其不敢侵权。而对于那些严重违法的行为，则会依法进行惩处。在整个过程中民众的配合意识和法律意识极强。这有助于日本水权制度和水权法治的实施。

第三，日本水权政府管制的色彩十分浓重。由于历史等原因日本水权存在着大量的习惯水权，但是随着《河川法》的修订，习惯水权逐渐被纳入许可水权的范围之内。没有政府的许可，就不能获得相应的水权。这就使得在水资源确权的过程中加强了政府的管制。同时对于水权的转让进行了严格的限制，水权的转让必须经过国家相关行政部门的审批，由国家经手进行转让，且对转让的条件进行了严格的限制，如必须投资水利基础设施以换取水权、必须考虑环境保护等因素。这就使得水资源的转让在国家行政干预的控制之下，防止水权流转片面追求经济利益而忽视其他因素。政府对水权的管理有效地缓解了用水的矛盾，使得稀缺的水资源能够和国家发展战略紧密结合起来。

从这些特点可以看出，在完善的水权法律体系之下，日本的水权制度沿着自己独特的发展轨迹，较好地解决了日本严重的水资源问题，提高了水资源的利用效率，促进了日本经济社会的发展。但是随着经济社会的发展，其水权制度还存在改进的空间，如对水权转让干预过多，导致水权流转不畅，水权流转交易费用过高等。从总体上看，日本水权制度是发达国家中较为典型的代表之一。

4. 水价

土地改良区是日本农业生产的一个重要组织形式，也是一个非营利性组织，负责水价的制定和水费的征收。根据1949年颁布的《土地改良法》，土地改良区拥有三方面的职责：一是征收包括农业水费在内的各项费用；二是管理农田水利等土地改良设施；三是维护自身的正常运行。

日本农业水价由三部分构成，即水利设施的投资成本、运营维护费用和管理费用，农业用水可不征收水资源费。大部分土地改良区按照面积计费，仅不到100个土地改良区按用水量计费。日本对农业水价的补贴主要集中在水利设施建设投资方面，灌溉面积在5000公顷以上的水库和大坝，中央政府所投资金占建设总投资的70%，分摊比例为农户占10.4%，市町村占6.0%，都道府县占17.0%，中央政府占66.6%。地方都道府县负责建设的水利工程资金分摊比例为：市町村和农户占25%，都道府县占25%，中央政府占50%。因此总体看来，日本农业水费负担并不重。

5. 对中国未来水权及水价改革的启示

我国面临着跟日本同样严峻的水资源态势，在水量短缺和水质恶化以及水环境退化三重水危机下，急需提高水资源的管理水平。日本水权制度经过100多年的实践及发展，不论是法律法规体系还是在水权的具体操作实践上，日本以水权管理为核心的水资源管理体制已经被证明是一套成熟而高效的做法，值得我国借鉴。

第一，完善以《水法》为核心的水权制度法律体系。完善的法律体系是水权制度良好运行的基础。我国的《水法》经过修订后，仍然很不完善，缺乏对水资源产权概念的明晰以及对水权交易的明确规定。要尽快修订和完善《水法》，同时制定水权交易的专门法律，规范我国日益增多的水权交易案例和水权交易趋势。要在水权法律体系中，明确界定水权的内涵和进行详细的水权分类，对适合我国国情的水权市场的建立、规范、管理等做出规定，以促进水权市场的出现和完善。

第二，提高普通民众的水权意识。民众是水权体系末端最重要的水权主体，关系着整个水权系统良性的运转。民众支持，则水权制度易于运行；民众反对，则水权制度难以为继。要通过宣传和教育，让民众增强水权意识、加强对《水法》的认识。同时对于水权纠纷，要在《水法》

等法律的指导下，予以正确地解决，对于违反法律的取水行为，要予以严肃的处理。增强民众的维权意识，让民众自觉参与到水权管理和水权监督中来。

第三，实施水权换取基础设施的政策。日本对水权的转让提出了严格的条件，其中就包括必须修建相应的水资源基础设施。这点对我国尤为重要。目前我国的水利基础设施几乎都是政府投资建设，政府每年投入大量的资金但这是远远不够的。同时也造成了民众、企业等对水利基础设施维护不积极。如何吸纳社会资本投资水利基础设施建设显得极其关键。通过水权换取基础设施建设，可以使得水资源实现更高的价值，同时吸纳社会资本参与水资源基础设施建设，也会增强民众和企业对水利基础设施的维护，有利于水利基础设施的可持续性。

二　美国水权及水价经验借鉴

美国地处北美洲中部，西临太平洋，东临大西洋。美国东西部地区气候和自然条件差异极大。西部地区干旱少雨，年均降水量只有450毫米，东部地区为湿润和半湿润地区，年降水量可达到800—2000毫米。由于气候条件的不同，美国东西部地区的水权制度极其不同，从总体上看，美国东部实行的是沿岸权制度，这种制度延续了殖民地时期的做法，这种水权制度起源于英国。这种水权制度不主张水权交易，水资源再分配主要通过政府行政部门或者法院进行裁定实施。而美国西海岸主要实行的是优先权制度，主张通过水权交易实现水资源的再分配，因此在实践中水权交易案例都是发生在美国西部地区。

1. 水权制度

美国的水权制度以水法为基础，水法沿袭了殖民地时期的《河岸法》，《河岸法》是美国水权制度基础的前身。美国的水法是由各个州自己制定的，没有联邦统一的水法，因此各个州实行的水权制度不尽相同，总结起来主要有四种水权制度。

（1）沿岸权制度

沿岸权制度，又称河岸权制度、滨岸权制度，是世界上最早的水权制度。沿岸权的基础是英国的普通法和1804年的《拿破仑法典》，是目前世界上最基础的水权体系之一。16、17世纪英国的殖民者将这种制度带到了美国，目前美国东部海岸的很多地区依然沿袭这种水权制度。

所谓沿岸权，是指合理使用与河岸土地相连的水体但又不影响其他河岸土地所有者合理用水的权利。河岸权制度是伴随着沿河两岸的土地所有权而产生的，一般适用于水资源丰富的地区。沿岸权具有三大特征：首先，沿岸权只适用于与自然水体相毗邻的土地用水需求。其次，水权的获得是自然和自动的，无须申请。最后，水权的获得是永续性的。

在沿岸权制度中，水权的排他性和土地所有权的排他性是紧密联系在一起的。这就使得能够获得水资源的土地的量是有限的，仅仅是毗邻河岸的土地。而大量的土地所有者的土地并非直接与河岸相连，按照沿岸权的规定，这种土地不能享有水的使用权，这就造成了水资源的极大浪费。在水资源匮乏的地区，河岸制度实际上限制了经济和社会的发展，因此这种水权制度只适用于水资源丰富的地区。大部分地区的水权制度开始向优先占用权转变。

（2）优先占用权制度

优先占用权制度，起源于 19 世纪中期，为了弥补沿岸权制度的不足以解决缺水地区的水资源使用问题。这种水权制度起源于美国西部地区。

所谓优先占用权，就是根据先占者优先的原则确立水资源使用权的制度。按照水资源占有、使用的时间顺序确立水资源的水权优先地位。即"first in time, first in right"。优先占有权制度认为水资源是一种公共资源，处于无产权的原始状态，没有所有者，因此，谁先开渠引水并对水资源进行有益使用，谁就占有了水资源的优先使用权。优先占用权的核心是优先权，最早占用者拥有最高级别的权利，即时间优先，权利优先。优先占用权制度也具有三大特征：第一，水权的获得跟土地所有权没有关系，谁先占用水资源，谁就有优先使用水资源的权利；第二，优先占用权获得的前提条件是水的使用不能损害他人的利益；第三，水资源不使用，则相应的优先占用权作废。

优先占用权和沿岸权相比，更加具有规范性和灵活性。其规范性体现在优先占用权取得的水权必须经过相关部门的登记并获得用水许可，才能生效。其灵活性体现在，在一定的条件和范围内，优先占用权可以转让或调整。

优先占用权在一定程度上解决了水资源管理的问题，提高了水资源的利用效率，缓解了水资源用水的矛盾。随着经济社会的发展，生活用水、工业用水、环境用水等日益紧张，水资源供需矛盾更加突出，这种转让受到限制的水权制度再次凸显其短板。因此水权向着更加灵活性的制度转变。

(3) 可交易水权制度

可交易水权制度是对优先占用权的改革，也产生于美国西部缺水地区。可交易水权制度是为了提高水资源配置效率而建立的一种与市场经济相适应的排他性水权制度。可交易水权制度的排他性既不依赖于与水相邻的土地所有权，也不存在于水资源的优先使用权，而是源于在水资源使用权基础上进一步界定的配水量权。其具体做法是运行优先占用者在市场上出售富余的水量，即允许水权交易。

可交易水权制度赋予了水权制度更大的灵活性，让市场充分参与到水权的再次分配之中。进一步提高了水资源的利用效率，进一步协调了水资源在农业用水、工业用水、生活用水和生态用水之间的分配。同时也极大提高了水资源的经济价值，促进了经济的发展。这种水权制度是目前最为流行和最有效率的水权制度。

(4) 公共水权制度

原始意义上的公共水权制度古已有之，但现代意义上的公共水权制度源于苏联的水管理理论与实践。由于水资源具有公共物品属性，除了满足个体消耗性需求外，还需要满足各种具有公共利益的用水。美国水法规定了公共水权制度，主要将水资源用于航运、渔业、商业性水运、游泳、水上娱乐、休闲、科学研究以及生态保护等方面。美国的公共水权制度具有完善的法律体系保障，包括《清洁水法》《原始风景河流法》等。

公共水权制度可以有效地保障水资源的公共使用，满足公共利益的需求。防止水权交易导致水资源出现公共供给不足的现象。公共水权制度是可交易水权制度有效的补充，有助于实现水资源的可持续发展。

2. 水权交易

在可交易水权制度下，美国的水权交易逐渐活跃起来。一方面是水资源供需矛盾的内在刺激，另一方面也是和水权相关的法律制度以及水权交易市场的逐渐完善分不开的。美国的水权交易形式丰富多样，水权交易手段丰富，足见其水权市场的发达。

（1）水权转换

水权转换指的是水权的受让方给水权出让方的用水设施改造提供资金或者其他对价，以此为交换条件换取水权出让方节余水量的使用权。水权转换的期限一般都很长，属于长期水权交易，并无有效期的限制。水权转换主要是农业灌溉用水向城市生活用水转换。我国北方地区的宁夏和内蒙古推行的也是这种水权转换方式。由于工业用水、城市生活用水和农业灌溉用水之间存在着巨大的差价，因此这种水权转换方式是比较具有代表性和具有广阔交易前景的水权交易方式。

（2）水银行

水银行制度是美国水权交易一大特色，是对水权制度的创新。水银行是一种类似于普通商业银行的中介机构，遵循的也是银行业调剂余缺的原理，只是调剂的对象不是金融资产而是水资源。水银行从水权富裕者的手中购买或者租赁水权，然后将其出售或者租赁给那些需要用水的用户。通过水银行进行水权交易的一般都是短期交易，并有明显的时间限制。一旦水权交易期限届满，就恢复到水权交易发生前的状态。从这个角度看，通过水银行进行水权交易的是水资源的所有权交易，而不是一般意义上的使用权的交易。由于受到水循环和水流运动的影响，目前，水银行的设立基本以流域为单位。水银行在美国的得克萨斯州、加利福尼亚州等都起着调节水资源的关键性作用。

（3）水权置换

水权置换主要存在于美国西部犹他、科罗拉多、俄勒冈等州，主要在科罗拉多应用广泛。水权置换指的是当拥有优先占有权的水权者根据用水许可证所依法享有的水权不足以满足其用水需求的时候，或者水权者希望更方便地使用和保护水资源时，在满足水权置换不会影响其他水权人行使权利的前提下，在经过水资源行政主管部门的审批和同意后，用自己的水权同交易方的水权进行置换，以换取在交易方水权地取用或者储存一定量水资源。通过这种水权交易形式，可以减少水资源的长距离运输，有效地降低水资源的损耗。

（4）用水特权的转让

用水特权的转让主要是在特殊的年份。特别是干旱的年份，会发生用水特权的转让。这种水权交易形式主要发生在灌区和城市之间。在干旱年份城市用水紧张，城市会给灌区或者农场主等水权占有者支付一定的价金，以换取在干旱年份优先使用灌区灌溉用水的特权。灌区或农场主在接受价金后，根据签订的协议会在干旱的年份放弃灌区水权以保障城市供水。另外一种形式是拥有较高级别水权的占有者在干旱年份将自己的水权优先权级别降低到交易方的优先权之下，以保障交易方拥有优先使用水资源的权利，以此来获取一定的经济利益。

（5）临时性水权转让

临时性水权转让指的是水权交易期限一年以下的水权交易。当水权交易期限届满的时候，水权格局再次恢复到交易前的状态。这种水权交易具有很大的灵活性，随时都可能发生水权转让，因此这种水权交易对生态环境和其他水权占有者产生影响，因此美国对这种水权交易进行了严格的法律限制和行政监管。临时性水权交易必须经过水资源行政管理部门的审核批准后，才能进行和具有法律效力。

（6）退水交易

退水指的是地表和地下水在经过农业、工业以及生活利用后仍可以用于其他用途或者经过处理之后可以用于其他目的的水资源。一般城市用水在使用后进行处理都可以成为退水，这部分水资源如果浪费，可能造成环境污染。而对于城市周边那些缺水的用户，愿意花钱购买这种经过处理的退水。因此在实践中，美国的法律承认了这种水权交易形式，并对这种退水交易进行了法律的规范。

（7）捆绑土地的水权交易

在对水权交易的态度上，并不是所有的水权占有者都认同水权同土地所有权分离的模式。因此美国西部部分州将水权作为土地的附属物以法律的形式确定下来，购买水权就必须购买相应的土地。从表面上看，这是土地所有权的转让，其实质仍然是购买相应的水权。这种水权往往包含着水资源用途的改变，主要是灌溉用水向城市用水的转让。一般城市也愿意以这种方式购买足够的水权，如凤凰城、洛杉矶等城市。

（8）水权股份交易

美国西部各大灌区拥有大量的水权，它们将灌区的水权折合成灌区的股份，城市用水者通过购买灌区的股份来获取相应的水权。通过灌区股份的购买可以参与灌区的管理和投资，以获得对灌区水资源支配的影响力，同时获得充足的水权。这种水权交易方式很容易使水权的性质发生改变，让城市成为灌区水权的实际拥有者，因此存在着很大的外部性，对于这种形式的水权交易，水资源行政主管部门都要进行严格的监管和审查。

3. 水权管理

美国水权制度也是一种"准市场"制度，政府在其中发挥着重要的作用。一方面政府作为交易的主体参与到水权交易中来，更为重要的是政府作为水权管理者对水权市场的发育进行严格的监管。政府水行政主管部门对水权的管理主要体现在对水权交易审查与批准上。对水权交易的审查和批准主要分为四个方面：

第一，水权交易是否影响生态环境。水权交易可能会造成生态环境的负外部性，特别是长期的水权交易可能对水源地等形成严重的环境破坏，因此政府水行政主管部门对水权交易的首要审查就是要全方位地审视水权交易的潜在生态影响。水权交易对环境的潜在影响主要包括水权交易对下游地区用水的影响，用水性质和方式的改变对水量的影响以及用水时间改变等。只有在不影响生态环境安全的情况下，水权交易才被允许。

第二，水权交易是否损害他人。美国水法规定，水权交易必须遵循不损害他人的原则，即水权交易不得影响其他人水权的正常行使。水权交易产生的水资源时空改变、水量改变、用水方式的改变等，可能会改变水循环系统，影响其他人的水权正常行使，从而对他人的权利造成侵害。对其他人合法权益的维护，是美国水权制度遵循的根本准则。

第三，对跨流域和跨州的水权交易进行限制。水资源的系统性基本以流域为单位，形成循环系统，不同流域之间调水，对水生态环境影响具有不可预知性，存在很大的风险。因此美国对跨流域和跨州的水权交易进行了严格的限制。同时各个州从自身经济利益、生态环境等多方面考虑，也不支持跨流域和跨州的水权交易。

第四，在特殊情况下，对水权交易进行干涉。当遇到特殊情况时，如水资源出现极度紧缺，严重影响了民众的安全和生态环境的安全时，政府将采取措施首先保证生活用水，其次是保障农业用水。同时政府会直接参与到水权交易过程中，运用政府的力量购买足够的水权以保证基本用水的需要。

4. 农业水价

总的来讲，由于美国市场化程度较高，水价的制定一般是按单个工程定价，每个工程都可根据具体情况制定水价，不同工程的供水价格往往不一样。排污费在美国一般包括在水费之中。州供水工程采用服务成本定价模式。各类水价既包括资金成本还包括利息；联邦供水工程采用"服务成本 + 用户承受能力"定价模式，工业和城市水价均包括利息，农业灌溉水价不包括利息。

（1）联邦水利工程水价

1902 年美国垦务法核准了美国的联邦供水工程，并由隶属于内务部的美国垦务局陆续承建。由于联邦政府没有水权，在新建水利工程之前，垦务局需向有关州立部门获得水权，与地方供水部门签订供水合同，才能实现水利工程建设、供水生产、偿还投资的全过程。美国垦务局也因此成为美国最大的水批发商，为美国西部地区的 14 万农场主（约占美国农场主总数的 1/5）的 1000 万英亩的农田提供农业灌溉用水。由于垦务法的主要初衷之一是为西部地区居民提供农业灌溉用水。因此垦务局在已经建设的 600 座联邦水利工程中有 133 座拥有灌溉任务，总投资为 218 亿美元，其中按照美国联邦经费管理规定，灌区农民需要偿还 71 亿美元，有能力的其他用水户偿还 147 亿美元。垦务法的宗旨之一就是扶持西部经济发展，因此联邦水利工程的供水价格没有按照商品定价的原则制定，而是以维持供水单位简单再生产为基本原则，特别是对农业灌溉用水给予非常优惠的条件。农业灌溉水价按农业用水户实际支付能力确定，无须支付利息。农业用水户支持能力每五年测算一次，并以此作为确定灌溉水价的重要依据。水利工程投资的还款期限起初确定为 40 年，但由于部分特色年份可不还款，因此实际还款年份超过 40 年。工商业和居民生活用水的价格不仅包括工程投资、运营维护费，还包括资金利息。目前，联邦水利工程的水价标准为：工商业和城市居民生活用水价格为 50 美元/英亩·英尺，农业灌溉用水价格则因各分灌区所处地区和高程不同而不同，为 5—20 美元/英亩·英尺。此外，联邦水利工程的供水对象是长期合同的用水户，其水费收入则通过供水合同来实现，在合同期内水价始终不变，这使得不断上升的工程运行维护费用远远高于水费收入，联邦水利工程的投资很难按计划偿还。

（2）加州供水工程水价

美国加州水利工程（即加州州政府水利工程）只向灌区和城市供水机构批量售水，再由灌区市政当局、个体经营者等当地有关部门经营和向用水户售水。加州水利工程全部完工于1973年，总投资达50亿美元，建设资金主要通过发行债券来筹集，所以其用水户所承担的水价包括全部的工程建设资金、运营维护费和利息。并在与用水户的供水合同中明确地规定了蓄水费用和输水费用的计算方法。目前，加州水利工程拥有29个长期合同用水户，供水能力已达400万英亩·英尺。加州水利工程的水价由三部分组成：一是水利工程的投资建设费用；二是水利工程的运行维护费（即固定费用）；第三是其他可变费用。加州水资源局将水价划分成两部分：一是蓄水水价（又称三角洲水价），用于偿还蓄水工程建设投资、利息和这些设施最低的运行维护和管理费用，其价格是根据由供水合同所计算得到的单位水量价格，即蓄水工程年运行维护管理费用，加上分摊到各年的还款期内尚未偿还的工程投资和利息，除以合同供水总量。对于所有用水合同户而言，蓄水价格是相同的。二是输水价格，用于偿还输出工程建设投资、利息、最低运行维护和管理费用，以及运行管理中的变动成本费用。由于各输水渠段的工程投入和运行维护费影响着输水价格，因此不同渠段的输水费用是不同的，而合同用水户所分摊的输水投资费用是按照用水户所处输水渠段的投资来决定的。

5. 美国水权及水价制度对我国的启示

美国以其丰富的水权交易形式而著称，其水权市场发育完善，解决水资源供需矛盾的方式灵活。其在水权制度上的经验对我国的重要启示有：

（1）水权市场的性质只能是"准市场"，完全地市场化几乎不可能。水资源具有私人物品的性质，但同时具有公共物品的显著特征。如果完全市场化，则可能产生强烈的外部性，使得水资源公共服务供给不足，影响国民经济安全和生态系统的安全，因此必须对水权交易进行严格的监督和管理，同时提供足够的水资源保障公共用水。这点需要政府发挥重要的作用。美国是世界上市场经济最为发达的国家，市场经济发展相对比较完善。其水权市场尚且需要政府的监管和干涉，何况我国的市场经济还很不完善，市场还存在着很多的问题，因此就更需要发挥政府的重要作用。从这点看，美国"准市场"的经验值得我国借鉴和学习。

（2）水权交易不得损害他人的利益和生态系统的安全。水权交易不只是水资源从低经济附加值转向高经济附加值。水权交易在经济利益的刺激下，具有很强烈的外部性。可能会损害其他人正常行使水权的权利，以及对生态系统的安全产生影响。美国政府在批准水权交易前都会对水权交易是否会影响其他人的用水权益、是否会影响生态环境的安全做出全面详细的评估，才会对水权交易是否能够进行做出批示。这点尤其值得我国学习。目前我国的农业灌溉水价和工业水价以及城市生活水价之间存在着巨大的差距，这就导致了农业灌溉用水有着向工业用水和城市生活用水转让的冲动。大规模的水权交易是否会造成农业用水供水不足，是否影响生态环境等问题是迫切需要关注的问题。这就需要政府进行全方位的评估。在这点上，美国做出了典范。

（3）水权交易形式多样，灵活而有效率。由于美国水法是各州自行制定，因此美国各州的水权制度既有相似的地方，也存在很多不同。在实践中，美国各州在水权交易中都探索了适合自己特殊情况的水权交易形式。水权转换、水银行等交易方式多样，保障了水权交易的灵活性，降低了交易成本，提高了水权交易的效率。我国是一个幅员辽阔的大国，东西南北水情差异很大，因此不适宜执行全国统一的水权市场模式，而应借鉴美国的水权交易经验，发展具有本流域、本地区特色，适合本地水情的水权交易方式。国家只需在宏观层面上进行统一的管理，而让地方政府发挥更大的作用。

（4）逐步理顺水价水平。提高征收水费的标准，扩大征收水资源费的范围。在仍未征收水资源费的地区，尽快开征水资源费。在已征收水资源费的地区，根据当地水资源的紧缺状况，逐步将水资源费征收标准提高至合理的水平。利用价格机制来调控地下水的开采，目前中国很多地区地下水超采严重，特别是在城市综合考虑水资源禀赋状况、产业结构调整方向，逐步调整城市供水价格，改变供水价格地低于地下水取用成本的问题。在地下水超采严重的地区，应调整水资源费，限制地下水的过量使用。

美国水权市场是世界上比较成功的水权市场之一，具有丰富的水权实践经验。形成了完善的法律体系和规章制度，并创造水银行的水权交易方式，其在水权探索上走在了世界的前列，可谓是世界上水权制度最发达的国家。其水权制度的经验对于像我国这样水权制度刚刚起步的国家来说显得尤为重要。

三　澳大利亚水权及水价经验借鉴

澳大利亚是世界上仅次于南极洲的干旱大陆，降水稀少，水资源总量贫乏。澳大利亚曾是英国的殖民地，其最早的水权制度沿袭了英国的河岸水权制度。河岸水权制度规定与河道毗连的土地所有者拥有用水权，并可以继承。20世纪初，澳大利亚联邦政府通过立法，将水权与土地所有权分离开来。明确规定水资源是公共资源，由州政府代表皇室调整和分配水权，用水户通过州或地区政府相关机构以许可证和协议体系来获得水权。

由于水资源利用效率低和水污染等问题严重，澳大利亚开始对水资源管理制度进行探索和改革。澳大利亚水权转让活动开始于1983年，随着20世纪90年代的水权制度改革，澳大利亚的水交易迅猛发展。水权制度逐渐在全国和各州推广开来。

1. 水权初始分配

澳大利亚的水权概念仅仅指的是水资源的使用权，水资源的所有权属于国家，这种情况与我国的水权概念相似。简单地说，水权即水资源的使用权。水权的内涵主要依据水量、可靠性、使用权期限及输送能力或抽取率等进行定义。法律上根据水权的可分割性将水权分割成若干组成部分。水权像土地一样被视为一种财产，能独立进行交易。

从理论上分析，水权分配是根据综合规划系统及全流域资源的水文评价进行的，主要包括消耗性和非消耗性用水权的分配。在澳大利亚，水权从州到城镇到灌区到农户被层层分解。跨州河流水资源的使用，在联邦政府的协调下，由有关各州达成分水协议。根据某一河流多年（10年左右）的来水和用水记录以及土地的拥有情况等，确定个人（农牧场主）或公司用水额度。澳大利亚各州都有自己的水法，但在联邦政府的协调下，其水资源政策的根本目的还是一致的。对于水权的初始分配，澳大利亚各州的水法对水权分配均有明确规定，如《新南威尔士州水法》，区分了水权分配的三种类型：①授予具有灌溉和供水职能的供水公司、电力公司的水权，称为批发水权；②授予个人从河道、地下或从管理机构的供水工程中直接取水以及河道内用水权利的许可证（许可证有效期一般为 15 年，到期前须申请更换）；③灌区内农户的用水权，灌溉管理机构必须确保向农户提供生活、灌溉和畜牧用水。

澳大利亚水权的初始分配具有两大特点。其一，澳大利亚高度重视环境用水。1995 年联邦政府政务院在水改革框架中确定了一个基本原则，即环境是合法的用水户。在水权初始分配过程中，每个流域首先要进行测试以评估确定需要多少生态环境用水，然后在生态环境用水得到保证的前提下，再确定可供消费水量。只有某些特殊或紧急情况外，环境用水始终具有优先权。消耗性用水的分配要以保证生态可持续发展为前提，同时只有在环境用水与其他用水之间确定分配关系后，才能引入水权交易。也就是说对环境用水的保障，是其他类型水权界定和分配的前提。其二，澳大利亚在水权初始分配及实施中，十分注重社区的广泛参与和民众的支持。其主要的措施就是让用水户、利益团体和一般社区成员参与到影响水权分配与管理的流域规划过程中来，以及开展与水权分配及水权交易相关的公众咨询工作，提高民众参与水权管理和分配的热情。

2. 水权交易

澳大利亚水权制度是可交易的水权制度，期望通过水权的界定，运用市场的力量进行水权交易，使得水资源合理的配置，获得更大的价值，同时缓解因水资源分布不均等原因造成的用水供需矛盾。

澳大利亚水权交易按照交易的水权期限可以分为永久性水权交易和临时性水权交易两种。水权交易按照交易的场所可分为私下交易、通过经纪人交易和通过交易所交易三种。水权交易按照交易对象可以分为地表水水权交易和地下水水权交易。地表水水权交易可以细分为流域内、流域间以及跨州的水权交易，还有河段或集水区范围内的水权交易，交易应符合河流管理规划以及其他相关资源管理规划和政策。地下水权的交易一般只能在共同的含水层内进行，同样必须符合地下水管理规划及其他相关资源管理规划和政策。

澳大利亚的水权交易是有明确的适用范围的。首先交易双方必须有明确的水权界定。即首先必须明了他们买卖的是什么，只有水权得到精确的定义和衡量，才能依据界定清楚水权包含的水量、使用期、可靠性等基本要素，这样才能进行交易。其次，澳大利亚水权交易明确规定，部分水资源是不可以进行交易的，如核心环境配水以及为生态系统健康、水质和依赖地下水的生态系统的保留用水不得交易；一些家庭人畜用水、城镇供水以及多数地下水同样是不可交易的。这就保障了水权交易不影响基本用水安全，同时兼顾环境保护。

澳大利亚的水权交易遵循一些基本原则：首先，水权交易必须在满足保护环境和第三方利益的条件下才能进行。其次，水权交易应当符合各地水资源管理规划和农场用水管理规划；再次，水权交易要充分考虑交易成本和外部性影响；最后，必须对水权交易进行有效的管理。其水权交易必须经过合法的程序才能进行，主要步骤有：核查卖方水的所有权、可利用权、输水能力以及涉及的第三方利益；核查买方输水能力、场地使用以及是否符合相关环境标准和管理规划；潜在的交易双方应适当保证按时支付和及时送水；提供买卖双方责任最低标准的文件。水权交易管理者应将有关要求文本化，在交易前向买卖双方说明交易的程序及相关义务等。对准许交易买卖双方的用水必须进行测量和记录。交易程序强制要求价格公开，价格以及市场信息可在相关网站上获得。规范的水权交易程序保障了澳大利亚水权交易的进行。

3. 水价制度

价格杠杆是发挥水资源调配作用的关键，澳大利亚的水价制度很好地发挥了水价的杠杆作用。

（1）水价的分类

澳大利亚的水价按水资源的用途大致可以分为三类：第一，工业用水水价，这类水价的制定完全按照市场的模式运作，工业水价中包含了所有的成本费用以及一定的政府税收和供水公司的利润；第二，城市居民生活用水水价，居民生活用水水价主要包括供水的成本和一定的利润；第三，农牧业用水水价，这是澳大利亚水价的主体，主要由国家进行补贴，水价仅仅反映供水公司的成本，以此调动农民生产积极性，并降低生产的成本。

（2）水价的制定

澳大利亚的大部分水价制定由独立的第三方咨询公司 IPART（不属政府机构）进行，政府核准审批实施。一般程序为：IPART 公司首先制定相关的水资源费价格，按照不同安全级别的用水采用不同的价格的原则。然后各州水源公司在水资源费的基础上加上自己寻找水源以及蓄水、输水的成本及应有的利润，制定出批发给各地方供水公司的批发价；最后各供水公司在批发价的基础上，加上自己制水和输水的成本及应有的利润，制定出零售给各用水户的最终水价。但是，后两者的定价仍要接受 IPART 公司的咨询、政府的监督以及公众的听证，最后由政府核批。

在水价制定过程中需要考虑多种因素，这是由水资源的多种属性决定的。水资源作为商品，既具有一般商品的性质，也具有其特殊性。因此在澳大利亚水价制定过程中充分考虑如下因素：

第一，在制定完全成本回收的水价时，首先必须明确用水权，明确评估有多少水资源可用于消费性需求，确定水权的授予方式和法律程序。即明晰的水权是水价制定的前提和基础。

第二，政府作为水资源的所有者和管理者必须区分职能。将管理活动和提供服务功能分离开来，政府事务实现经济化。作为政府部门，不能既是价格的制定者，又是价格的执行者。因此必须由独立的第三方进行资产评估和价格制定。

第三，既然环境用水是水的合法用户，因此在制定水价时必须予以充分考虑，并由政府授权相应水量用于环境目的。

4. 水权市场

澳大利亚最早的水权交易可以追溯到 1983 年，目前水权市场已经在全国各州逐步推行和开展。随着水权交易量逐渐增多，相关的水权管理制度、规章也在不断改进和完善，水权交易市场已经逐步成熟。据相关资料统计，澳大利亚大部分的水权交易发生在农户与农户之间，也有少部分水权交易发生在农户与供水管理机构之间。水权交易的形式大多数是临时性交易，永久性交易仅占其中很小一部分。经过数十年的发展，澳大利亚水权市场的良好运行，有效地促进了节约用水，同时也使得水资源能够按照市场规律自行合理配置，提高了水资源的利用效率与效益。从水权市场起源到今天，澳大利亚水权市场经历了如下几个发展阶段：

（1）20 世纪 80 年代：水权市场起步

20 世纪 80 年代，澳大利亚水权交易开始逐步出现，推动这一时期水权制度改革及水权交易出现的原因主要有：第一，水资源开发利用过程中水资源短缺现象逐渐严重，原有的供水量已经不能满足日益增长的用水需求；第二，水资源供给开发不足，主要是政府对大型基础设施的投资能力和投资意向逐渐下降，这和水资源开发成本越来越高有关，政府投资的下降，导致新水源供给能力不足；第三，水资源开发导致越来越严重的环境负外部性，引起了民众的普遍关注。这些原因导致政府通过开发新的水资源，提高供给解决水资源供需紧张的能力逐渐下降，通过水权交易改善水需求管理的呼声逐渐提高，这导致了水权市场的产生。

（2）20 世纪末到 21 世纪初：水权市场逐步扩大

在 20 世纪 80 年代水权市场出现后，澳大利亚水权交易市场开始逐步扩大和走向繁荣。特别是在 1994 年"水改革框架"和 2004 年"国家水计划"对水权市场进行了深层次改革之后。澳大利亚迎来了水权市场发展的高峰期，这段时期水权市场改革的成功关键在于完善的法律制度体系保障了水权市场的健康运行。这个时期水权市场的发展主要表现在：水权交易形式更加多样，长期水权参与交易获得了法律的认可；水权交易规则更加完善，水权交易市场能够更好地反映水资源现状；水权交易的外部性更加被关注，制定了很多措施以监督管理水权交易对第三方产生的影响；水权交易平台更加精确，开发了多种交易平台以及审核计量系统。

（3）2007 年至今：逐步过渡到可持续水权市场

随着水权市场的完善，特别是新时期随着全球生态文明进程和绿色新政的推行。澳大利亚水权市场也开始更加注重可持续性、注重水自身以及水环境的安全。自 2007 年"国家水安全规划"之后，水权市场开始新一轮的改革，主要措施包括：明确环境用水是水资源的合法用户，政府作为环境用水的代理人，直接参与水权交易；以流域的生态环境可持续发展为水权交易的基础，以此来确定流域的"可持续水量分配限额"，将水权交易的量，严格控制在生态环境可持续范围之内；制定可持续水权市场交易规则，使水权市场的发展与经济社会可持续发展协调起来。

5. 制度的成就与不足

澳大利亚水权制度经过若干年的发展和培育获得了很大的成就。从总体上看，澳大利亚可交易水权制度使水资源的利用能够以市场的方式向更高效益流转，给农业以及其他用水户带来了直接的经济效益，同时由于水资源的配置更加的合理，推动了区域经济的发展和生态环境质量的改变。由于水权交易可以带来巨大的经济价值，有效地刺激了节水的行为。用水户和供水公司出于自身的经济利益考虑，更加关注节约用水，很多先进节水技术被应用到水资源管理当中，提高了水资源的利用效率和管理水平。

虽然目前水权交易已在澳大利亚全国各州逐步推行，并且在一定程度上实现了水资源优化配置，但其水权市场交易实践仍存在一些问题和不足，主要体现在以下几点：

（1）澳大利亚的水法是各州自己制定，各州对水权交易的监管机制和法律约束管理比较严。特别是针对长期水权交易，各州都采取谨慎的态度，特别是灌溉水权向城市、工业以及环境领域的转让，这些一定程度上阻碍了市场的作用，从而影响水资源最优价值的实现。

（2）各州的水权交易监管机制对跨州水权交易持谨慎态度。各州由于担心水资源"外流"，因此州政府对于跨州水权交易不积极，跨州水权交易不仅存在地理空间上的障碍，还存在政策和制度方面的障碍，导致现有的水权交易一般在州内发生，影响了水资源的进一步调整。

（3）水权制度及水权市场改革的进程在澳大利亚各州发展极不平衡，墨累—达令河流域各州处于水权制度和水市场改革的前沿，墨累—达令河流域集中了全国大部分的水权交易。而其他各州仍面临水权改革的障碍，包括水权和土地所有权并没有完全脱钩、水资源发展规划尚不清晰和完善、水权交易周期过于烦琐漫长等。

（4）澳大利亚政府作为水权交易的主体，参与到环境水权的购买行为中存在很大的争议。因为政府同时作为水政策的制定与执行者、水权市场的参与者、水权交易规则的制定者，极有可能利用先天信息优势通过水权交易市场获利，从而扰乱健康的市场秩序。

（5）水权交易的文化还不浓厚，民众对水权交易仍存疑虑。澳大利亚水权市场并没有经过水权法等长期的熏陶，出现日本那种浓厚的水权文化氛围，这导致获得市场交易信息的成本仍然偏高，影响水权供需双方达成交易；在许多地区，社会公众对于水权交易是否会造成地区资源的流失仍存有疑虑，导致水权交易协议无法达成。

（6）水权交易的方式过于单调。目前澳大利亚水权市场的交易主要包括永久性水权交易和临时性水权交易，诸如水权期权、水权债券交易等其他水权交易产品十分罕见，交易品种过于单调，尚不能完全满足越来越复杂多变的用水需求和风险管理的需求。

6. 澳大利亚水权及水价对我国的启示

澳大利亚水权制度和水权市场建设在发达国家中是比较完善的，其水权制度和水权市场具有很多值得学习的经验，这些经验可以从水权制度和水权市场的特点中体现出来：

（1）水权制度建设的根本目的就是要提高水资源的利用效率，考虑代际和代内的社会公平，同时兼顾生态系统安全，最终实现可持续发展。水权制度和水权市场的目的不是交易多少水资源，实现多少经济价值。其最终目的是要通过水权的交易，提升水资源的利用效率，让急需水资源的用水能够按照市场得到水资源，让水资源多余的用户可以按照市场转出水资源，实现水资源更合理的利用。缓解水资源供需矛盾，同时促进水资源的节约。在保障生态用水的基础上，最终实现人与自然的和谐。

（2）依法管水、平台构建、民众参与是水权制度得以良好运行的三大保证。澳大利亚各州政府都有权力制定本州的水法，对本州的地表和地下水资源进行统一管理。在水法的规定下，各州的水事活动得以规范的进行。澳大利亚的水资源管理基层机构是社区咨询委员会。社区咨询委员会成员一般来自农民联合会、地方政府协会、工会理事会及各种基金会等。这极大地提高了民众参与的热情，提升了水资源管理的效果。同时澳大利亚政府不断完善水权市场平台建设，提高了水权交易的效率。

（3）完善的水利基础设施和水资源信息监测系统是水权制度建设的重要支撑。由于水资源的流动性和不可确定性，给水权界定和水权交易带来了巨大的交易成本。再加上水资源时空分布不均，只有完善的水利基础设施和水资源信息监测系统，才能真正实现水权的计量。水资源信息监测系统实行了水权交易自动化，通过网络平台供民众分享，民众通过查询可以随时了解到所需要的水资源信息，决定自己的水事活动，这一切给水权管理者提供了重要的技术支撑。

（4）突出水资源的商品属性，企业化运作是水权制度建设的重要手段。随着水资源的供需矛盾日益加剧，水资源日益稀缺，必须实现有偿使用制度。在澳大利亚，水权管理一般委托企业（公司）进行市场化运作。水源公司负有寻找水源和建坝蓄水的职责，在州政府的监督下，向各地方政府的供水公司或农场主批发水权，并获得相应的收益。供水公司负有制水和配网输送的职责，在地方政府的监督下，向各用水户提供供水服务，并获得收益，同时履行好节约用水等义务宣传。水源公司和供水公司虽属政府部门机构，但完全实行企业化管理，实现了政企分开。公司可以由政府部门参股，也吸纳民间团体或个体参股。相关资料显示，公司运营良好，盈利高。

（5）上级政府重控权、下级政府重实权是水权制度建设因地制宜灵活性的需要。澳大利亚水权制度建设具有很大的灵活性，根据州政府不同的需要，各级政府逐级实行放权。所谓上级政府重控权，即上级政府应通过强化宏观调控权，引导、规范和监督下级政府的实事管理权，保障下级政府分权行使的目标与上级政府目标保持一致。而下级政府重实权应体现在根据各个区域的具体特点，在上级政府的宏观控制目标下，制定可操作性的制度控制环节，并得以执行。

澳大利亚水权制度取得的这些经验都值得我国水权制度和水权市场培育学习。解决我国目前面临的水危机，建立水权制度和水权市场是必由之路，因此必须向发达国家成熟的水权制度和水权市场学习。澳大利亚水权制度建设给我国的启示主要有：

①在水资源确权时，必须明确和保障环境水权。科学合理地分配各种水权，其目的是实现水资源的合理配置。水权制度和水权市场的目的并不仅仅是为了交易水权，而是为了更合理地配置水资源，最终实现水资源的可持续利用。我国的水权制度在设计的过程中，必须明确这个最终目的，而不仅仅是为了卖水。因此在水权确权和交易过程中必须进行限制，必须预留环境水权和其他必要水权。

②改革水价形成机制，实现市场定价和政府定价相结合。目前我国

的水价都是由政府制定，普遍偏低，不能反映水资源的稀缺性，无法起到经济杠杆的有效作用。可以效仿澳大利亚的做法，由第三方独立机构进行科学合理的预测定价，最后由政府审核审批。既能实现政府调控，同时又能更好地利用市场的力量，使得水价区间更加合理。

③在水权制度过程中要实行分权制。在一龙管水的统一管理和规划下，逐级进行分权，特别是基层水资源管理体系可以探索水权自治，实现水权管理制度的多样化、民主化和市场化。让水权市场能够既满足国家宏观调控的需要，保障国家战略的实施，同时又能最大限度地调动和利用社会的力量，实现水权命运共同体，增强水权制度和水权市场的可持续性。

第二节　发展中国家的水权及水价 建设经验

一　墨西哥

墨西哥地处北美洲南部，北邻美国，南接危地马拉和伯利兹，东临墨西哥湾和加勒比海，西南濒太平洋。墨西哥的水资源从总量上看并不贫乏（其水资源总量为 4760 亿 m^3，人均水资源量为 4547m^3），但是其水资源时空分布不均和严重的水污染导致水资源利用效率低下，且供需矛盾紧张。从空间上看，墨西哥水资源态势呈现南多北少的情况，东南部地区水资源充沛，水资源量达到 3328 亿 m^3，是中部、北部和西部地区水资源量总和的 7 倍。中部、北部和西北部有些地区严重缺水。墨西哥年均降水 4100 亿 m^3，其中一半集中在东南部，该地区仅占国土面积的 20%，而占国土面积 30% 的北部，其降水量仅占 3%。从时间上看，墨西哥大部分地区都可以分为雨季和旱季两个阶段，雨季是每年的 6 月至 9 月，集中了全年 67% 的降水量，旱季从 10 月到第二年的 5 月，却只占全年 33% 的降水。降水过于集中导致大量的水资源被浪费。墨西哥水资源污染十分严重，几乎 90% 以上的水都有不同程度的污染。为了解决日益严重的水危机，墨西哥高度重视水资源的管理，将其提升到国家战略的高度，20 世纪 90 年代开始，墨西哥的水权制度和水权市场逐渐发展起来。

1. 水权制度

（1）1992 年墨西哥《国家水法》之前的水权制度

在墨西哥 1992 年《国家水法》制定之前，墨西哥水权制度的主要法律依据是 1917 年墨西哥宪法。墨西哥曾是西班牙的殖民地，在殖民地时期，墨西哥水资源所有权属于西班牙王室，只有贵族才有权利使用水资源。在墨西哥取得独立之后，水资源所有权才逐渐收归国家所有。1917 年墨西哥宪法第 27 条规定，水资源属于国家财产，任何用水都必须经相应的联邦机构授权。自此墨西哥的国家水资源制度建立，国家对水资源有着不可剥夺的权利，任何个人、企业或者其他用水者用水都必须经过国家相关机关授权，水资源被牢牢地掌握在国家手中。

同时 1917 年宪法对水资源的管理进行了详细的规定。如规定"联邦国会有权受联邦管辖的水资源的使用和利用问题颁布法律"，"市政府在州政府的指导下，有责任管理水资源所在地的水资源分配系统"，"墨西哥所有公民都有义务为水资源的公共支出承担责任"。同时成立了国家水委员会对水资源进行专门的管理。

（2）1992 年墨西哥《国家水法》

墨西哥《国家水法》是在 1992 年正式颁布，1994 年正式实施的墨西哥最重要的水资源法律。《国家水法》在 2004 年进行了进一步的修订和完善。修改后的《国家水法》开始实施水资源综合管理。在水资源所有权国家所有的基础上，将水资源的使用权划分为三种类型：农业用水、城市公共用水、发电及其他生产性用水。其中最重要的是农业水权。墨西哥是一个农业大国，农业用水占了总用水的 4/5 左右。《国家水法》规定将农业用水的特许权授予给合作农场、农村社区及其个别成员，或个人或法人实体。虽然《国家水法》规定水资源的所有权属于国家，但是灌溉系统设施却属于私人部门经营和所有，这种独特的模式导致农业水资源确权到个人才能最大限度地降低交易成本，同时激发农户及其他用水主体的积极性。

为了保障水权制度的运行，墨西哥特别设立了水权公证处。水权公证处是国家水委员会根据《国家水法》的规定设立的，水权公证处的重要性在于能够保障水权的合法性，同时也能够保障水权交易的合法性。

墨西哥实行水资源有偿使用制度，《国家水法》规定"凡欲使用国家水资源的用户，都得为其取得的用水权偿付一定的费用"。水资源用户水费偿付的标准是以偿付联邦政府为提供各种设施所支出的各种费用，其中包括设备运行费和维修费以及水资源保护费等。国家水委员会对水权的有偿使用设定了三个目标：①平衡财政支出。收取的水费主要用来偿付因修建公共水利基础设施所支出的费用、水资源管理费用以及用于已制定的各项水资源利用计划的开发工作。②发挥水资源的效用。防止水资源的浪费，并从社会和经济两方面提高水资源的利用效率。③合理分配水资源。根据收入水平，受益越多的水用户，就必须得按比例缴纳更多的水费。

墨西哥的水权制度是国家所有权制度，对水资源的用途进行了严格的管理和控制。并通过法律和机构的完善，实现了水资源管理一体化。

2. 水权转让

面对水资源时空分配不均等问题，墨西哥进行水权转让。墨西哥水权转让制度具有以下几个特征：

（1）灵活性。《国家水法》规定将灌区的灌溉设施管理权交给灌区自主管理，灌区成立了用水者协会以及有限责任社团。灌区自主管理模式，提高了民众参与水权管理的积极性，同时也让灌区的管理制度更加具有灵活性。水权的转让依赖于水利基础设施的完善，灌区自主管理灌溉设施保障了水权交易的灵活性。这是墨西哥水权交易的一大特色。

（2）安全性。安全性是水权交易的保障。《国家水法》规定了水权交易的前提条件，即保障水利基础设施投资、保障其他人的基本权益、保障生态环境的安全。同时对于水权交易进行登记和审批制度，保障水权交易在可控范围内进行。同时对于干旱年份的水权交易，《国家水法》规定了详细的交易预案，以保障用水主体的基本权益。

（3）可预测性。水权交易具有强烈的外部性，特别是长期水权交易。为了保障水权交易的可预测性，目前墨西哥水权交易多数是属于短期的灌区内部的交易。对于跨区域的长期水权交易，国家水委员会一直持谨慎的态度，在对长期交易各方面的影响进行全面仔细的评估后，才能进行审批。同时民众对于长期的水权交易也不太认可，从可预测性的角度大多数也愿意采取短期的水权交易形式。

墨西哥水权交易特别注重对水质的改善。制定了详细的水质评价标准，同时对水质进行系统的监测和评价。并建立了一系列的污水处理设施和生活污水排放系统，并对排污进行了严格的控制。规定所有的水资源用户都必须遵循国家水利委员会关于排污问题所规定的具体排泄条件。同时墨西哥水权交易特别注重用水者协会的作用。墨西哥的灌溉系统分为大型灌溉系统和小型灌溉系统，大型灌溉系统分为 86 个大型规模灌溉区，约有 500 个用水者协会，60 万个水用户，有 350 万公顷的农业用地。小型灌溉系统约有 4 万个，每个系统对应一个小型灌溉区，灌溉的面积达到了 280 万公顷。每一个小型灌溉系统都会建立一个用水者协会，小型灌溉系统的用水者协会达到了 80 万个。

3. 墨西哥水权制度对我国的启示

墨西哥同我国一样同属于发展中国家，其农业灌溉用水作为用水第一用户与我国极其相似。因此墨西哥水权制度对我国具有重要的启发意义。分析墨西哥水权制度，可以得出如下几点重要启示：

（1）注重发挥政府在水权制度中的关键作用。政府不仅是水资源的所有者，更是水资源确权的主体，政府通过法律确定了水资源的使用权。同时政府可以直接参与水权交易，以政府回购的形式调配水资源。在特殊情况下，政府可以直接干预水权市场的运行，从而使水资源的配置能够在一个合理的范围内运行，保障国家重要战略的实施，以及保障生态安全和水权交易的公平性。水权市场从来就不是一个完全意义上的市场，无论是发展中国家还是发达国家都是如此，这是由水资源的特殊性所决定的。因此我国的水权市场建设必须坚持和完善政府的作用，更好地发挥政府的职能，绝不能走完全市场化和私有化的道路。

（2）注重用水者协会的重要作用。墨西哥的水权管理制度中用水者协会占有重要的分量，用水者协会的数量众多，每一个灌溉系统都对应一定的用水者协会。用水者协会使得水权交易更加具有灵活性，很好地补充了政府的作用。我国的水权制度改革也成立了相应的用水者协会。但是在实践过程中，用水者协会并没有发挥很大的作用，很多用水者协会只是一个空名头。由于政府信息不对称可能会导致政府失灵，用水者协会作为灌区用水户的代表，可以很好地组织和实施水权的管理。因此我国的水权制度要注重对用水者协会的研究，更好地发挥用水者协会的功能，探索和完善水权基层管理制度。

（3）保障水权交易的安全。水权交易的初衷是更合理地调配水资源，缓解水资源的供需矛盾。但是目前不同用途的水资源之间存在着巨大的价格差价，可能会由于片面追求经济利益，影响水资源的流向，造成水资源供需新的不平衡。某些用水主体的利益受到侵害，同时水权的过度交易可能会影响第三方和生态系统的安全。因此要十分注重保障水权交易的安全。让水权交易在可控的范围内进行。保障水权的公平性，保障水生态安全的绝对安全。对于长期的水权交易要经过全面仔细系统的审查和评估才能够审核批准。我国的水权市场也应该注重对水权交易安全性的监控，保障水权交易的进行，以及保障相应的公共安全。水权交易绝不是自由地、任意地交易，必须在法律的规范下和政府的监督下进行。

二 智利

智利是世界上最早开展水权制度和水市场改革的发展中国家之一，也是拉丁美洲国家最早实行水私有化的国家，被世界奉为"水改的典范"。20 世纪 70 年代早期，智利也是实行计划经济，智利政府管理国家经济和制定重要产品的价格同时控制着所有产品和服务的生产体系。1973 年智利政府开始推动市场化改革，其中就包括水资源管理制度的改革。自 1981 年智利《水法》实施以来，智利政府就一直致力于水权制度改革，发展和完善水市场，2005 年智利修改了《水法》，在很大程度上促进了水权管理的进一步发展，为水市场的发展和完善提供了切实的保障。

1. 水权初始分配

智利水权始于 1981 年《水法》，该《水法》将水权完全从土地所有权中分离出来，这在智利的历史上还是第一次。1981 年水法显示了智利初始水权分配的几大特点：第一，水资源实行国家所有权制，属于公共产权。水是公共使用的国家资源，所有权归国家所有，国家负责初始水使用权的分配，个人可以根据法律申请地表水和地下水使用权。第二，实行比例水权制度。智利水资源使用权可以分为永久性水权和暂时性水权。对于暂时性水权，只有在所有永久性水权得到满足后才能使用，永久性水权在一定程度上具有优先权，但是当水资源不能满足所有永久性水权拥有者的水权需求时，将可利用的水资源按比例进行配置。第三，初始水权实行免费获得制。对于所有需要用水的个体用水户来讲，初始水使用权都可以免费获取，不需要缴纳水权费，而且不限量，可以永久持有。只有在当有两个以上用水户对同一种水提出申请，而且没有足够的水来同时满足他们的用水需求时，水权才采取拍卖的方式进行分配。对于新的和未分配的水权也将通过拍卖的方式向公众出售。第四，水权交易极其自由。水权持有者不需要征得国家水董事会同意就可以自由地改变水权使用的地点和形式，而且除个别限制外，水权持有者可以向任何人按自由协商的价格出售水权。第五，水权持有者需要缴纳水权税。水权属于财产权，而不是土地所有权的附属，向普通财产一样，财产持有者需要缴税。

智利这种无节制地分配初始水使用权的做法，很快就引发了一系列负面效应，比如囤积水权用于投机，或积累水权以阻止竞争对手进入市场。同时，1981年《水法》没有涉及社会公平和环境可持续发展问题。针对这些不良效应，智利政府于2005年对1981年《水法》进行了修订。重新修订后的《水法》具有如下几大变化：首先，为了保障公众的利益，总统有权将水资源从经济竞争中剥离出来；其次，水董事会在建立新水权时必须对环境问题加以考虑，特别是要确定河流生态流量和保证地下水管理的可持续发展；最后，向未使用的水权征收许可管理费，严格对水使用权申请的审批，防止水权囤积和投机。

智利水权管理机构由国家水董事会、法院和用水户协会三个部分组成。国家水董事会主要负责收集和管理水文数据，监督大坝等大型水工建筑物的建设，管理公共水权和用水户协会登记等。国家水董事会对私有水权没有任何权利，不涉及私有水权的管理。大部分私有水权的水管理决策都是由用水者协会做出，而法院则负责处理水权交易的第三方利益损害以及水权纠纷。

2. 水权交易

在水资源管理中智利是几个率先鼓励使用水市场的发展中国家之一。智利1981年《水法》首次明确提出水权交易实行完全市场化，要求政府尽可能减少干预私有水权、在保护私有水权的同时，减少交易成本、破除交易壁垒。同时为了加强对水权交易中普通公众利益的保护，在2005年《水法》修订的时候对于社会公众参与水市场管理作了专门规定，极力鼓励用水户参与公共决策，允许成立地下水用水者协会，并准许水管理社团成为法定实体，以此来均衡各利益相关者的利益。

智利的水权交易主要分为三种类型：农户之间的短期交易、农户之间的长期交易、农业与城市之间的交易。

（1）农户之间的短期交易。农户之间的短期交易是智利水市场上最为常见的一种水权交易类型。它是指农场主在不同时期依据不同的用水需求向别的农场主租借水或者与他们换水。这种短期的水权交易赋予了灌溉用水更大的灵活性，同时提高了灌溉用水的使用效率。因为长距离交易的交易成本较高，因此这种农户之间短期水权交易只有当农场主从同一或相邻的渠道中引水灌溉时才可能出现。由于这种水权交易的频率高，水量少，因此无须向有关部门登记。

（2）农户之间的长期交易。随着农业种植结构的改变，农业水权交易价格的改变，农户之间开始寻求长期的水权交易。一些农场主因为自己的土地不适合栽种诸如水果或蔬菜之类的需水量大的高价值作物，他们将部分水权份额卖给别的农场主，这样通过出售水权获取一定的收益，进而可以投资引进一些简单的节水灌溉技术，以提高自身的灌溉用水效率。另外一些实施长期水交易的售水者则是那些引进了更为先进灌溉技术（例如滴灌、喷灌等）的高度精耕细作的农场主，他们通过引进先进灌溉技术提高了农业灌溉用水效率，并将节余的水进行出售来筹集投资资金，而这类长期水交易的买主则大多是一些拥有肥沃土地但是缺少水权的农场主。

（3）农业与城市的水权交易。智利水市场改革最重要的创新之一是允许城市向农业购买水权，由于水权和土地所有权实现了分离，因此这种水权交易并不一定要购买土地。智利许多城市都出现了向农场主购买水权的现象。但是对于城市向农业购买水权进行了一些限制。农业向城市出让的水权必须是在满足自身农业生产用水的前提条件下，或者是那些利用了高效率的农业节水设备而结余的农业水权。对于那些可能导致回流变化的农业与城市之间的水权交易，用水者协会绝对会加以制止，因为它在很大程度上会影响河道的总流量。

智利水权交易价格受到多种因素的影响，这些因素主要有交易主体、地区、气候条件、收益预期、交易成本等，不同的因素导致不同地区的水权交易价格差异很大。由于智利实施的是彻底的水权市场化改革，因此其水权交易价格完全由市场决定，由交易主体之间互相博弈和协商确定。特别是私有产权，政府几乎不干预，完全由水权交易主体之间进行水权交易价格的协商。这就使得水权交易价格可以更好地反映水资源的稀缺程度和水权供需双方的力量。从而使得水资源得到更合理的分配和使用，水资源价格杠杆的作用得到很好的发挥。

3. 智利水权改革的成绩与不足

从总体上说，智利水权制度和水市场改革取得了许多成绩，主要体现在以下几个方面：（1）水权交易提高了水资源分配的灵活性。由于用水户是理性的经济人，农业用水户在综合考虑水资源的机会成本之后，对农业作物种植结构和水资源利用等方面作出合理和积极的选择，缺水的用户可以通过水权交易获得足够的水资源，水资源多余的用户可以通过水权交易，获得一定的经济利益，因而水资源的配置也更加灵活。（2）水权改革提高了水资源管理中公众参与的热情。用水户通过水权交易得到了经济实惠，增强了水资源管理和分配的参与意识，促进了水资源分配的公平性。（3）水权改革实现了对节水设施投资的激励。通过水权交易，用水户意识到了水资源潜在的经济价值，促使他们投资先进的节水技术设备，从而获得结余水量进行交易，这样就提高了农业灌溉用水的效率；同时对于城市供水部门来说，水权交易刺激其投资改善供水设备，提高污水处理能力，以期将多余的水资源出售给农业用水户或城市居民。（4）水权交易改进了供水管理和服务水平。通过水权交易，改变了过去城市供水部门无偿剥夺农业水权的局面，为了增加自身的效益，城市供水部门只能且只有通过提高自己的供水管理和服务水平。这样就通过水权的竞争，提高了水资源管理和服务的整体水平。（5）水权交易减少了环境恶化的诱导因素。智利《水法》在对水权交易的规定中对水质做了明确的规定和要求，水质不达标的水资源无法进行水资源交易且水质高的水资源交易价值更高。这在一定程度上提高了用水户的环境保护意识，促使其进行水资源的保护和改善。

但是，智利的水权制度和水权市场在运行的过程中，仍然存在着一些问题和不足，这主要体现在：

（1）市场并没有充分发挥调节水资源的作用。智利水权改革走的私有化和完全市场化的道路，但在实践中，并没有世界银行宣传的那样，水市场十分活跃。其实在智利水权实施过程中，并没有出现大量的水权交易，大部分水权交易只是在农业内部，跨行业的水权交易少之又少。这充分说明水权市场的形成是一个复杂的系统工程，受到地理位置、基础设施、法律、文化、价值观等多种因素的影响。照搬市场理论，简单化、抽象化处理只能是事与愿违。水权市场从理论走向实践还有很长的路要走。

（2）水权过于集中，弱势群体的利益没有得到充分的尊重。由于在1981 年《水法》中规定水权的获得无须付费，且不限量。水权的使用政府无权干涉，这样就使得具有一定势力者可以囤积水权，使得水权过于集中。相反，大部分收入水平低的农民则缺乏可靠的水资源供给和有效的水权保障。由于政府的不干涉，亦无资金支持，再加上，水利设施年久失修等客观因素，导致这些人成为水权中的弱势群体，处境窘迫。弱势群体由于缺乏足够的政治和经济的影响力，只能在水权市场上与少数精英和富农的博弈中苦苦挣扎。

4. 智利水权制度和水权市场对我国的启示

虽然智利水权市场还存在一定的缺陷，但在发展中国家，智利还是走在了水权制度和水权市场建设的前列，其水权市场的经验给我国的水权制度建设和水权市场培育带来了很多的启示和借鉴。主要的启示有如下几点：

（1）建立适应水情的比例水权体系。由于水资源具有流动性，且受到气候等因素的影响，水权具有不稳定性。如果水资源确权定的过于死板，就使得在降水充沛的年份水权可以得到保障，而在干旱的年份水权可能就不能得到足够的保障，从而引发用水的矛盾，使得水资源确权成为空谈。智利在建立水权制度时选择了适应水情的比例水权体系。根据比例水权的特性，无论是水资源充沛的年份还是相对比较干旱的年份，所有水权拥有者都可以拥有一定份额的水量。比例水权体系较之其他水权体系更具有灵活性，且在水资源短缺的情况下更能体现公平的原则。这样的水权体系使得水权市场更加容易操作，更容易被水权拥有者所接受。

（2）在水权交易过程中充分考虑了环境保护的理念，注重水资源的可持续利用。由于水权交易存在着巨大的增值空间，很容易导致水权的过度转让，出现过度用水的情况。如果水资源不能充分回流，则可能影响到水资源生态环境的安全，从而影响水资源的可持续利用。智利在水权和水市场改革中充分考虑了对环境的保护，这一点在 2005 年修订的《水法》中得到了充分体现。根据 2005 年新修订的《水法》，水董事会在建立新水权时必须对环境问题加以考虑，特别是要确定河流生态流量和保证地下水管理的可持续发展。同时用水者协会在审核水权交易时，禁止那些可能导致回流变化的农业与城市之间的水权交易。这样就在水权的确定和交易的过程中都纳入了环境保护的理念，从而使得水权交易在一个合理的范围内进行。

（3）充分发挥用水者协会在水资源确权和水权交易过程中的作用。由于水权交易需要丰富的信息，政府在收集这些信息时交易成本巨大，而用水者协会具有天然的优势。强大的用水者协会将补充政府功能的不足，发挥基层水资源配置堡垒的作用。在智利，强大的用水者协会在水资源分配中发挥了重要作用，用水者协会负责管理水利设施，监督水资源产权的分配，并对一定条件下的水权转让进行审批，为水权转让相关利益各方提供了协商的平台，同时化解各类水资源使用的冲突。由于《水法》规定，私有水权政府不加干涉，且尽可能减少政府在水权配置过程中的作用，实行完全的市场化。这样在基层水资源管理和水权配置过程中，智利的用水者协会真正起到了桥梁的作用。形成了政府、用水者协会、法院三位一体的水资源管理模式，实现了水权管理体系的多样化、民主化。

（4）实施水利设施和供水服务的产权化改革。水权制度的建立和水权市场的培育需要水利基础设施的改善和供水服务的提高。完善的水利基础设施和高质量的供水服务是水权制度的根本保障。实践证明，在水权制度和水权市场培育的过程中，实施对水利基础设施和供水服务的产权化改革有助于提高基础设施和供水服务的水平。智利对于水资源和水利设施的管理实施了最彻底的私有化和市场化改革。除了水利设施的管理转交给用水者协会之外，城市供水服务也实行了私有化。实践证明，智利私有化的水资源管理不仅提高了城市和农业的用水效率，而且还极大地减少了财政补贴，使得政府有精力对特别贫困的城市居民和小农场主进行目标补贴，以提高他们购买水权的能力。当然这种彻底私有化的做法不一定适合我国国情，但是明晰水利基础设施和供水服务的产权，是值得我国借鉴和学习的。

第三节　中国水权建设

2000 年发生的浙江省东阳—义乌两市之间的水权交易案，被称为我国"首例水权交易"，开创了我国水权交易的先河，是我国探索水权交易制度和水权市场建设的起点。东阳—义乌水权交易案例引起了国内强烈的反响和激烈的争论，甚至引起了国际上的关注。从理论上，东阳—义乌水权交易案例引发了我国水权制度和水权市场研究的热潮；在实践上，东阳—义乌水权交易案例推动了水权制度和水权市场建设在我国水资源管理上的进程，开启了中国特色社会主义水权制度的探索。因此，总结东阳—义乌水权交易案例的经验，反思我国水权制度和水权市场建设，具有重要的理论价值和研究意义。

一　我国东阳—义乌首例水权交易案例回顾

1. 东阳—义乌水权交易案例回顾

东阳市和义乌市水权交易并没有想象中的那么容易，双方进行了四轮谈判和讨价还价才最终达成协议。2000 年 11 月 24 日东阳市和义乌市正式达成有偿转让横锦水库部分水资源使用权的协议。根据浙江省水利厅的《调查报告》，东阳—义乌水权交易协议的主要内容有三点：第一，义乌市一次性出资 2 亿元购买东阳横锦水库每年 4999.9 万 m³ 水的使用权；第二，转让用水权后水库原所有权不变，水库运行管理、工程维护仍由东阳市负责。义乌市根据当年实际供水量按每立方米 0.1 元支付综合管理费（包括水资源费）；第三，从横锦水库引水到义乌市的引水管道工程由义乌市负责规划设计和投资建设。其中位于东阳境内的引水工程的管道工程施工由东阳市负责，费用由义乌市承担。义乌市购买用水权的 2 亿元资金根据引水工程进程分期付清。

水权交易发生的前提是存在水资源供需的不平衡。东阳和义乌是浙江省的两个县级市，东阳和义乌的经济均取得了长足的进展，逐渐成为浙江省独具特色的中型城市和全国百强县，前者以建筑业知名，后者以小商品市场著称。但是东阳和义乌的水资源禀赋却存在着巨大的差异。2000 年，东阳市总面积 1739km²，人口 78.79 万，耕地 25004ha，境内有东阳江、南江等多条河流，多年平均径流量达到 8.74 亿 m³，水资源总量 16.08 亿 m³，人均水资源 2126m³，略高于浙江省的平均水平。东阳市水资源开发成效大，拥有横锦和南江两座大型水库，尤其是横锦水库灌区 1998 年列入国家农业综合开发水利骨干工程，项目实施后节水增效显著，除满足本市正常用水外，每年有 3000 多万 m³ 余水白白流失。义乌全市总面积 1103 平方公里，人口 66.84 万，耕地 22912ha。多年平均水资源总量 7.19 亿 m³，人均水资源 1130m³，远低于浙江省 2100m³ 和全国 2292m³ 的平均水平，市区日均需水量为 15 万 t/日，而供水量只有 9 万 t/日，水资源相对紧缺。

东阳—义乌为什么采取水权交易的方式获取水资源，而不是传统的行政配水的方式呢？其实，早在水权交易发生之前，义乌市就曾多次通过上级政府向东阳市借水。例如，在 1995 年和 1996 年，在上级政府的协调下，东阳市两次向义乌市提供 200 多万 m³ 的水。但是单纯依靠行政协调的手段，往往只能解决临时性问题，而不能解决永久性问题。同时在水资源日益稀缺的情况下，靠行政强行实行水资源配置，会引起地方政府之间的矛盾。那么义乌市为什么不通过自己建设水库自行解决水资源供给问题呢？根据相关的数据发现，东阳通过节水工程和新的开源工程得到的丰余水，其每立方米的成本尚不足 1 元钱，转让给义乌后却得到每立方米 4 元钱的收益，而义乌购买 1 立方米水权虽然付出 4 元钱的代价，但如果自己建水库至少要花 6 元。这样算下来，义乌市自己选择水库成本高昂，水权交易对双方来说是一个双赢的局面，既可以使得双方获得相应的经济利益，又能使得水资源可以得到更加合理的利用。

我国西北和华北地区水资源稀缺，水资源供需矛盾紧张，但却没有发生水权交易。为什么水权交易首先自发出现在浙江省而不是在水资源稀缺的西北或华北地区呢？

通过研究我们发现，在转型时期的中国，市场经济体制还没有完全建立的前提条件下，要发生水权交易，除了水资源稀缺，供需矛盾紧张的可观条件外，还需具备经济、社会、体制等多方面的因素。浙江省东阳—义乌水权交易恰恰满足了这些独特的条件：①市场意识超前，浙江省自明清以来就一直是经济繁荣、市场经济较为发达的地区，改革开放以来，浙江省经济取得飞速的发展，已经成为我国第四经济大省，更被誉为"民营经济的王国"，浙商足迹遍布全球，群众具有浓厚的市场经济意识，因此良好的市场经济意识是发生水权交易广泛的社会意识基础；②地理位置独特，东阳、义乌两市位于金华江支流的上下游，处于相对封闭的环境，无须巨大的调水工程，即可实现调水。同时东阳市水资源丰富，除满足自身发展需要外，还有大量的水资源白白流失，因此并不需要通过节水获得多余的水权，就可以实现水资源的重新分配。③地区经济发达。义乌是全国百强县之一，是闻名全国的小商品城。1999 年人均 GDP 高达 1.6 万元，是全国平均水平的 2.4 倍。作为发达地区，其财政汲取能力和固定资产投资能力都很强，具有满足水利等公共物品需求的能力。④政府思想解放，浙江省一个突出特点是思想解放，政策环境宽松，地方自主能力较强。浙江省省委、省政府对发展经济"不画条条，不画框框，不设禁区"，一切从实际出发，以三个有利于为标准，地方解决问题不是向上面等、靠、要，更多的是自力更生，自谋出路，这实际上是为制度创新营造了宽松的体制环境。同时水利部领导倡导的水权理论，为水权交易提供了理论依据，给两市领导吃了"定心丸"。在原来的行政手段配水思路下，两地多方协商未能达成协议，水利部部长汪恕诚关于《水权和水市场——谈水资源优化配置的经济手段》的讲话，启发了东阳、义乌双方的思路，终于采用水权交易的方式实现了水资源的优化配置。正是由于上述特殊原因，东阳—义乌水权交易案才会在全国首先发生。

2. 东阳—义乌水权交易案例的反思

在东阳—义乌水权交易案发生之后，迅速引起了学术界的关注。大部分学者肯定了东阳—义乌水权交易案的积极意义，但也有少数的学者对东阳—义乌水权交易持怀疑和否定的态度。如吴国平认为"东阳—义乌之间的水权转让是没有法律依据的，与我国的水资源国家所有制相悖，其转让前提不具备"。我国著名制度经济学家盛洪也认为"像东阳—义乌水权转让，卖水权的一方是否有这样的权利都要打个问号，其实是他自己给自己一个水权的授权。"之所以产生两种不同的意见，主要是因为有两个根本性问题没有解决。即东阳、义乌两市政府有没有水权交易的权利以及政府部门能不能成为水权交易的主体。这两个问题的本质涉及对水权概念和水权交易的理解。

部分学者认为，目前我国《水法》并没有明确定义水权概念，对水权交易也没有明确的规定。水权交易无法可依。《水法》规定，水资源属于国家所有，即全民所有；农村集体经济组织所有的水塘、水库中的水属于集体所有。地方政府无权转让水权。对此不同的学者从不同的角度进行了解析。如苏青等（2003）从优先权的角度论述了东阳—水权交易的合法性。根据水源地优先原则，东阳对本区域内存在的水资源拥有优先用水权；根据占用优先原则，东阳灌溉农业等部门历史上首先有效应用了东阳江的水资源，因此也具有优先用水权；根据堤坝用益权原则，东阳政府和群众投资兴建了横锦水库，因此拥有水库蓄水资源的优先用水权。[①] 杨力敏（2002）则认为东阳—义乌水权交易并不是水资源使用权的交易，而是水资源管理支配权的交易。横锦水库的水资源是国有的，转让的主体是东阳市政府和义乌市政府，两个市政府只是代表国家利益的中央政府在地方的代表，而在国有产权的体制内部是无所谓产权转让的，能转移的只有管理权。[②]

更多的学者是从产权经济学的角度，剖析水权的内涵，如胡鞍钢、王亚华、沈满红等。普遍认为水权是一组权利束，水权包含一系列权利，其他权利可以和所有权分开。但是对于权利究竟包含哪些权利，目前仍然存在很大的争论，这在一定程度上造成了混乱，影响了水权理论的发展和水权制度的建设。概览学者的相关研究，关于水权的内涵目前主要有几下几种观点：

姜文来（2000）、马晓强（2002）等为认为水权是一整套关于水资源的权利体系或水资源的权利总和或权利束，它包括水资源所有权以及由水资源所有权派生出来的其他权利，如水资源的使用权、分配权、经营

[①] 苏青、施国庆、吴湘婷：《流域内区域间取水权初始分配模型初探》，《河海大学学报》（自然科学版）2003 年第 3 期。

[②] 杨力敏：《从"东阳—义务"水权转让看转型期国有资产（水资源）管理体制改革》，《人民珠江》2002 年第 3 期。

权、管理权、收益权、水环境权等。①② 崔建远（2002）认为水权是指水资源的使用权或收益权，不包括水资源的所有权。③ 这种观点在国内属于少数派。刘书俊（2007）认为水权是指水资源的所有权和使用权。④ 法学学者普遍持这种观点，因为我国《水法》中对水权的界定亦是这种，汪恕诚（2001）也持这种观点，作为当时的水利部部长，这种观点代表了政府的看法，属于学术圈的主流。⑤ 金海统（2012）认为，水权是环境法上的主体在开发、利用、管理及保护水资源的过程中所产生的对水所具有的权利的总称。水权是一个综合性、开放式的权利制度体系，它的类型和内容会随着社会的发展而变动。水权是基于公民环境权而产生的协同型权利，它的上位权利是公民环境权而不是财产权。⑥

　　而对于政府是否可以成为水权交易的主体，也分为两种对立的观点。一种观点认为政府不能成为水权交易的主体，如郑玲（2005）认为政府不应作为水权的主体参与水权交易。作为一个管理者或裁判，政府在水权市场交易中充当的是中间人的角色，如果政府再作为水权主体的话，很容易造成政府权限不清，以权谋私，阻碍市场机制发挥作用，不利于水权制度的建立和完善。⑦ 另一种观点则认为政府可以成为水权交易的主体，且在未来很长一段时间内一直是水权市场的主体。沈满红（2005）认为政府可以扮演"公共事物"的管理者和"人民利益"的代表者两种不同的角色，前者负责产权的界定和保护、法律、规章制度的制定以及市场交易秩序的维护等；后者作为区域经济的代言人，直接参与到水权市场竞争中成为"交易者"。在降低协商费用方面，政府比一般经济主体

　　① 姜文来：《水权及其作用探讨》，《中国水利》2000年第12期。

　　② 马晓强：《水权与水权的界定——水资源利用的产权经济学分析》，《北京行政学院学报》2002年第1期。

　　③ 崔建远：《水权与民法理论及物权法典的制定》，《法学研究》2002年第3期。

　　④ 刘书俊：《基于民法的水权问题思考》，《法学论坛》2007年第4期。

　　⑤ 汪恕诚：《水权管理与节水社会》，《中国水利》2001年第5期。

　　⑥ 金海统：《自然资源使用权：一个反思性的检讨》，《全国环境资源法学研究会》2012年。

　　⑦ 郑玲：《对"东阳—义务水权交易"的再认识》，《水利发展研究》2005年第2期。

具有不可替代的优势。①

随着我国水权制度的发展和水权试点的进行，这些问题都得到了很好的解决，政府不仅是水权市场的监督和管理者，也是水权市场的重要参与者。水权市场和土地市场一样，可以实现所有权和使用权的分离。

3. 东阳—义乌水权交易的意义

东阳—义乌水权交易是我国水资源管理上的一次重大改革实践，具有里程碑的意义，标志着我国水权市场的开端。这个案例作为我国首例水权交易，至少具有三大重要意义。

（1）东阳—义乌水权交易打破了行政手段垄断水权分配的传统。长期以来，我国的水权分配一直被行政垄断，主要表现为"指令用水，行政划拨"，市场无法起到调节水资源配置的重要作用，在水资源相对并不稀缺的时期，这种行政配水方式起到了一定的积极作用。但是随着水资源日益稀缺，行政配水的弊端逐渐显露。东阳—义乌水权交易打破了行政手段垄断水权分配的局面，开启了市场调节水资源配置的探索。

（2）东阳—义乌水权交易标志着我国水权市场的正式诞生。《水法》规定水资源的所有权属于国家，水权的初始分配也是通过政府行政机构完成的。但是这并不代表着水权的再分配必然要通过行政手段，市场可以成为水权再分配的主要手段。如果通过市场进行，就会形成水权交易市场，简称水权市场。同样，水商品的分配如果通过市场来进行，就会形成水商品市场。实际生活中，我们把水权市场和水商品市场笼统地称为水市场。东阳—义乌水权交易打破了水权市场的空白，虽然在这一点上，还存在很大的争议，但不可否认的是东阳—义乌水权交易开启了我国水权市场建设的进程。

（3）东阳—义乌水权交易证明了市场机制是水资源配置的有效手段。在行政配水无法解决义乌用水需求的时候，通过市场交易成功解决了水资源配置问题。东阳市每年汛期要弃水 3000 万 m^3。通过水权交易，这些水资源不但没有浪费，还产生了巨大的经济价值。义乌市获得了经济社会发展需要的水资源，突破了发展的瓶颈。东阳市获得了巨大

---

① 沈满洪：《水权交易与政府创新——以东阳—义乌水权交易案为例》，《管理世界》2005年第6期。

的经济社会发展资金。水资源获得了更高的经济价值。所以对交易双方来说，这是一个双赢的局面。实践证明市场机制是水资源配置的有效手段。

由于东阳—义乌水权交易是我国首个水权交易案例，是在法律发挥不完善，市场经济不发达的前提下完成的，自然存在着很多的不足。这些不足主要体现在：

（1）水权界定不清晰。长期以来，我国的水资源配置都是行政控制，不存在水权交易的实践，因此并没有水权交易的相关法律法规。《水法》也只是规定了水资源的所有权，对于水资源的使用权，是否可交易等并没有明确的规定。在东阳—义乌水权交易过程中，并没有明晰水权的概念和内涵，这是该交易引起争论的主要原因。

（2）水价过低，且固定不变。东阳—义乌水权交易 2 亿元买的是一个供水的额度，而不是实际供水的本身。实际用水在 4999.9 万 m³ 额度以内，可多可少，实际用水的对价——包括水资源费在内的综合管理费再据实结算。但水资源费定的是 0.1 元/m³。在现在看来，水资源费定得过低，不能反映通货膨胀的影响，也无法起到调节水资源的作用。

（3）未考虑交易的外部性。东阳—义乌水权交易并没有考虑到交易的外部性。横锦水库的水资源本是农业用水，在转让给义乌市以后，对当地农业用水产生影响，但并没有给农户以相应的补偿。同时，东阳市为了补充水权，利用上游占先的优势地位，决定从梓溪流域引水 5000 万 m³，以弥补横锦水库引出的水量。由此也引发了东阳市与嵊州市对于梓溪水资源开发权利的争议。而地处东阳上游的磐安县，负有承担横锦水库生态保护的责任，卖水权的收入却一分未得，心里很有些不平衡。没有考虑外部性，使得水权交易争论不断，矛盾凸显。

（4）永久性水权交易，妨碍了水权交易的调整。由于东阳—义乌水权交易是一次性买断，属于永久性转让，这就使得水权的调整出现了问题。随着经济社会的发展和水资源的进一步稀缺，水资源的价值得到了更大的提高，但是永久性水权交易限制了水权和水价的调整。这也是东阳市目前感觉水权交易吃亏的原因。同时，水资源的所有权属于国家，地方政府是否能够一次性永久性交易水资源的使用权，目前仍然存在争论。

尽管东阳—义乌水权交易存在着很多的问题，水权界定不清晰、交易契约过于简单、没有考虑外部性等。但是毕竟是利用市场调节水资源的首次尝试，其开拓意义不可否认。在水权法律不完善的基础上，问题的存在不可避免。这为以后的水权交易提供了改善的空间。从这个意义上说，东阳—义乌水权交易开创了我国水资源配置的新纪元。

4. 东阳—义乌水权交易的启示

2000 年发生的东阳—义乌水权交易案例已经过去 16 年了，我国的水权制度建设和水权市场培育也取得了长足的进步。在今天反思当时的水权交易，仍然有很多地方值得深思。东阳—义乌水权交易对我国现阶段的水权制度和水价改革的启示有：

（1）水权交易可以在水权界定相对模糊的前提下进行。科斯定理认为，清晰的产权界定，是产权交易的前提。但是产权界定也是需要成本的，产权界定的均衡点就是产权交易的成本和产权交易的收益相等的时候。由于产权界定的成本是高昂的，因此完全界定产权是不可能的，也是不划算的。对于水权的界定来说，由于水资源的流动性加大了水资源的不确定性，水权界定的成本更加昂贵，因此水权界定只能是相对产权，相对明晰。我国长期处于行政配水的状态下，要是完全等待水权界定清晰才可以允许水权交易，势必影响水资源配置的进程。目前，我国水资源的供需矛盾十分紧张，急需市场调配水资源，提高水资源的利用效率。但是我国的水权界定工作还远远没有结束。东阳—义乌水权交易首要的启示是水权交易不必等到水权界定完全清晰后也能进行。在水权界定相对模糊的情况下，利用政府的作用也可以推行市场交易。

（2）水权交易的期限应该以短期和中长期为主，避免一次性永久买断。由于目前对永久性使用权仍然存在着争论。水权的交易契约应该以短期和中长期为主，这样既可以增加水权交易的灵活性，同时也可以避免以后造成的毁约冲突。面对着快速发展的经济局势，水资源势必变得越来越稀缺，水资源的价值势必发生变化，再加上通货膨胀等因素的影响，保持水权交易的灵活性是交易成本较小的交易形式。中长期水权交易既可以使得交易双方有一个合理且明晰的预期，同时也保留了可调整的余地。为后续的水权交易预留空间，避免因水资源价值发生变化引起的冲突。

（3）提高水权交易的价格，让水价真正成为调节水资源的杠杆。合理的水资源价格，是市场发挥调配水资源的基础和杠杆。合理的水价应该是在充分考虑水资源供需双方的基础上，综合水资源自然价值、供水成本和环境成本的完全成本水价。既要反映水资源的稀缺程度，也要保障供水单位的基本利润，同时兼顾水生态环境的可持续性。因此在水权交易的过程中，必须提高水权交易的价格，使得水资源的价格能够真正反映当地水资源使用的实际。在水资源定价的过程中，可以参照政府制定的标准价，同时也可以由交易双方自由协商，最后经由政府审批。

（4）水权交易要充分考虑外部性的影响。由于水资源是国民经济的基础，且水资源的使用会带来巨大的外部性，必须充分考虑水权交易的外部性，对那些在水权交易中受到损害的水资源利益相关者要进行补偿。目前，在水权交易过程中，农业水权特别容易受到侵占。必须保护弱势群体的利益和诉求。水权交易中的第三方包括那些持有既定水权但在水权交易和转换中其水权可能面临风险的人们，以及非交易主体但交易过程牵连到的相关的经济、社会和环境利益。它涉及的范围较广，农民及农村、水源地、回流水、乘船者、水上娱乐者以及湿地上的濒危物种等都在其范围之内。必须在水权交易过程中研究第三方的补偿机制。

第四节　本章小结

本章总结了发达国家（美国、日本、澳大利亚）和发展中国家（墨西哥、智利）在水权建设以及水价运行机制等方面的经验，包括初始水权分配、水权制度、水权交易等。在此基础上，也分析了我国首次水权交易案例——东阳—义务水权交易的起源、意义以及存在的问题。通过分析这些典型国家或地区的水权交易的成功经验以及存在问题，以期为我国水权制度的建设以及水价管理等方面提供一定的理论依据和可借鉴的相关经验，为设计具有中国特色的农业水权市场奠定基础。

第四章

西北干旱半干旱地区水权制度和
水权市场调研案例分析——以张掖市为例

　　甘肃省张掖市是我国第一个节水型社会建设试点城市，同时也是水权改革较早的试点城市之一。无论是节水型社会还是水权改革都走到了全国的前列，具有开拓的意义。

　　水权制度建设和水权市场培育被视为提升水资源利用效率的有效手段，也是建设节水型社会，建设生态文明的重要环节。生态文明的理念为水权制度建设和水权市场培育提供了新的理念和思路，同时通过市场的作用提升了水资源利用效率，实现了水资源节约。2015 年 7 月底到 8 月上旬，笔者对甘肃省张掖市水权市场进行了为期十天的调研。通过与政府相关部门的座谈，对灌区的考察以及对农业用水户的走访和问卷调查等多种方式，对张掖市水权制度的发展和水权市场的发育等基本情况有了初步的了解，并获得了相关的第一手材料。总体上看，张掖市水权制度和水权市场取得了很大成绩，但是也存在很多的问题，水权市场发育缓慢，水权改革之路任重而道远。

第一节　研究缘起

　　张掖市，素有"金张掖"之称，是河西走廊一颗璀璨的明珠。在中国农业发展和水资源管理制度变迁的历程中，张掖市都留下了浓墨重彩的一笔。张掖市农业发展是河西走廊农业发展最典型的缩影，也是我国重要的玉米制种基地之一。张掖市黑河均水制度已经实行了将近 300 年，几经变迁而不衰，是水权管理制度改革的一个典范。21 世纪以来，张掖市又是我国最早实施节水型社会建设和水权改革试点的城市。正是基于这三个原因，张掖市成为研究农业发展和水资源管理制度不可不谈的话题。

一　河西走廊绿洲农业的名片

河西走廊虽然气候干旱、降水稀少，但是境内有疏勒河、黑河、石羊河等水系，便于灌溉，且水量稳定，再加上光照充足、昼夜温差大，有利于农作物的光合作用和物质积累，十分适合发展绿洲农业。早在汉武帝时期，河西走廊就掀起了第一次大规模的农业开发，此后，河西走廊就一直是我国西北地区重要的粮食产区。新中国成立以来就更是如此，1977 年河西走廊被批准为全国重点建设的十大商品粮基地之一。制种农业成为河西走廊农业的金字招牌，也为河西走廊赢得了"种子繁育黄金走廊"的名号。2012 年起，玉米超过稻谷成为我国第一大粮食作物，播种面积超过 5 亿亩，其中 70% 的种子都是河西走廊提供的。张掖市是我国最大的地（市）级玉米制种基地，2014 年生产杂交玉米种子 3.22 亿公斤，占全国总产量的 32%。"张掖玉米种子"也获得了全国唯一的种子国家地理商标证书。随着一带一路战略建设的推进，河西走廊生产的种子可以便捷地运往中亚、南亚、非洲、欧洲等地，未来的河西走廊不仅是中国重要玉米制种基地，甚至可能成为世界级的制种基地。但是脆弱的生态环境和水资源已经逐渐成为经济社会发展的瓶颈，特别是在黑河分水方案实行后，张掖市绿洲农业发展面临巨大的压力。如何突破水资源的约束，继续保持河西走廊绿色农业的发展，是我们十分关注的问题。

二　黑河均水制的变迁

黑河流域中下游地区极度干旱，历史上用水矛盾十分突出，根据《五凉全志》的记载，"河西诉案之大者，莫过于水利一起，争端连年不解，或截坝填河，或聚众毒打"。特别是到了明清时期，黑河地区的人口达到了历史的高峰，更是加剧了用水的矛盾。因此急需创新水资源分配制度。清雍正四年，陕甘总督年羹尧首先制定了"均水制"。据《甘州府志》记载，"陕甘总督年羹尧赴甘肃等州巡视，道经镇夷五堡，市民遮道具诉水利失平。年将高台县萧降级离任，饬临洮府马亲诣高台，会同甘肃府道州县妥议章程，定于每年芒种前十日寅时起，至芒种之日卯时止，高台上游镇江渠以上十八渠一律封闭，所均之水前七天浇镇夷五堡地亩，后三天浇毛、双二屯地亩"。均水制实行以后，用水纠纷锐减，这一制度得以长期坚持下来，经久不衰。至今均水制已经有近300年的历史了，并且长盛不衰。均水制案例是研究张掖水权制度必须考察的经典案例。

三　黑河分水方案背景下的水权制度改革

新中国成立以来，张掖市大力发展农业，一方面农业发展取得了很大的成绩；另一方面也造成了水资源的过度使用，使得黑河下游地区生态环境恶化，导致黑河下游额济纳旗西居延海于1961年干涸，东居延海也在1992年干涸。黑河下游生态环境恶化，导致沙尘暴频发。下游内蒙古自治区提出要求重新分配黑河水资源。在中央政府的协调下，先后形成了"1992年分水方案"和"1997年分水方案"，但是并没有得到实施。后来在中央政府和地方政府的共同努力下，最终形成了"2000年分水方案"，在黑河流域管理局的协调下，开始执行。根据该方案，当莺落峡多年平均河川径流量为15.8亿 m^3 时，正义峡下泄水量8.0亿 m^3。这意味着张掖市每年将减少近一半的水资源使用量。在这个背景下张掖市被迫进行水资源管理制度的改革，并由此成为我国最早的节水型社会建设和水权制度改革试点。张掖市水权制度改革，创造性地提出了水票制度，在全国水权改革中产生了重大的影响。经过十几年的发展，张掖市水权制度和水权市场培育取得了哪些进展，有什么可以推广的经验，是我们十分关心的问题。

第二节　张掖市水权制度基本情况

张掖市位于河西走廊中部，南依祁连山与青海毗邻，北靠合黎山与内蒙古接壤。辖甘州、临泽、高台、山丹、民乐、肃南一区五县，总面积4.2万平方公里，128万人，耕地390万亩，有汉、回、藏、裕固族等26个民族。张掖是典型的灌溉农业区，素有"塞上江南""金张掖"之称。试点建设初的2001年，全市国内生产总值68.84亿元，三次产业比重为 38 : 30 : 32，地方财政收入 3.08 亿元，农民人均纯收入 2391 元，城镇居民人均可支配收入 5239 元。

黑河发源于祁连山北麓，其干流水系主要由黑河、梨园河及其他大小 20 多条河流组成，流域总面积 14.29 万 km^2，径流总量 24.75 亿 m^3，其中黑河莺落峡断面为 15.8 亿 m^3，梨园河梨园堡水文站为 2.37 亿 m^3，其他支流为 6.58 亿 m^3。黑河干流全长 821km，出山口莺落峡以上为上游，河道长 303km，面积 1 万 km^2，两岸山高谷深，气候阴湿寒冷，年降水量 350mm，是黑河流域的产流区；莺落峡至正义峡为中游张掖绿洲，河道长 185km，面积 2.56 万 km^2，两岸地势平坦，光热资源充足，但年降水量仅有 140mm，蒸发量达 1410mm；正义峡以下为下游，河道长 333km，面积 8.04 万 km^2，除河流沿岸和居延三角绿洲外，大部为沙漠戈壁，属极端干旱区。

张掖市地处黑河中游，集中了全流域 95% 的耕地、91% 的人口和 89% 的国内生产总值，是全国重要的商品粮基地和蔬菜生产基地。黑河分水前，全市水资源总量为 26.5 亿 m^3，其中地表水 24.75 亿 m^3，地下水 1.75 亿 m^3。2001 年 2 月，张掖市开始执行国务院制订的黑河分水方案，实现当黑河上游来水 15.8 亿 m^3 时，向下游新增下泄量 2.5 亿 m^3，达到 9.5 亿 m^3 的分水目标。这无疑加大了张掖市水资源的压力，为此 2001 年水利部把张掖市确定为全国第一个节水型社会建设试点，并开始试行推动水权制度和水权市场培育。几年来，张掖市从水资源管理的体制和机制等方面进行了大胆的探索和实践，初步形成了总量控制、定额管理、以水定地、配水到户、公众参与、水票流转、水量交易、城乡一体的节水型社会运行模式。张掖市农业水权制度主要形成以下几个特点：

（1）实行用水总量控制和定额管理。2004 年张掖市先后出台《张掖市城镇生活用水定额（试行）》《张掖市工业用水定额（试行）》《张掖市生态用水定额（试行）》，对张掖市水资源实行严格的定额管理。其中农业用水主要根据农业灌溉水利用系数以及不同农作物的用水需求等因素制订了详细的用水定额方案。

（2）对农业水权市场进行了较完善的制度设计。首先，合理推动农业水权确权。主要分三个步骤：以水定地，核定用水户灌水面积；层层分配水量；配水到户，发放水权证。其次，规范水权交易。2003 年 9 月张掖市人民政府发布《张掖市农业用水交易指导意见》，从水的交易原则、交易范围、交易条件、交易程序、价格限额、交易方式、交易监督管理机构等七个方面对张掖市农业用水交易提出了顶层设计。最后，积极推行水权参与式管理。主要是通过以村或渠系为单位组建农民用水者协会，参与水权确定、水价形成、水量监督、公民用水权保护、水市场监管。

（3）创新型的使用"水票"制度。水票是政府、灌区、用水户之间衔接、转换的手段和交易的媒介。在核发用水户水权证以后，对水权内的配水实行水票制，由用水户持水权证向水管单位购买每灌溉轮次水量，水管单位凭票供水，先购票，后供水，水过账清，公开透明。剩余水量的回收、买卖和交易，也通过水票来进行。这种水票管理模式和水权证同时运转，使水权完全落到了实处。目前，张掖市已有超过 70% 的灌区在实行水票制。

第三节　张掖市水权制度和水权市场调研

通过实地调研，我们希望获得更多的一手资料以便对张掖市水权制度建设以及节水运行机制进行更加细致翔实的观察了解。在中国特色的农业灌溉活动中，政府主管部门、供水机构、个体农户等是节约用水、高效用水的三个最主要的活动主体，也是张掖市水权执行的重要的利益相关者。这三者分属宏观、中观、微观三个层面，相辅相成、互为促进，构成了灌溉活动中的一个有机整体。基于此，我们认为面对目前农业水资源的严峻形势，为了满足我国社会、经济的持续发展，实现农业水资源的持续、高效利用，必须对灌溉活动中最重要的三个利益相关者的行为进行了解和分析，并让其最大限度地发挥各自作用，实现政府、灌区和农户行为的优化，最终促进农业用水效率及社会福祉提高。

本次调研，调研方式主要是政府及相关部门座谈、农户访谈、发放调研问卷等。

一 张掖市生态环境和水资源基本情况的调查——基于政府部门的座谈

1. 张掖市生态环境

根据国家主体功能区规划，祁连山属于限制开发区，生态环境的保护与改善被摆在更加突出的位置。据张掖市环保局相关人员介绍，其主要负责的内容是治污、打击违法企业。一项重点工作就是对黑河水质进行长时间的检测，目前该工作已经持续 20 年。根据长时期检测的结果，黑河水质较好，究其原因主要得益于化工类企业少，污染负荷小。而对于国家主体功能区规划，在我们访谈时，张掖市还没有实施，甘肃省曾经做过生态功能区划定，但是具体的方案尚没有出台。但国家十分明确规定祁连山不能开发，保护祁连山的生态。但是这给张掖市带来了两难的困境，从国家生态大盘层面来说，祁连山不能开发，但是祁连山有丰富的矿产资源，肃南主要靠开矿来支持经济总量，发展和保护的矛盾十分突出。最后关于流域补偿问题，甘肃仍然以经济总量（GDP）为考核指标，缺乏生态考核指标。

关于张掖的大气污染。据环保局相关人员介绍，张掖市春夏两季风大，主要污染物是 PM10，而冬季风小，烧煤取暖，主要污染物是二氧化硫。目前火电厂（省电投）是最大的利税大户，会产生一定的二氧化硫，但是一开始就建有脱硫工程，现在又有脱硝工程（1.2 亿）竣工，故水电污染基本可以控制；每个县都在做光伏发电企业，但是张掖现在光伏不成规模（酒泉是风电基地）。

2. 张掖市水资源

张掖市水源多以地下水为主，除民乐县是地表水、地下水结合外，其他区域均是地下水。水井一般打 120 米深，以保证用水安全。牲畜用水基本是用井水，不是河道引水，因为河道引水代价太大。规模以上的畜牧企业，是集中污染源，要求远离水源地，会进行监管，但是规模以下的未进行监管。

张掖市坡地大多已退耕还林，而川区基本上是井灌，用黑河水，只有少部分种油菜，坡地无法灌溉。灌溉方式以漫灌为主，经济作物会采用滴灌（有设施补贴）。而对于污水处理费，据介绍，现在污水处理成本达 1.35 元/m³，但是现行水价中只有 0.8 元是污水处理费，已经执行了

十年，曾举行听证会讨论提价，并未成功。而在中水利用方面，目前张
掖市甘州区的中水仅供给火电厂用，其他五县处理完后就直接排放。现
在中水利用的主要障碍是没有管网，污水处理厂建在地势低处，而要利
用中水就要向高处建管道输送。

关于水源地的污染控制，环保局相关人员表示项目要报省级审批，
以保护水源地不受污染。但是有一些历史遗留问题，也有一些是随着经
济发展出现的问题。例如，二水厂最初建成时离居民区很远，但是随着
城市的扩张，已经有新的居民小区十分靠近二水厂，所以建了三水厂。
三水厂在黑河西面，远离居民区，前期工作已经基本完成，预计 2015 年
10 月份供水。

**二　张掖市水权制度建设的经验调查——基于张掖市水管部门的座
谈和资料**

1. 关于用水定额

张掖市人均耕地 4 亩，地表水资源量 24.75 亿 m^3，地下水资源量
1.75 亿 m^3，人均水资源量 1250m^3，低于全国平均水平（2014 年全国人
均水资源量 2079.50m^3）。农业用水占 85%—90%，工业用水占 2.5%，
生态用水逐渐下降，缺水体现在农业用水上。水资源主要用于农业灌溉，
从用水量上看，全市、甘州区井灌占 1/4，河水灌溉占 3/4。可利用水资
源量层层分解下去，张掖市的用水定额确定工作早于甘肃全省，2011 年
在水资源调查评价的基础上，根据国务院确定的黑河分水方案分析计算
区域可利用水量和允许耗水量。

2. 水票制度和水权交易

关于水权交易，实行初期农户家家均有水票，但是实践中以斗口为
计量，田间没办法计量，农户买水不便，买票不便，所以就由用水者协
会来买水。用水者协会实行农户自治，人员构成和村委会基本重合。在
村的斗口限制水量，有多少亩，配多少水，放水达到额度就停止供应。
全市每亩用水定额参考其他省份经验，并结合本地实验站测定结果。现
在农户有小规模水量交易，卖的时候不超过原定价格的 3 倍，在访谈中
得知现在农户大多是以水换水。有些去打工的人把地租给别人种，相应
的水使用权也让渡。2005 年，火电厂被要求使用中水，但锅炉用水水质

要求较高，且年用水量 110 万 m³。这是唯一我们访谈中得知的农业转工业用水的水权交易。黑河分水后，张掖市可供水量减少，于是对农作物结构进行了调整。2001 年前，小麦、玉米带状种植很耗水，每亩用水高达 1000m³，后改为制种玉米，每亩用水 600m³。也有部分蔬菜种植，虽然耗水量高，但是单位水经济效益高。

3. 关于农业水价的现状

几年来农业水价几次上调：1998 年农业水价七分一厘，2011 年农业水价一毛，2015 年农业水价一毛五分六厘，其中高台、民乐地区的地下水也收水费一毛（以前地下水只收电费）。但是灌水工程成本两毛七分，水价远不能覆盖成本；现在农业水价未计入治污成本以及管理成本。另外，水价每次上调时都有听证会。水价提升后，虽没有对节省水量进行测量，但是体现在实践中灌溉面积扩大了。

三　基层供水机构的基本情况——基于盈科和骆驼城水管所的调查

甘州区盈科水利水管所：

1. 基本情况

"盈科"来自于"流水之为物也，不盈科不行，君子之志道也，不成章不达——孟子"。盈科灌区有职工 132 人，下设 2 个水管所，7 至 10 个水管站，覆盖 31.44 万亩耕地，15 个行政村，16.44 万人，2 座水电站，719 眼井，3 条干渠，31 条支渠，1608 条斗渠，滴灌面积 2.56 万亩。设支渠委员会，一万亩一个人管理，超过一万亩两个人管理。从唐代开始，该灌区就是黑河水、地下水混合灌溉，19.7 万亩用黑河水灌溉，8.9 万亩用地下水（井、泉）灌溉。施行轮廓配水计划（甘州区配水 6.5 亿 m³），根据面积下放水量，引导农户以水定植。张掖市每年都进行灌溉实验研究，根据此定额以及相应面积做出配水计划，根据水权面积确定每组灌水量，再进一步确定灌溉时间，每一轮都要有专人签字认可。

2. 水价基本情况

水价偏低。水价按斗口计价，现在是一毛一方水，灌溉成本是两毛五分。下一步预计调到两毛，市政府指导意见要求八月份调到两毛三分五（末级渠系没有征收水费，在两毛基础上再加 30 厘的末级渠系水费）。2008 年以前，水价是每方水三分八厘，2008 年上调为六分七厘，2011 年开始调至1毛。灌区自收自支，年支出1000多万元，年收800多万元水费，属于管理方的只有300多万元。每年水费的0.5%—1%用作工资，社级人员工资由乡镇承担。渠系维修请工人做，日工资一般是100元。

渠道建设维护成本高，水费不足以维持。关于修渠的成本，一公里干渠约70万元，一公里支渠约50万元，一公里斗渠约25万元，一公里毛渠约18万元。盈科灌区，有干渠1条，25公里；分干渠27条，158公里；斗渠78条，7公里。水费总额的4%—5%用于维修，每年100万元左右，春、秋各一次，从今年年初至今干、支渠维修费已经达到70多万元，入不敷出。

高台县骆驼城水管所：

1. 基本情况

骆驼城水管所灌区覆盖13个行政村，灌溉面积12万亩（土地确权已经完成，很多农户耕种的是国有土地），有13000人，109个国营个体农场。从20世纪70年代开始开发，当时井深7—8米，现在井深50米左右。地下水水位平均每年下降1.14 m，此地允许开采量3600多万 m^3，现在已经开采7000万—8000万 m^3，已经严重超采。灌区现有710台机井，基本井深都在110米以上，均在120—150米，每一眼井控制300—600亩耕地。灌区主要采用井灌，部分河水补充（从草滩庄调水1500万 m^3，距离85公里）。主要作物为制种玉米，还有部分洋葱（2000多亩）、番茄、棉花。洋葱的经济效益好，取水量较大，每亩年收入1万多元，除去3000元左右的成本，纯收入7000—8000元。灌区内高效节水工程4万亩，其中滴灌11000亩，由国家相关政策支持。水利用率达到95%以上，节水30%。土地流转后，节水意识提高。经过实验测定作物生长期每亩每次配水100—110 m^3，一亩860 m^3（整个作物生长期），制种玉米从5月20日开始浇水，洋葱从4月5日开始浇水。土质好，洋葱一般浇水8—13轮。

2. 水价情况

关于水利工程确权，干支渠归水管所，斗渠是谁用谁维护（协会、农场），井由用水者协会管。河灌现行水价一毛七分九（地表水费一毛五分二，加水资源管理费）。井灌原来每亩每次井灌水费11元，现在开始机井全部加了水表，一井一卡。井灌现行水价一毛一分四厘九（含水资源管理费），平均每亩每次井灌 22 元。即将采用阶梯水价，超过定额（每亩每年 864 m³）实行 30%、50%、100% 加价，相应提高水价。

四　农户对水权水价的认知——基于三十店村和墩源村的调查

三十店村共有土地 2250.39 亩，人均 2 亩，除 30 座大棚外，其余主要是制种玉米，租给中种集团，地租 1090 元/亩。种子公司每亩收益 2400 元（除去人工、肥料、水费）。2014 年产量 594 公斤/亩。玉米大多是漫灌，用黑河水。农业用水一年一亩用水约 600m³，共计 70 元左右。而采用滴灌，则农业用水减少一半。一年灌溉的次数大多数五六次。何时开始浇水，由用水者协会开会决定。三十店村不存在水权交易，在不发生干旱的情况下，靠黑河水灌溉，基本够用。通过渠道建设以及土地的减少，该村的用水量减少了。与党寨镇三十店村相比，民乐县缺水，土地面积广阔，一家有几十亩土地，但是水浇地少，旱地多。很多坡地没有条件灌溉，只能靠天吃饭，尤其是坡地。其他地域水资源相对富余，但是由于没有管道，没有办法与干旱区互通有无。墩源村属甘州区的边远乡，祁连山脚下。共有四个合作社，有 968 人，上报土地面积共 2154 亩，实种 3500 亩，人均 3.2 亩。甘州区农村居民人均纯收入 9000 多元，相对较低。2010 年以前是每方五分三厘，现在是每方一毛。水费上涨之后节水 10% 左右，节水效应明显。

通过张掖市的相关调研，对张掖市水权制度和水权市场培育以及张掖市制种农业有了一些比较深刻的了解，主要的感受如下：

首先，政府部门对张掖市水权制度和水价改革等做了大量的工作，取得了明显的效果。在执行国家分水任务的同时，较好地完成了张掖市产业结构的转型以及节水制度的创新。在探索水资源产权改革的道路上走在了全国的前列。

其次，对于灌区来说，目前灌区并没有出现大量的水权交易，水价依然无法满足供水的成本，且提价的难度大，灌区的可持续发展面临严峻的挑战。水资源基础设施的完善是资本密集型的，需要大量的资金。水价偏低，不仅使得价格信号失灵，也使得供水机构难以维持。

最后，对于农户来说，不同的农户承载力不同，从而使得对水价的态度感受不同。农户水权意识不强，很多农户搞不清楚水权是什么概念。由于单个农户投资节水设备成本过高，因此针对农业水价提升，反对的呼声较高。

图 4 - 1　张掖市水务局调研

图 4 - 2　张掖市高台县骆驼城灌区调研

图 4 - 3   张掖市甘州区龙渠乡墩塬村调研

图 4 - 4   张掖市甘州区小满镇王其闸村问卷调研

第四节   张掖市水权建设反思

经过十几年的发展，张掖市水权制度和水权市场取得了很突出的成绩，很好地扮演了水权制度开拓者的角色。但是，经过笔者对张掖市水权市场进行了十余天的调研之后（包括与政府、水管部门座谈、田野调查等方式）发现张掖市水权市场仍然存在很多的问题，离建立完善的水权制度和发达的水权市场还相距甚远，水权改革仍然是任重而道远。

一　张掖市水权制度和水权市场建设取得的成绩

在国内，特别是西北地区，张掖市水权交易的规则和制度体系走在前列。张掖市水权制度建设和水权市场培育经过了十几年的探索，初步形成了一套水资源确权制度建设和水权市场建设，为我国的水权制度建设提供了一次生动的制度实践。张掖市水权制度设计是中央顶层设计、地方政府主导的一次强制性制度变迁。目前，水权制度的框架和运行机制已经初步形成。张掖市水权制度和水权市场建设突出的成绩可以概括为以下几个方面：

1. 创新性地提出"水票制"

实施总量控制和定额管理，需要在政府、灌区、用水户之间有一种衔接、转换的手段。水既然作为一种商品，也需要有一种流转、交易的载体。为此，张掖市采用了水票制形式。"水票制"最早诞生于张掖市最缺水的民乐县，后来很快被其他试点灌区效仿，目前已经在张掖市大部分地区推广。"水票制"就是对水资源的使用按照水票来执行。农民根据水权证明确水量购买水票，用水时先交水票，然后放水，如果超额用水，需通过市场交易从有水票节余的人手中购买水票，才能够继续使用水资源。农户节约的水票可以在同一渠系内进行转让。一张小小的水票连接了政府、市场和农户，同时承载了水权、水价和水市场，大大降低了水权管理的成本和水权交易的费用。

2. 成立用水者协会，实行参与式管理

民众是节水型社会建设的主体。为了充分发挥社会各层面和公众参与节水型社会建设的积极性，体现水权分配的公正、公平、公开，为用水户提供了解内情、参与决策、表达意见的民主平台，张掖市把民主政治的思想贯穿到水资源管理配置的全过程，建立了用水者协会，参与水权的确定、水价的形成、水量水质的监督、公民用水权的保护、水市场的监管，并赋予用水者协会斗渠以下水利工程管理、维修和水费收取的权力，形成了水资源管理各环节公开透明、广泛参与的民主决策机制。具体方式是，用水者协会以村或渠系为单位，每个用水户确定 1 名会员组成用水者协会，每 5—15 个会员选 1 名会员代表，会员代表大会选举产生协会会长、副会长，组成协会执行委员会。通过协会将水量配置到户，收缴水费、调处水事纠纷、管理渠系内部水量交易等涉水事务和管理维护田间工程，使协会成为连接政府与公众、沟通水务机关与社会的桥梁和渠道。目前，全市 790 个农民用水者协会已全部建立。同时，张掖市还积极建立多部门协作制度，确保水资源总量控制方案的落实；建立水利信息社会公布制度，定期向社会公布区域水资源状况、供需预测、水价信息、灌溉进度以及黑河分水情况等，为公众和社会参与水资源管理，促进节水社会化发挥了重要作用。

3. 加快顶层设计，引导水权交易市场形成

传统观念中水是公益性的，忽略了它的商品属性，因而形成了大水漫灌、浪费水的不良习惯。改变传统用水观念，培育和提高全民的节水意识，首先必须确立水的商品属性，使水资源与用水者的经济利益紧密结合起来。因此，在明晰和落实水权、用水户调整用水结构和采取有关措施节约用水、一些行业或用水户产生了节余水量之后，张掖市按照建立社会主义市场经济的要求，积极引入市场机制，培育水市场，努力使用水者节约的水量转化为经济效益，从而激励节约用水，实现经济发展用水效益的最大化。为此，张掖市政府制定了水量交易指导意见，规定农业用水交易价不超过基本水价的 3 倍，工业用水交易价不超过基本水价的 10 倍；总体上放开生产经营用水交易，禁止生态用水交易；放开交易价格，用水户之间交易价格可由双方商定；无交易条件和未实现交易的节约水量，由政府水管单位按照基本水价的 120% 回购。近几年张掖市每年农业交易水量超过 400 多万立方米，虽然还没有跨区域和大额量交易，但通过这种方式，不仅大大提高了民众的节水意识和水商品意识，而且有效调节了水量时空余缺，推进了种植结构的调整。

二　张掖市水权制度和水权市场建设存在的问题

张掖市水权制度和水权市场实践已经进行了十几年，在国内属于较早的践行者，也得到了国家和水利部的认可和高度评价。其取得的成绩

值得肯定，毕竟在我国水权制度和水权市场还处于探索当中，并没有完善的水权制度和成熟的水权市场。从这点看，张掖市确实提供了一套可供参考的水权制度建设方案，其开拓意义值得铭记。通过对张掖市的实地调研和与政府部门、水管部门以及专家和普通民众的座谈和访问。笔者认为，当前张掖市水权制度和水权市场仍处于初步发展阶段，仍然存在着很多的问题。如农业水资源"有权无市"，水权市场发育缓慢；农业水价处境尴尬，水资源供需双方均不满意；流域补偿机制缺乏，导致流域水权外部性没有得到补偿，水权制度仍需完善。

1. 农业水资源"有权无市"，水权市场发育缓慢

在调研中发现，虽然张掖市农业水资源已经通过水权证和水票双运行的形式确定清楚。但是并没有大量的水权交易发生，只有零星的农户之间"借水"行为发生，农业用水向非农用水的交易几乎不存在。目前农业用水的价格和工业用水、城市生活用水、生态用水等之间存在着巨大的价格差，价格差距几十倍。理论分析，农业用水有着向非农用水转移的强烈冲动，那么农业水资源"有权无市"的原因是什么呢？首先，从水权交易客体上看，水权交易必须保障足够的水资源。这也是我国首例水权交易发生在浙江省东阳—义乌的重要原因。张掖市年均降雨量只有110mm，蒸发量却高达1400—2700mm，张掖市农业用水主要来自黑河，根据国务院黑河分水方案，张掖市要将黑河干流60%以上的水量分配给下游，只留下不足40%的水量，这就使得原本紧张的水资源供需矛盾更加突出。在农业灌溉水利用效率不高的情况下，农业用水很难有剩余进行交易。其次，从交易主体来看，政府计划经济思维仍没有完全转变，仍习惯于以行政命令的方式调配水资源。如张掖市农业水权向甘州区发电厂工业水权转移，是张掖市政府利用行政命令进行的，属于无偿供水，并不是水权交易。这就造成了农业水权被剥夺的状况。而对于单个农户来说，本身水资源有限，在没有投资高效节水设备的情况下几乎没有剩余。而高效节水设备投资巨大，对于理性的经济人来说根本不划算。再加上通过土地流转，农户可以获得相应的农业收入，并有大量的时间出去务工，获得非农收入。在农业收入不高，非农收入成为主要收入来源的前提下，农户并没有投资节水设备的激励。再次，对于交易条件来说，由于农业水资源水利设施还不完善，无法顺利完成调水，也无

法随时随地实现调水。如民乐县虽然十分缺水，但因为海拔高，缺乏相应的水利设施而无法实现调水。同时水资源计量设施不完善，使得水资源无法精确计量或者计量成本过高。最后，信息不对称，调研发现，很多农户基本不清楚水权的内涵和意义，只知道水权证可以取水，对水权交易等完全没有概念。农户对每年的水资源费不是很清晰，并不清楚农业水费的组成，很多人不知道自己一年需要交多少水费，更不知道水权交易能够带来巨大的收益，信息不对称导致农户水权意识淡薄。这些因素都导致了过高的交易成本，阻碍了水权交易的进行。

2. 农业水价处境尴尬，水资源供需双方均不满意

水价作为市场调节水资源的杠杆，理应发挥着重要的作用。新中国成立初期实行的是无偿供水。1965 年以后开始实行水资源有偿使用制度，但是基本上仍然是福利水价，水价偏低，不能反映水资源的稀缺情况。在农业税取消和加大农业补贴的情况下，农业水价处于一个尴尬的境地。一方面，水价不能有效地起到调节水资源的作用，另一方面农业水价引起了供需双方的不满。张掖市目前农业水资源价格仍然处于"毛"时代，如甘州区龙渠乡墩源村农业水费为每立方米一毛钱，高台县农业水价也只有一毛七分一厘。根据张掖市水务局人员介绍，张掖市农业水价经历了一个调整的过程。1998 年农业水价七分一厘，2011 年农业水价一毛，2015 年农业水价一毛五分六厘，其中高台、民乐地区的地下水也收水费一毛（以前地下水只收电费）。如此低的水价引起了供水部门的不满，从供水成本来看，目前张掖市灌水工程成本基本是两毛七，可见农业水价远不能覆盖成本，导致供水部门入不敷出。水务部门基本是入不敷出，工资发放不了，很多公务人员为了生计只能去发展副业。在这种情况下，更谈不上引进更高端的水务人才。而对于农户来说，虽然农业水价不高，但是由于农业用水量大，导致农户实际支出水费高。在农业收益不高的前提下，农户用水占了农业成本很大一部分。这导致农户对水价不满意，很多农户表示超过了可承受的范围，如果政府再加价，只能选择弃耕。而对于政府来说，农业水价提高的难度很大，虽然水价提升有听证会，但是农户对农业水资源价格十分敏感。据了解，有农户以剪断电表的形式来反抗农业水价的上升。在这种情况下，农业水价改革举步维艰。

3. 缺乏流域补偿机制，流域水权外部性没有得到补偿

由于黑河下游内蒙古居延海地区生态环境恶化，国务院从 2001 年开始实行黑河分水方案，按照方案规定，当黑河上游来水 15.8 亿 m^3 时，向下游新增下泄量 2.5 亿 m^3，达到 9.5 亿 m^3 的分水目标。张掖市从 2001 年起开始执行黑河分水方案，这给张掖市水资源带来了巨大的压力。第一，分水让张掖市水资源总量更加短缺。按照分水方案，将黑河干流 60% 以上的水量分配给下游，张掖只留下不足 40% 的水量。这导致张掖市人均、亩均可用水量分别由 1600m^3、666m^3 降为 1250m^3、511m^3，仅为全国平均水平的 57% 和 29%，到 2015 年人均水量已经下降到 1000m^3 以下。第二，分水让张掖市水资源供需矛盾更加紧张。黑河向下游新增下泄量 2.5 亿 m^3，意味着张掖必须相应削减引水量 5.8 亿 m^3，相当于 60 万亩耕地的用水量，也就是说依附在 60 万亩土地上的 20 多万农民将失去生存依靠。第三，分水让张掖市承受了巨大的环境压力。人为的调水造成了黑河流域内新的生态失衡，而补水量不足，地下水位下降，张掖境内黑河两岸的野生胡杨林、沙枣树大面积枯死。由于黑河分水制是在国务院领导下的水资源行政分配，不产生水价，这就使得张掖市承受的代价没有得到合理的补偿。目前我国流域上下游之间缺乏流域补偿机制，导致很多的负外部性没有得到很好地补偿。据统计，自 2000 年实施黑河分水以来，张掖市已连续 12 年完成了黑河水量调度任务，累计向下游输水 120.9 亿 m^3，占来水总量的 57.5%。2002 年，黑河水到达了干涸十年之久的东居延海；2003 年，黑河水到达了干涸 43 年之久的西居延海，以草地、胡杨林和灌木林为主的绿洲面积增加了 40.16 平方公里。黑河分水方案带来了内蒙古居延海地区生态环境的巨大改善，但是也对张掖地区的生态环境造成了不利的影响，大片胡杨林和沙枣林枯死。在缺乏水权交易和流域补偿机制的情况下，根据调研得知张掖市付出的牺牲几乎没有得到任何补偿。

第五节　对西北干旱半干旱地区水权制度和水权市场设计的若干建议

张掖市农业水权市场是西北地区比较具有代表性的水权市场，其水

权制度在全国也起到了一定的开拓意义。但是，通过调研发现，张掖市农业水权市场仍然存在上述几大问题。而这些问题的解决将对推进西北地区农业水权市场的培育具有重大的意义。笔者对上述问题提出如下几条建议：

一　转变政府职能，形成与市场双合力

政府在水权市场培育过程中扮演着重要的角色。由于水资源的公共性质，水权市场基本模式都是"准市场"，这就需要政府更好地发挥作用。传统的政府行政管水思维已经不适合水资源配置的要求，政府职能急需转变。首先，政府要改变计划经济思维，改变行政命令包打一切的观念，要具有社会主义市场经济思维。在水权市场中政府要做好水资源产权界定、水权法律制度体系完善以及水利基础设施建设等具有公共性质的工作，其余能用市场解决的问题尽量用市场来解决。其次，政府是水权市场的监督者和管理者。由于水权交易具有外部性，因此政府必须对水权市场进行监督和管理，这也是目前世界上实行水权市场制度国家普遍实行的制度。政府有权对水权交易进行审批，凡是不符合社会公平和影响生态的水权交易，政府可以进行否决。最后，政府也是水权市场的参与者，政府可以通过政府回购的形式获取环境水权以及其他水权，来实施国家经济发展战略，同时对于农户没有卖出去的节余水资源政府以回购的形式"惠民生"，并激励农户节水。只有转变政府职能，才能形成政府和市场的双合力，更好地调节水资源。

二　完善农业水权初始分配制度，推广"水票制"

张掖市农业水权初始分配取得了突出的成绩，创新性地提出了"水票制"，取得了很好的实践效果。但是目前农业初始水权分配制度还不够完善，水权冲突仍时有发生。特别是随着新型农业经营主体的出现，水权的初始分配格局发生了显著的变化。传统的小农和新型农业经营主体之间存在着用水冲突。同时伴随着农业生产结构的调整，经济作物和粮食作物之间也存在着水权冲突。再加上目前农业水权价格偏低，和工业用水等存在着巨大的价格差，农业水权往往被侵占，导致了农业水权和工业水权存在着冲突。如何解决这些水权冲突，关键是进一步完善农业

水权初始分配。只有清晰界定农业初始水权，才能够保障各类用水主体的根本利益和促进有序的水权流转和交易。"水票制"在一定程度上实现了农业水权的初始分配，要根据实际情况调整水票的数量和分配方式，使之能够更加符合实际发展的需要。特别是要根据土地流转的情况，将水票制确定到用水者协会的层面，防止水票分配的过度破碎化。让水票成为水资源使用者的"紧箍咒"和"护身符"。

三　充分发挥用水者协会的作用，探索自主管理

研究表明，只有让农业水用户有"所有者"的感觉，才能提高其水权的意识。这紧紧靠强调和国家管理是远远不够的。奥斯特罗姆的研究表明，水资源管理完全可以实现自我管理。其中的关键就是发挥用水者协会的作用。目前我国很多灌区已经成立了用水者协会，张掖市也不例外。但是用水者协会的作用尚没有完全体现。应当给予用水者协会更大的管理权，让农户真正参与到农业用水的管理，参与农业水价、水权交易的过程。这样既可以调动农户的积极性，减轻国家财政的负担，同时也可以提高农业水资源管理的运行效率，降低制度运行的成本。只有让农户真实地感受到农业水权的内涵和意义，真实地体会到农业水权交易带来的收益，才能有效地激励其农业节水的行为。用水者协会作用的逐渐完善，将为农业水权市场的建立提供坚实的制度基础。充分发挥用水者协会的作用，实现自主管理，是农业水权市场建设的充分条件。

四　逐步实现农业完全成本水价，真正实现价格杠杆

目前农业水价普遍偏低，大部分都处于"毛"时代，只有极少数地区进入了"元"时代，如北京房山区对农业用水超基准额的水价为 1.5 元/m³。偏低的农业水价既不能弥补灌水的成本，更无法调节水资源配置，因此农业水价必须提高，实现农业完全水价，即包括水资源费、工程水价和环境水价三个部分。但是目前的条件还不满足，其根源是农民的承受能力普遍偏低，这跟农业的低利润率分不开。极低的农业利润率压缩了农业水价上涨的空间。农业水价一方面必须上升，另一方面又必须以不提升农民负担为前提。因此提价很难一步到位，这就需要分成几步走：第一步，公开水价信息，让农户对水价有知情权。目前水价包含

的内容有哪些，供水的成本是多少，水管部门的工资、渠道维护费等均需公开。只有这样农户才能对水费的征收有个完全理性的认识。第二步，完善水价听证制度，让农户参与到农业水价的制定当中，让农户的意愿真实的反映到农业水价当中，这样也可以让农户自己清晰地表达出自己对于水价的承受能力，舒缓水价提升的难度和阻力。第三步，完善农业水价补贴机制。通过补贴形式的改善，让农户既能实现节水，同时又可以不增加负担。这些因素都要和农业利润空间的提高相挂钩，如果农业生产的利润始终得不到提升，农业水价提价的困难就很难解决。因此要想实现农业完成成本水价，让价格成为调节农业水资源的抓手，就必须从根本上提升农业的利润空间。

五 利用水权交易，实现流域分水补偿

我国流域水资源管理，大多是行政管理。如张掖市通过国务院规定的黑河分水方案，给下游分水。造成了张掖市水资源的巨大压力，影响了当地农业的发展和产业结构。因此产生了国家大的战略和地方经济发展之间的矛盾。流域水权在界定后，可以通过水权交易的形式进行自由的交易。特别是干旱的时候，如果无偿向下游分水，那么中上游造成的经济损失将无法弥补。而通过水权交易，分出去的水就可以获得极大的收益，从而弥补这种经济损失。由于水资源的流动性，上下游之间的矛盾始终存在。而流域水权市场是农业水权市场的重要组成部分，只有把流域上下游之间的水权交易考虑在内，才能消除上下游水权分配方面的负外部性，更好地发挥水权市场的作用。

六 创新水权交易形式，推动水权市场发展

要与时俱进的创新水权交易形式，不断降低交易费用，推动水权市场的培育和发展。首先，要打破对农业用水向非农用水行政分水的传统思维，采取水权交易的方式，使农业用水向非农用水的转让能够实现利润回报，从而推动农业用水节约和水权交易的发展。其次，要加强政府、企业、用水者协会等多方参与的水权交易平台建设，降低水权交易信息收集的成本，同时方便政府对水权交易实行监管，防止水权交易的负外部性。再次，探索水银行等高级水权交易形式，推动以政府回购为

主导的水银行交易体制，让政府成为连接农户和企业的中介人，有效地保障水资源作为经济物品和公共物品多重属性的功能。最后，逐步实现电子化交易，实现对水权市场的智能化管理，进一步降低水权交易的成本。

七　引入水资源软路径思维，完善水权市场建设

传统的水资源管理思维被称为"硬路径"，这种思维的特征是通过大规模集中的水利基础设施投资保障水资源的供给。"硬路径"在一定程度上促进了水资源管理的发展，改善了水资源的使用情况，在过去和现在，以及在未来都将发挥很大的作用。但是这种水资源管理思维也带来了巨大的成本，如环境破坏等。水资源管理"软路径"强调水资源使用效率的提高，强调提供水资源的服务而不只是简单的供水，强调对公平和生态健康的关注，强调政府、共同体和私人企业之间的广泛合作，强调经济、政治、生态等多维度政策的结合等。这种"软路径"的思维模式，有助于完善水权市场的建设。水权市场不只是提供水资源的供给，而是要根据末端水资源使用者的实际需要提供不同的水资源服务。水权市场关注用水的公平和生态健康，通过自由的市场交易，可以使得不同的水资源使用者获得自己想获得的权利，同时对于水权交易进行严格的审核和监管，严控破坏生态的水权交易的发生，将水权交易控制在生态可承受范围之内。"软路径"的水资源管理思维和水权市场的完善思路十分契合，应该需要引入水资源"软路径"思维，以新的理念，完善水权市场的建设。

第六节　本章小结

在上一章分析一些典型国家和地区的水权交易的成功经验以及存在问题的基础上，2015年7月底到8月上旬，笔者对甘肃省张掖市水权市场进行了为期十天的调研。通过与政府相关部门的座谈，对灌区的考察以及对农业用水户的走访和问卷调查等多种方式，对张掖市水权制度的发展和水权市场的发育等基本情况有了初步的了解，并获得了相关的第一手材料。总体上看，张掖市水权制度和水权市场取得了很大成绩，

但是也存在很多的问题，水权市场发育缓慢，水权改革之路任重而道远。张掖市水权建设的经验以及存在的问题，为我国水权制度的建设以及水价管理等方面提供了一定的理论依据和可借鉴的相关经验，为设计具有中国特色的农业水权市场奠定了基础。

第 五 章

中国特色农业水权市场设计

　　水权市场建设是目前水资源配置的最高形式，在全世界范围内的水权市场实践已经证明，有效地水权市场可以提高水资源的配置效率。我国是个农业大国，农业用水占据了大部分的用水额度，目前是用水第一大户。在农业用水效率不高的情况下，通过市场调节农业水资源是可行的方法之一。我国已经积极开展农业水权制度和农业水权市场的设计，目前试点已经结束，取得了很大的成绩。农业水权市场建设虽然还有很长的路要走，但是却是大势所趋。因此有必要对我国特色农业水权市场的构建进行研究和设计。

第一节　农业水权的概念、特点及其确定方法

　　我国的农业水权市场正在逐步构建过程中，而要对农业水权市场进行科学合理的制度设计，首先就必须搞清楚农业水权的概念，明晰农业水权的内涵和外延。农业水权界定是水权交易的前提和基础，只有清晰地界定农业水权，才能保证农业水权交易的形成，避免交易纠纷。因此农业水权概念分析，是农业水权市场构建的出发点。

一　农业水权的概念及其建立的必要性

　　农业水权是水权概念在农业领域的延伸，都来自于产权理论。水权按照用途分可以分为农业水权、工业水权、生活水权、环境水权等。除农业水权外，其他水权又统称非农水权。由于我国《水法》规定，水资

源的所有权属于国家，农村的池塘、水库等属于集体所有。因此农业水权并不包括农业用水的所有权，一般指的是水资源的使用权。但是对水权的内涵目前学术界仍然存在很大的争论，尚没有统一的农业水权定义。水权内涵总结起来主要有以下五种观点：1. 水权的"一权说"。周霞等人认为，"水权一般指水资源使用权"。傅春等人认为，"水权一般指水的使用权。考虑到水资源的随机性，使用权在本质上就是优先使用权"。2. 水权的"二权说"。汪恕诚在《水权与水市场》一文中论及："什么是水权？最简单的说法是水资源的所有权和使用权。有的文章里面还把经营权写进去，我认为只有在有了使用权的前提下，才能谈经营权，最主要的是所有权和使用权。"3. 水权的"三权说"。姜文来认为："水权是指水资源稀缺条件下人们对有关水资源的权利的总和（包括自己或他人受益或受损的权利），其最终可归结为水资源的所有权、经营权和使用权。"4. 水权的"四权说"。有的学者从产权理论的一般原理入手来讨论水权问题。有的认为，水权是以所有权为基础的一组权利，可以分解为所有权、占有权、支配权和使用权。有的"四权说"的表述有所不同，认为水权涉及使用权、收益权、处分权和自由转让权等。5. 水权的"权利束说"。沈满红认为水权就是水资源的所有权、使用权、用益权、决策权和让渡权等所组成的一组权利束。

根据产权经济学的经典定义，产权是一组权利束，是由一系列权利组成的集合。农业水权是产权概念在农业领域的利用，应该是产权概念的扩展。因此本研究认为，农业水权是指除所有权以外的农业水资源权利束，主要包括使用、收益、处置等基本权利。在这里必须明晰的一点是，并不是只有我国实行的是水资源国家所有制，世界上很多国家都是实行水资源国家所有制，因此水资源的公共性和战略性至关重要。

农业水权的界定具有重要的意义，在我国农业水资源占据重要份额的基础上，明晰农业水权的概念十分必要。这种必要性主要体现在：

1. 农业水权可以有效地保护农业用水。由于农业是弱势产业，在目前的情况下占 GDP 的份额也很少。在工业和服务业占主导地位的情况下，农业用水往往被不断地侵蚀和占用。由于国家战略的偏向，这种占用并没有得到合理的补偿，农业只能被动接受。再加上随着我国经济快速的发展，工业对水资源的污染日益严重，这影响了水资源的质量，导致很多用水不能再用于灌溉，这也是一种变相的侵占。只有界定了农业产权，让农业产权受到法律的保护，任何对农业水权的侵占都必须得到补偿。并可以有效地制止对农业水资源的非法侵占，保障农业用水的基本权益。

2. 农业水权是水权交易的前提。目前，我国的农业水资源使用效率低下，与发达国家存在巨大的差距。再加上时空分布不均，导致水短缺和水浪费同时存在。因此，通过水权之间的交易可以很好地实现农业水资源的优化配置。而要想成功进行水权交易就必须首先确定农业水权。清晰的产权界定是产权交易的前提，产权不明晰，则其中的权责利分不清楚，交易无法进行。因此必须对农业水权进行界定。

3. 农业水权的界定可以促进农业节水。水权不明，则利益会处于公共领域，从而导致租值耗散，这是产权经济学最基本的理论。农业水权界定清楚后，农户可以清晰地知道自己所能够合法使用的水资源，也能够预期节水后可以带来的收益。从而能够有效地降低不确定性，提高水资源的利用效率。农业水权权属不明，则农户无节水的动力，因为节水后水资源不一定属于自己所有。而农业水权确权之后，权责利都能够很好地得到明晰。

农业水权的界定是农业水资源管理的大趋势，只有清晰的农业水权界定，才能够进行农业水权的规范流转。我国应该尽快对水资源进行确权登记，明晰农业水权的权责利，创造农业水权交易的前提和基础，为水权市场的培育打下坚实的基础。

二　农业水权的特点

农业水权和农业生产有着密切的关系。农业生产受到自然条件、气候等因素的影响十分明显。农业水权和自然条件、气候等因素也就有着不可分割的关系。农业水权有着如下几个特点：

1. 季节性。由于农业生产具有明显的季节性，不同的作物需要不同的用水量和灌溉时间。大面积同类的作物在用水高峰期时就会产生用水的矛盾，甚至引起纠纷。但是在不需要水的时候，大量的水就被白白浪费。

2. 反消费性。农业用水具有典型的反消费性。即当降水量多的时候，所需农业用水反而很少。干旱的时候，农业用水反而增加。也就是说，农业水权丰富的时候，对农业水权的使用较少，而当农业水权稀缺的时候，对农业水权的使用却大大增加。这就对水资源的调配产生了很高的要求。

3. 水价敏感性。目前农业用水仍然是以大水漫灌为主，用水量很大。虽然农业水价偏低，但是和水量相乘，所付出的成本还是很大的。在目前农业水费占成本很大一部分的情况下，农业水权对农业水价保持着高度的敏感性。水价稍微提升都会影响用水户的行为。这就为农业水价调节提供了基础。

4. 水权量和农业产值不相称性。无论是历史上，还是现在，农业用水始终是用水第一大户。目前我国的农业用水量仍占总用水量的 60% 以上，但是农业产值却只占 GDP 总额的 10% 左右。和工业用水产值相比，农业用水产值很低。作为第一用水大户所占据的水权量和农业如此低的附加值之间是严重的不相称。

5. 不可替代性。农业用水具有不可替代性，水是生命之源，是农业的生命线，农业水权对于农业来说具有不可替代性。农业生产关系到国家的粮食安全，而保障农业生产的高效就必须具有足够的农业用水，因此农业用水的安全也是保障国家粮食安全的基础。

6. 农业水权相对弱势性。农业被视为弱势产业，在 GDP 份额中所占比重不大，一般被视为基础性作用，再加上农业水产值比较低。在面对城镇化和经济发展时，农业水权会相对遭到侵蚀。政府会优先考虑城市用水、工业用水等。这就决定了农业用水具有相对弱势性，在遇到问题时往往是被牺牲的对象。

三 农业水权的确定

农业水权的确定主要分为两个层面：一个是宏观层面的总量控制；另一个是微观层面的定额管理。我国目前实施的就是总量控制和定额管理制度，农业水权也是如此。

总量控制主要是要有红线意识，目前我国最严格水资源管理制度已经对用水红线进行了严格的规定。因此在经济发展的过程中就必须对水资源进行严格的总量控制，才能守住用水红线，保障水资源的可持续性和国民经济的可持续发展。总量控制其实就是水权的初始分配，一般是由国家完成。在我国水资源属于国家所有，由国务院进行管理。国务院根据各个地区、各个流域的基本情况，界定各个地区和各个流域的总用水量。然后对农业、工业、城市、环境等产业和经济发展进行总布局，确定各个行业的总用水量。在我国是由国务院水管部门对水资源进行总量分配，先分配到省市级，再由省市级主管部门分配到县镇级，一级一级往下分，直到农户或者用水者协会的手里。在这个水权初始分配的过程中，政府发挥着不可替代的主导作用，行政色彩十分浓重。这和我国的体制有着十分重要的联系，水资源属于国家所有，首先需要保障国家基本战略的实施。在我国全面建设小康社会的过程中，国家制定了一系列战略方针，顶层设计需要国家政策予以保障，这就需要像水资源这样的战略性资源必须首先保障国家战略的实施。这也是成本最低的推进国家战略的方式。

微观定额管理，则是在微观层面对水资源的使用进行精细化的管理。就是根据各行各业实际情况进行科学的核算，对每一个产品和工作所需的水量进行水资源使用量的核定。这是建立在当前技术条件的基础之上的，随着技术条件的进步，用水定额也在不断地改变。对于农业用水来说，则是根据不同作物的特性，科学核算不同作物的需水量，然后进行初始农业水权的分配。考虑到农业涉及的范围太广，地理气候条件不同，这种微观定额管理的情况并不是对每一种作物进行单独的核算，而是根据某种作物的一般平均用水量核算。

微观定额管理是宏观总量控制的基础，只有明晰微观实际需水量，才能使宏观总量控制具有合理性，而不会影响微观经济行为主体的基本需求。同时微观定额管理和宏观总量控制是互动的，随着宏观控制体系对微观层面技术的改进，或者种植结构和植物品种的改进，微观定额管理也会得到改变，而微观定额的改变将反过来改变宏观总量控制。

四　农业水权的转换

农业水权的转换，是一种特殊的农业水权交易形式，这种水权交易形式在发达国家如美国也存在。由于目前我国政策明确规定能够进行交易的农业水权只是经过节水设施改造后形成的多余的农业水量。基本农业水权在目前是不允许进行交易的，特别是农业用水向非农用水如工业用水、城市用水等的转让是受到严格的限制的。这就决定了目前我国农业水权的转换是需要条件的，农业水权转换并不是直接指农业水权向其他水权的转让，而是有着特殊的含义，即只有农业节余水量才能够进行农业水权的转换。

目前来看，农业水权的转换主要有两种形式。一种形式是农业用水户自身通过节水设施的改进或者种植结构的调整（如种植耐旱的作物）以及其他节水方式获得了一定的节余水量后，将节余的农业水量进行自由的转换，既可以在农业内部实行转换，也可以向非农用水进行转换，也可以由政府相关部门进行回购。这种农业水权转让的方式是经过法律批准和规范的，也是目前应用范围比较广的水权交易方式。另一种农业水权转换形式是由非农用水的用水户，如企业、政府等进行水利基础设施的改善，或者节水灌溉设备的更新，使得农业用水户的农业灌溉效率提高，以获得节余的农业水量的方式。也就是说，企业要获得工业用水，政府要获得城市生活用水和环保用水等，都必须进行节水设施的投资，以此来换取获得农业水权的条件。

在我国目前的情况下，农业水权转换的最大特点就是农业水权转换的水量只能是农业用水节余的水量，基本水量基本上不允许转让。另外，农业水权的转换必须以农业节水设施的投资和改进为基础，这就使得在农业水权转换的过程中，农业水利基础设施得到了改进和升级，这在一定程度上促进了农业灌溉用水效率的提高。

目前我国这种农业水权转换方式，在一定程度上改善了农业水权的初始配置，使得市场能够发挥配置水资源的作用，增加了水权制度的灵活性。同时对于农业节水产生了很强的激励作用，只有农业节水，才能进行水权交易，才能实现水资源转让的收益。同时随着农业水利基础设施的改善，农业灌溉用水效率逐步提高，农业会产生更多的节余用水，从而能够进行水权交易，发挥水资源更大的经济价值。但是由于农业节余的水量空间有限，在目前工业用水、城市用水、环境用水日益增加的基础上，单靠农业节水不足以满足日益严峻的用水矛盾，因此从法律上研究进一步扩大农业水权交易的范围，以更大地发挥农业用水的效率和提高整个水资源配置的效率是农业水权转让下一步应重点解决的问题。也就是说，农业水权的转让既要更好地满足非农用水的需要，发挥水资源更大地价值，也要进一步提高农业用水的效率，更好地保障农业生产的基本需要。

五　保护和规范农业水权的措施

在目前的情况下，由于仍然是行政思维管理水资源为主，水权意识和市场意识不强的情况下，农业水资源价值跟工业用水和城市生活用水等价值相比具有很大的差距，导致农业水资源被不断地侵蚀，而农业用水户并没有得到相应的收益。因此对农业用水进行确权有助于保护农业水资源。在《水法》规定的水资源国家所有的基础上，对农业水资源的使用权和收益权进行法律上的确定，明确农业水资源的使用权和转让等权利，将会最大程度的保护处于弱势地位的农业水资源。这种保护主要体现在以下几个方面：

（1）农业水权的界定保障了农业生产基本的用水需求。我国的农业水权界定是总量控制和微观定额管理相结合的方式，根据微观作物的基本情况，制定科学合理的水资源使用量，并以行政命令的方式逐级分配下去。这就保障了农业生产基本用水需求的安全。在水资源确权登记的基础上，农业用水户可以明确地知晓自己所有权使用的农业用水量，这是由法律予以保护的，是任何人都不能剥夺的。当农业水资源确权后，水资源的使用受到非法的侵占时，由法律对其进行保护，受损者会依法得到补偿。这就在法律层面上保护了农业用水户的基本用水权益，有力地保障了农业生产的顺利进行，有效地减少了农业用水的纠纷。

（2）农业水权的界定，能够获得足够的经济补偿。农业用水和非农用水之间存在着巨大的价值差别，导致农业用水向非农用水之间存在着巨大的转让冲动。通过行政调配农业用水向非农用水转移，使得这部分经济租金耗散，农业用水的利益被剥夺。而农业水权的界定，明晰了农业用水户的使用和收益等权利，通过节水产生的剩余农业水权可以通过市场交易机制转让到非农用水，从而使得用水户获得了农业水权转让的利益，在一定程度上刺激了农业节水，倒逼了农业水资源利用效率的提升。同时由于只有节余的农业水权才能够通过水权市场进行自由地流转，这就保证了基本的农业用水，在一定程度上遏制了农业用水转入非农用水的冲动，保障了农业生产的安全。

（3）农业水权的确定，在一定程度上改善了农业水利基础设施。由于目前农业用水转移的客体只能是节余的农业水权，因此只有对农业基础设施进行改造和升级，才能提高水资源利用效率，防止农业水资源浪费，才能有效地节余水资源，才有农业水权交易的可能。同时对于农业用水、城市生活用水以及环境用水等，要想获得相应的农业水权转让，就必须投资农业水利基础设施，以换取相应的农业剩余水权。这就有效地利用市场机制吸收了全社会的资本来改善农业水利基础设施，很好地弥补了单靠政府投资的不足，提升了农业水利基础设施改造和升级的速度和效率。

第二节　新制度经济学分析框架下的我国特色农业水权设计

随着经济社会的发展，水资源的经济学性质逐渐体现。水资源的稀缺性使水资源进入了经济学研究的视野。但是由于水资源的属性比较复杂，既具有自然属性，也具有经济属性，还具有社会属性。这就使得对于水资源的研究产生了分歧。一部分经济学家认为，应该把水作为经济物品对待，水资源可以像其他私人物品一样通过市场竞争进行定价配置。而另一部分经济学家则认为，水资源应该作为人类的基本需求来对待，不能够通过市场竞争进行定价和配置。1992 年《21 世纪议程》中对此做了一个折中的说明和建议，"水是生态系统的重要组成部分，水是一种自然资源，也是一种社会物品和经济物品。水资源的数量和质量决定了它的用途和性质。考虑到水生生态系统的运行和水资源的持续性，水资源必须予以保护，以便满足并协调人类活动对水的需求。在开发利用水资源时，必须优先满足人的基本需要和保护生态系统。但是当需要超过这些基本要求时，就应该向用户适当收取水费"。这就为经济学分析提供了理论基础。再加上水资源具有公共物品和私人物品的双重属性，单靠市场或政府的力量都不能实现最优配置，因此很多经济学家开始从新制度经济学的视角下设计水权制度，通过不同的制度设计，综合利用政府、市场、社会的力量来保障水资源的合理配置。本研究就从新制度经济学的视角下对农业水权制度进行初步的设计。

一　我国水权制度的演进

改革开放以前，我国处于计划经济时代，经济发展水平很低，因此从总体上看，水资源相对于经济发展来说并不稀缺，导致水资源的利用处于开放状态，再加上受开发能力和取用成本制约，基本上不存在用水竞争和经济配给问题。水资源是一种"开放可获取资源"，在这种情况下没有必要对水资源做出正式的产权制度安排或者做出正式产权安排的成本太高。改革开放之后的很长一段时期内，水资源的利用仍然是计划经济的延续，水资源利用基本上仍处于开放状态，几乎没有排他性，随着经济快速发展，用水需求逐渐激增，导致用水呈现粗放增长，水资源开始成为稀缺性的经济资源，用水竞争也日益显现，区域间水事冲突日益增多。在这种情况下急需对水资源做出正式的产权安排。20世纪80年代末，随着《水法》的颁布一系列水资源管理制度开始付诸实施。这些制度主要包括水长期供求计划制度、水资源的宏观调配制度、取水许可制度、水资源有偿使用制度、水事纠纷协调制度等，构成了目前我国一整套水资源产权制度安排。

一整套的水资源产权制度安排规定了水资源的产权结构，《水法》明晰了我国水资源的国有水权制度，即水资源的所有权属于国家，这就为中央政府在流域间调配水资源提供了法律依据。国务院水管部门代表国家将水资源的使用权赋予流域所有，由专门的流域机构来管理。由于大多数流域不涉及跨区域调水问题，流域内水资源的国有水权等同于流域水权。由于上下游对流域水权的争夺日益激烈，流域管理机构又根据需要将水资源使用权进一步划分到区域，形成区域水权。在地方行政区域内，地方政府不仅是水权权属的管理者，而且也是区域内水公共事务的提供者，地方政府直接行使一部分区域水权，提供城市供水和乡村灌溉，另一部分用水权则通过发放许可证的形式赋予取水户，这就是取水许可制度，实质上是把一部分区域水权分割为集体水权。这里所说的流域水权、区域水权和集体水权，只是指水资源的使用权，在水资源国有产权的基础上划分出来的，且不具有可转让性。不同层级的水资源使用权，都是通过行政命令进行控制的。

新中国成立以来水资源管理制度变迁可以看出我国目前已经形成了

一套基于行政手段的共有水权制度,对水资源的配置起到了关键性的作用。但是随着经济社会的发展,用水需求和不同用水户之间的矛盾也是日益激增,这导致目前的水权制度不能满足当前用水情况的变化。主要表现在:水权模糊情况严重,由于水权的所有权属于国家,区域和地区所具有的水资源产权究竟包含哪些内容并不明确,水量、水资源使用的边界都不清楚,导致水权的外部性依然很强。水权管理行政模式,虽然在一定程度上解决了用水矛盾,但是其运行成本逐渐提高,且浪费了大量的经济租值。由于不允许水资源产权进行流转,导致水资源在初始分配后其调整的余地不大,很多的水资源被浪费,同时很多地区由于缺水而影响了经济社会的发展。从实践中看出,对于水资源使用更大的灵活性和流动性的需求逐渐刺激水资源的产权制度进行改变。

本研究正是针对当前我国水权制度存在的若干问题,从农业水权制度出发,利用新制度经济学基本原理,结合我国农业水资源特殊的情况,对农业水权制度进行初步设计,以期为最终中国特色的水权制度形成做出绵薄的贡献。

二　水权制度配置模式

目前关于水权制度的配置模式主要分为三种:政府配置模式、市场配置模式和多中心配置模式。这三种水权配置模式反映了当前关于水权理论的主流,是非常具有代表性的水权制度配置模式。

1. 政府水权配置模式

政府水权配置模式,顾名思义就是由政府对水资源的开发和管理进行直接的干预,对水资源的产权界定和产权流转进行直接控制。这种水权配置模式的出发点是基于水资源的公共物品性质,很难将水资源视为一种简单的市场经济物品,而且一般大规模的水资源开发和管理是私人企业难以承受的。为了满足公共利益的需要,弥补私人提供公共物品的不足,政府有必要对水权进行直接的配置,以满足经济社会发展的需要和公共基本利益的实现。

政府水权配置最大的优点就是可以实现公平的目标,即确保水资源能够供应到水量不足的地方。同时能够有效地保护水资源弱势使用主体的利益,如相对比较贫困的农业用水户,以及环境保护用水等。同时能够合理调配各行各业的基本用水量，以保障用水的相对公平。但是由于政府水权配置模式本身的缺陷，导致这种公平的目标往往不能实现。这主要是因为：第一，国家通过行政体系把水权层层向下分，就产生了委托代理问题，地方政府和中央政府从利益出发存在着矛盾，以及地方政府之间的博弈，使得公平的目标难以实现。第二，信息不对称，中央政府在考虑水权分配时由于信息不足，特别是缺乏哈耶克所说的"时空"知识，导致信息不对称，使得水权分配不一定真正合理。当然政府水权配置的最主要缺点还是将市场排斥在配置水资源之外。如把水供应到水缺乏的地区，导致了价格的提高，而公共投资的水利项目排除了在水资源短缺情况下购买水权的任何需求。换言之，补贴的水供应开发取代了通过水权转移进行水供应的市场机制。对水配额错误使用的政府处罚，不能合并大量的既难于定价又难于买卖的商品和服务。政府水权配置不能对用水户节水和提高使用效率产生激励。在政府管理体制下，使用水户服从的主要激励是高压政治，即制定规则，对违反者进行制裁。这就导致用水户被动地接受政府的安排，并无节水的必要。由于政府失灵，这种水权配置模式存在很大弊端。

2. 市场水权配置模式

市场水权配置模式，顾名思义就是用市场对水权进行配置，主要是指通过水权交易市场进行水权的自由转让。这种配置模式将水资源视为一种可以交换的商品，以价格作为调节水资源的主要杠杆。

市场水权配置模式最大的优点就是可以通过市场实现水资源从低价值向高价值的转让，一方面，水资源价值高的使用户可以通过市场获得足够的水资源，另一方面，水资源价值低的用户也通过市场获得足够的补偿，从而提高水资源配置的效率。同时由于水权交易可以带来丰富的收益，从而对节水产生激励。再加上水资源的使用需要付费通过市场交换获得，这也倒逼水资源使用效率提高，从而节约生产的成本。

市场水权配置模式需要一定的前提条件，即需要界定清晰的初始水权，有完善的水权交易制度和法律框架，有完善的水转移的基础设施。市场配置水权的模式可以激发潜在的收益，主要包括：第一，用水户有了需要他们同意进行水重新配置、为水转移进行补偿的授权；第二，为用水户提供了安全的水权。如果界定了水权，用水户就能对可以获得收益的节水技术进行投资；第三，可交易水权制度将促进用水户考虑水的机会成本，包括不同用途的价值，因此就为有效地使用水提供激励，并通过出售节约水获得收入；第四，可交易水权制度将使用水户考虑由其他使用者带来的外部成本，从而减少资源退化的压力；第五，与灌溉水从量定价方法相比，农民更容易接受基于水权交易所形成的定价方法[1]。

市场水权配置模式具有明显的效率提升，但也存在很多的问题：如水权由于气候变化、传输损耗等具有不确定性；水量由于技术等原因难以实现精确的计量。由农业向城市的水转移可能减少水回流，进而影响第三方利益。另外，如果不对未经处理的工业和城市废水采取必要的限制措施，工业和城市水使用的增加将产生广泛的环境污染。市场失灵限制了水权配置模式效率的发挥。

3. 多中心水权配置模式

多中心水权配置模式，主要是奥斯特罗姆思想的应用。奥斯特罗姆通过大量的案例研究发现，现实中的水权配置模式是多种多样的，既存在政府配置成功的案例，也存在政府失灵的案例。并发现了社区自治成功的案例。指出水权配置模式不存在最优的配置模式，只存在合适和不合适的模式，主张多中心治理和制度的多样性。

多中心水权配置模式认为水资源具有复杂和独特的属性，宏观决策与微观决策并存，经济物品与社会物品共存，公共产品与私人产品共存，市场失灵与政府失灵并存，任何一种单一的资源治理模式都很难取得成功。应该采用多中心的治理模式，即建立一种由政府集中控制、市场配置、用户自治三种机制相混合的治理模式，才能实现水资源配置的效率与公平目标。在多中心水权配置模式下，三种配置机制相互作用、相互替代、相互补充。政府配置包括水权的初始分配、界定和规则的确定，也包括政府直接参与水权交易和提供水利基础设施；市场配置包括水权转让、私人部门的（投资、管理和服务）介入；用户配置主要是从节约谈判成本、实施成本和监督成本的角度，由用水户组织代表用户与政府

---

① Rosegrant MW, Binswanger HP. , Markets in Tradable Water Rights: Potential for efficiency gains in developing country water resource allocation, World Development, 1994, 22 (11): 1613 - 1625.

和市场发生联系，并在组织内部进行水的配置。

多中心水权配置模式，结合了市场、政府和社会的力量，弥补了政府、市场单独配置水权的不足，是目前较为理想的一种水权配置模式，实现了效率与公平的统一。本研究就是根据多中心水权配置模式对我国农业水权制度进行初步的设计。

三　农业初始水权界定和分配

农业水权的界定和分配是农业水权制度的起点和基础。在我国由于《水法》明确规定，水资源属于国家所有，因此本研究所指农业水权并不包含农业水资源所有权在内。农业初始水权的界定和分配主要有三种方式：

1. 行政分配方式

农业水权行政分配方式是指由政府根据水资源规划统筹利用行政命令的方式向农业用水户分配农业水权。这种行政命令分配方式的理论基础是水资源为公共资源，需要政府行政系统的介入进行管理、分配和保护，以避免"公地悲剧"的产生和引导外部效应内部化。更重要的是我国水资源的所有权归国家，由政府行政机构进行管理分配正是所有权的必然体现。农业水权初始分配，由国务院水管部门向省市级分配，再由省市级一级一级往下分，直到分到农业用水户手里。

农业水权行政分配方式具有十分明显的优点：第一，有利于国家宏观目标和整体发展规划的实现。水资源掌握在国家和政府手上，就可以利用国家强制力量保障国家战略规划的实施。第二，有利于维护公平。在行政分配方式下，低收入者用水需求、落后地区用水需求、环境生态用水需求以及公共用水需求可以得到充分考虑和公平对待，能够较好地协调公共与个体、低收入者与高收入者、落后地区与发达地区用水需求之间的矛盾。第三，有利于制度的执行。我国在自然资源管理上长期实行计划配置，采用行政分配水权在制度以及行政机构上无须太多转型，并且行政分配过程中可以对历史和既有的用水分配予以充分考虑和承认，因此这种方式制度变迁的成本很小，是交易费用最小的一种分配方式。

但是这种分配方式，也有十分明显的缺点：第一，农业水资源的配置效率不高。农业初始水权分配需要大量的信息为基础，由于政府信息不对称和有限理性，政府很难收集大量而真实的消息，或者收集信息的成本过高，从而导致政府行政分配方式效率不高。第二，水资源的真实价值没有得到体现，政府配置水权往往是无偿的或者是低价配置，水权的价格无法反映真实水资源的价值，不能反映农业水资源的稀缺程度，从而不利于农业节水和农业水利用效率的提高。因为没有节水的激励，导致农业水稀缺和农业水浪费的现象并存。第三，缺乏农户的参与，农户只是被动地接受政府水权的分配。

2. 用水户参与分配模式

用水户参与分配是由一定范围内具有共同利益的用水户通过民主协商形式进行水权分配的方式。该分配方式的理论依据是农业水资源是一种"俱乐部资源"，这种资源具有俱乐部成员之间使用的非对抗性和对非成员使用的排他性特征，将农业水权交由流域或区域内用水户组织的俱乐部组织去进行配置，可更好地解决公地悲剧、"搭便车"或外部性问题。

用水户参与分配模式的优点主要有：第一，有利于提高农业水权分配的弹性，兼顾公平与效率。利益相关的用水户总是比行政主管机构掌握更多的农业用水信息，具有信息优势，因此用水户直接参与制定的水权分配往往比行政方式分配更能兼顾公平与效率。第二，有利于降低制度监督成本，提高管理效率，增加制度的可接受性。用水户自身参与制订的分配方案更容易被用水户所执行，相应的监督成本也比行政分配方式低，在管理上效率也有所提高。

用水户参与分配模式也存在很多的缺点：第一，这种分配方式主要适合于基层，而如果在全国范围内进行用水户参与，则会出现各自为政的方式，不利于国家战略和方针的实现。第二，不同的俱乐部具有不同的实力和不同的影响力，这就使得俱乐部之间的实力不对等，很多实力较弱或者人数较少的俱乐部的利益往往被忽视。第三，对于我国来说，农户多而分散，俱乐部太多，在全国范围内推广则推行成本过高。

3. 市场分配

市场分配方式就是利用市场机制分配农业水资源，以竞价拍卖的形式对初始水权进行配置。该分配方式的理论依据是水资源属稀缺性的经济资源，将农业水权交由市场机制配置，可以充分体现水资源的经济价值和稀缺程度，实现水资源的高效配置和利用。

市场分配方式的优点是可以充分发掘水资源的经济价值，提高水资源的利用和配置效率。同时通过拍卖所得可以大幅度提升和实现农业所有权收益，从而有大量的资金保障水资源开发、保护。但是这种分配方式的缺点是：市场配置是以价格为配置中心，谁出价高，就将水资源配置给谁，竞争优胜者往往是水资源边际效率高的地区、行业或用户，而一些边际效益低的地区、行业或用户的用水需求势必得不到满足。效率虽有提升却有失公平，严重的话甚至影响经济发展和社会稳定。同时由于经济实力强的组织可以获得大量的农业水权，从而导致农业水权出现垄断，影响农业水权配置的效率。再加上我国市场经济体制不完善，推进以市场为基础的配置模式的运行成本太高。

由于以上三种分配方式各有其优缺点，单独使用其一种，都会存在很多的问题。交易费用最小的方法就是将三种配置模式结合起来，取长补短，从而实现公平与效率兼备，同时避免市场失灵或政府失灵的出现。由于《水法》规定我国水资源属于国家所有，长期沿袭的是计划配置模式，在初始水权配置上，坚持行政分配为主的形式，既可以实现兼顾公平与效率同时又实现宏观调控的目标，也使得转型的成本很小，制度利于执行。同时辅之以用水户参与的民主协商机制，允许用水户组织参与政府水权分配方案的协商、制订与执行，增强水权分配方案的透明度与可接受性。并且采取具有经济诱因的市场手段——对水权按其真实价值收费，以提升水资源的利用和配置效率。对国家预留的机动用水则可以采取以市场分配为主的方式。

四　农业水权交易

在国家对农业水权进行初始分配的基础上，农业水权除了满足自身的需求外，通过农业节水产生的节余水权就可以通过市场交易，从而提高农业水资源的利用效率。因此必须对农业水权交易制度进行设计，才能有效地保障农业水权交易的有效运行。农业水权交易制度主要包括农业水权交易的原则、基本内容和政策保障。

1. 农业水权交易的原则

我国目前的农业水权交易正在实践中不断地成长，为了规范当前的农业水权交易和取得农业水权交易更大的发展，就必须对农业水权交易制度进行设计，而首要的问题就是要确定农业水权交易的基本原则。结合水权交易的国际经验和我国的农业水权交易实践，本研究认为我国农业水权交易的基本原则主要有：

（1）可持续性原则。农业水权交易必须保障农业水资源本身的可持续性使用，不得为了获得经济利益，而过度交易农业水资源，因此农业水资源的交易，必须控制在一定的范围之内，绝不能只顾经济利益而不顾水资源的承载力。在进行农业水权交易保障经济社会发展的同时，必须保障农业水资源的可持续性，这是农业水权交易必须遵循的首要原则。

（2）统筹兼顾的原则。农业水权交易带来的水资源用途的改变，可能造成多方面的利益冲突，包括水权使用者的利益与社会公共利益间的冲突，水权转让方之间的利益冲突，中央政府与地方政府、地方政府与地方政府、甚至地方政府内部间的利益冲突，水权转让方与第三方之间的利益冲突，以及伴随水权转让产生的经济利益与环境利益的冲突。面对以上在农业水权交易中可能产生的种种利益冲突，在构建水权交易制度时必须有一个宏观的思想作指导，即制定的制度必须科学合理，尽可能兼顾水权交易过程中涉及的各方利益，争取将利益相关方的利益冲突降到最低限度。

（3）资源合理利用原则。农业水权交易出发点是为了更合理地配置农业水资源以及缓解其他用水的矛盾，实现水资源有效利用。对于通过水权交易囤积水资源或者进行农业水权的投机活动，必须进行严格的打击。因此就必须对农业水权交易进行登记和严格的审查。对农业水权交易进行严格的规范，对违法行为进行严格的惩罚，从而保障水资源的合理利用。

2. 农业水权交易的基本内容

农业水权交易主要分为两种，一种是农业内部的水权交易，仍然保持农业用水的性质；另一种是农业水权向非农水权的交易，农业用水的性质发生了根本性的改变。农业水权交易的基本内容包括农业水权交易机构和水权交易的程序。

农业水权交易机构分为正式的农业水权交易机构和非正式的农业水权交易机构。前者主要是国家水资源主管机关，后者主要指农民用水者协会。正式农业水权交易机构的主要职责是：贯彻执行国家有关水资源管理的法律、法规、规章和政策；制定本行政区域内农业水权交易机构的具体管理制度，依法管理农业水权交易市场和农业水权交易活动；接受农业水权交易双方当事人的委托，为农业水权交易的顺利进行提供必要的政策法规信息、供求信息和交易行情等相关咨询服务；受理农业水权交易的书面申请，负责农业水权交易申报材料的真实性、完备性和合法性的初审工作；收集和汇总本行政区域内的历次农业水权交易信息和交易结果，并针对交易的总体情况编制季度统计报表和年度统计报表，及时报送给本级和上级水行政主管部门和监察部门；协助有关部门调查农业水权交易中的违法、违纪行为；完成水行政主管部门交代的其他事项。农民用水者协会的职责是以服务协会内农户为己任，谋求其管理的灌排设施发挥最大效益，组织用水户建设、改造和维护其管理的灌排工程，积极开展农田水利基本建设，与供水管理单位签订供用水合同，调解农户之间、农户与水管单位之间的用水矛盾，向用水户收取水费并按合同上缴供水管理单位。农民用水者协会接受水行政主管部门和社团登记管理机关的政策指导和灌区管理单位的业务技术指导，同时监督灌区的建设和管理工作，并参与有关水事活动。农民用水者协会与灌区管理单位在水利工程设施的建设与管理中是相互合作关系，在水的交易中是买卖关系。

农业水权交易的程序主要包括：

（1）申请。农业水权交易可由当事人中的任何一方或双方向本行政区域内的农业水权交易机构提出书面申请，写明农业水权交易的起始时间、交易原因、交易水量、交易期限、交易用途、取水地点与相关水利设施的基本情况等，同时需递交相关证明材料。

（2）受理、审查、公示与评估。农业水权交易机构在受到当事人提出的申请材料后，于规定的时间内作出是否受理申请的书面答复。同意受理的，应当对当事人提交的申请材料的真实性、合法性进行审查。如有遗漏，应当告知当事人于规定的时间内补正。待当事人提交完备的申请材料后，水权交易机构应当对申请人的交易申请在网上及时公示，在规定的期限内，允许利益相关人提出异议。农业水权交易机构认为有必要召开听证会的应当在合理的期限内组织有关人员参加水权交易听证会。

（3）许可与通知。在对农业水权交易的申请材料和有关情况进行相应的审查和评估后，如果具备农业水权交易的基本条件，农业水权交易机构应当在合理期限内做出是否许可交易的决定。

（4）交易。对已获得农业水权交易许可的当事人，可按规定签订农业水权交易合同。鉴于农业水权交易不仅涉及交易双方的微观利益，还涉及中观层面的区域环境利益和经济利益以及宏观层面的国家利益，因此，作为战略性资源的转让，农业水权交易合同的制定必须详尽、具体和规范。

（5）登记。为了便于国家对农业水权交易的有效管理并且确保水权交易的有序进行，必须采取登记的方式对农业水权变动进行有关记录。

（6）公告。公告是农业水权交易流程中的最后环节。地方各级农业水权交易机构应当建立本行政区域内部农业水权交易的网站，对于每笔交易完成并且经过登记的农业水权交易信息应及时发布于网上，便于公众查询。

3. 农业水权交易的政策保障

农业水权交易是一个复杂的系统工程，因此除了完善水权交易本身制度外，还要有一系列的配套措施，以保障农业水权交易的有效和规范运行。

（1）建立农业水权交易协商机制。合理的协商机制是农业水权交易顺利实施的有效保证。农业水权交易双方通过平等、友好的协商，有利于降低交易成本，早日达成共识。（2）建立农业水权交易信息网络系统。完善的农业水权交易信息不仅能促进（潜在）用水户积极参加农业水权交易，还有利于降低农业水权交易成本、提高农业水权交易效率。（3）建立农业水权交易生态补偿制度。为了有效保护农业水权交易中农业水资源输出方和第三方的环境利益和生态功能，国家有必要建立农业水权交易生态补偿制度，即由农业水权交易机构从农业水权交易的手续费和农业水权交易的收益中进行相应比例的提成，专用于对水资源输出方以及环境利益受损第三方的生态损失进行补偿。（4）充分发挥政府职能，为促进农业水权交易，必须进一步加大投资力度并提供资金、政策等方面的支持。

五　农业水权市场构建

明晰农业水权，建立农业水权市场，是水权交易制度的核心，也是利用市场配置水资源的关键。农业水权市场是农业水权进行交易的主要平台，因此必须对农业水权交易市场进行设计。

1. 农业水权市场的构成

农业水权交易市场是当前水权市场的主体，这是由于我国目前主要是农业用水，且是其他用水交易最主要的来源。农业水权市场目前仍然是处于探索阶段，而我国土地市场的改革走在了水资源的前面，土地的所有权属于国家和集体所有，和水资源十分相似，因此可以借鉴土地市场改革的经验对农业水权市场进行制度设计。

本研究将农业水权市场分为三个层面：一级农业水权市场、二级农业水权市场和地下水水权市场。什么是市场？市场就是一系列交易关系的总和。农业水权市场就是一系列关于农业水权交易的关系的总和。农业水权市场主要由三个方面构成：一是水权交易主体，即参加农业水权交易的农户、企业或政府等其他组织。二是水权交易客体，即交易的对象，在农业水权市场上交易的对象就是农业水权。三是水权交易的方式和规则。目前我国关于水权交易的方式和规则主要是依据《水法》及相关法律和最新出台的《水权交易管理暂行办法》。

一级农业水权市场，是指农业水权初始分配市场，是由农业水权的所有者——国家或经授权的国家相关水管部门，以不同的分配方式向各类用水户分配水权的市场，它进行的是农业水权的初始分配，通过一级市场的运行，将会明确各个用水户的权利，是农业水权市场有效运行的基础。二级农业水权市场，是指农业水权交易市场，它是用水户间根据供需关系进行自愿的农业水权二次交易的市场。

2. 一级农业水权市场的运作

我国的水资源属于国家所有，并由国务院代表国家行使水资源所有权。一级农业水权市场，主要是进行农业水权的初始分配。为了保障公正性，由政府来进行水权的初始分配无疑是交易费用最小的。因此一级农业水权市场实质上是政府垄断的市场。

一级农业水权市场由政府对农业水权市场进行初始分配，其农业水权分配应该遵循的主要原则有：

（1）可持续性原则。由于水资源是不可替代的自然资源，也是十分重要的战略性资源。保持可持续性是水资源管理的应有之义务，也是设立农业水权市场的初衷。所谓可持续性，是指水资源的使用和交易，既能保证当代人的需要，也不影响后代人满足其自身发展的需要。可持续性既包括农业水循环本身的可持续性，也包括水资源支撑经济社会发展的可持续性。这就需要农业水权的初始分配，既要考虑到水资源的承载能力又要考虑到经济社会发展的需要。

（2）公平与效率兼顾的原则。由于农业水资源的不可或缺性，农业初始水权的分配就必须保障公平性，这样才能保证落后地区和贫困人口获取他们生存发展所必需的水资源。当然在满足公平的前提下应该兼顾效率，尽量将水资源配置到用水效率高、效益好的地区、行业和用水户。

（3）余量原则。考虑到各地区经济发展的不平衡，需水发生时间不同，人口的增加和异地迁移等情况会对水资源产生新的基本需求，故初始水权分配需适当留出一定的余地，以保障水权分配的灵活性。

（4）公众参与原则。虽然是政府处于水权垄断状态，但是农业初始水权分配应体现公开、公正原则，鼓励公众参与初始水权分配方案的制订，增加方案形成和执行过程中的透明度。农业用水者协会，应该负责各协会范围内初始水权分配的监督和协调工作。

3. 二级农业水权市场的运作

二级农业水权市场主要是进行农业水权的交易，以实现农业水权更有效率的分配。市场是实现水资源配置更有效率的分配方式之一，这点在国外水权市场已经证明。在国内也有不少水权交易的案例证明了市场的成功。但是考虑到水资源的整体性和特殊性以及外部性，目前对二级农业水权市场的运作原则仍不统一，主要有三种思路：

第一种，政府对二级农业水权市场进行统一的管理，这种模式的出发点是建立在水资源国家所有的基础上的。这种模式主要是通过法律和政府部门的权威，利用法律约束机制调节地方利益冲突。由于市场失灵的存在，靠市场交易会使得水资源出现无序的状态，不利于国家战略的实施，以及水权公平性的保障。

第二种，农业二级水权市场是"纯市场"的模式。这种模式把农业水资源当作一种普通商品，以产权改革为突破口，通过界定清晰的产权，通过价格制度，保障市场运作的法律制度，利用市场加以配置，从利益机制出发建立"激励相容"的水管理机制。这种思路，非常强调市场的作用。

第三种，二级农业水权市场实现市场与政府相结合的"准市场"的模式。这种模式考虑到水权市场的现实可能性。建立完全市场化的水资源配置方式仍不成熟，更多地应该采用市场与政府相结合的方式，在政府的调控下，通过改革水权，充分发挥市场的配置作用，实现水资源的优化配置。

由于农业水资源使用的整体性、外部性、地域性和不可或缺性等多重属性，以及在我国市场经济还不成熟的前提下，二级农业水权交易市场不应该采取完全市场化的模式。同时政府管理模式虽然对水资源的整体性和外部性考虑较多，但在效率上的损失较大，而市场与政府相结合的"准市场"的模式，既注重市场对农业水资源的调配作用，但是农业水资源的合理配置必须在政府的调控下进行，引入水权市场，通过市场机制得以配置，符合我国的基本国情，应该是我国水资源配置制度改革发展的未来方向。

二级农业水权市场的运行机制主要包括：供求机制、价格机制、竞争机制和协调机制。

供求机制是市场机制的主体，所有相关要素的变动都围绕着供求关系而展开。农业水权交易市场的供给是指卖方所表现出来的农业水权让渡意愿和条件，需求则是指买方所表现出来的农业水权购买要求和能力。这种供给和需求构成了农业水权交易的动力，决定着农业水权交易价格，影响着市场交易主体之间的竞争，推动着农业水权交易市场的运行。

在农业水权交易市场上，供求之间的相互关系是通过数量关系、结构关系和时空关系表现出来。从数量上来看，引起农业水权供给变动的因素有：可供利用农业水资源总量、农业节水投资、农业生产规模、水价等；引起农业水权需求变动的因素有：农业用水户种植行为的改变、天然降水的多少、水价等。此外还有政治、文化、道德等社会因素。从结构上看，农业水权将逐步由低附加值的产业交换到高附加值的产业。从时空关系上看，农业水权的供给和需求在时间上不可能完全一致，这就需要建设水库等蓄水工程来调节两者存在的分异性。

价格既是市场机制的信息传导器，也是引导资源配置的核心。在农业水权交易市场上，农业水权价格的信息传递功能主要表现在两个方面：（1）农业水权价格反映了水资源的供求状况。农业水权价格下降，则表示农业水权供过于求，反之，则供不应求。（2）农业水权价格反映了农业水资源的稀缺程度，农业水资源越稀缺，农业水权的价格就会上升。从长远来看，农业水资源会越来越稀缺，农业水权价格有上升的总体趋势。

同时，农业水权价格的引导作用也表现在两个方面：（1）农业水权价格可以引导用水户调整生产方向和生产规模。一般而言，水权价格提高了，用水户有将生产转向低耗水产品或减少生产规模的倾向。因此，通过水权价格可直接引导用水户调整生产规模和产品结构，达到水资源的优化配置。（2）农业水权价格可以引导政府对水权交易市场进行宏观调控。农业水权价格为政府进行宏观调控提供了重要信息。如当农业水权价格大幅上扬时，意味着农业水权供给缺口较大，政府可以通过降低水权交易手续费、增加水利基础设施投资、给农业节水户以税收优惠等措施扩大水权的供给量，促使供求趋于平衡。

农业水权的竞争机制主要体现在三个方面：（1）农业水权供给者之间的竞争。在农业水权交易中，由于水权的品质基本上没有差异，因此水权供给者之间的竞争主要围绕价格展开。谁的水权价格低，谁的竞争力就强，同时农业水权的供给主要依赖于农业用水户的节水，因此最具竞争力的往往是边际节水成本低的农业用水户。（2）农业水权购买者之间的竞争。水权购买者的竞争力体现在水资源边际产出的高低上，谁的水资源边际产出高，谁的购买竞争力就强。水权购买者之间的竞争会拉动农业水权价格的上升。（3）农业水权供给者和购买者之间的竞争。在农业水权交易市场上，水权的供给方希望以更高地价格出售农业水权，而水权的需求方则希望以更低的价格获得农业水权，供求双方处于博弈状态。博弈的结果取决于双方的实力和水权供给需求的总体状况。

农业水权交易市场的协调机制包括两个方面，一方面是政府的管理协调机制，另一方面是水权交易协会等机构的协调机制。政府需要对农业水权的供需双方资格进行审核，确保供给者水权的合法性和需求者目的的非投机性，确保水权交易后真实水资源的交易与协议中的一致性等。水权交易协会提供搜寻、集中和推广水权的供给和需求的信息，并积极寻求化解水权使用和水权交易中的种种矛盾，从而节约交易成本，促进交易的进行。

总之，农业水权交易市场的运行就是供求机制、价格机制、竞争机制和协调机制的相互作用和相互制约，从而保障农业水权交易市场的运行。

六　合理设计政府回购机制

政府作为水权的界定者和水权市场的监督者，负有管理水权市场的重要责任。政府回购就是政府作为市场交易的主体参与水权的交易。部分专家否定这种政府既当裁判，又当运动员的做法。但是从水权市场的国际经验来看，政府作为水权交易的主体参与水权交易取得了成功的经验。这就从理论上确定了只要制度设计的合理，政府是可以既当好裁判，又能当好运动员的。2016年4月水利部公布了《水权交易管理暂行办法》，对水权交易做了明确的规定，是对目前我国水权市场的顶层设计。在《水权交易管理暂行办法》中明确了政府可以作为水权交易的主体参与到水权交易中。这为本研究设计政府回购机制提供了依据。

1. 政府回购的目的

政府作为水资源的确权者和管理者，按理说不应该参与水权的交易，以避免政府作为水权的垄断者垄断水权交易的利益，从而损害其他水权交易主体的利益。但是水资源除了私人物品的性质外，还具有公共物品的性质，这就需要在企业、农户等市场主体外，由政府作为交易主体，保障足够的水权满足公共利益。另外我国是社会主义国家，任何改革都必须以人民为出发点，水权改革也必须兜住民生的底线，对于农业用水户通过节水获得的节余的农业水，在市场无法进行交易的时候，政府回购以保证民生。除此之外，政府只需做好水权交易的监督者和管理者，尽量不参与水权的交易。

2. 政府回购水权的形式

为了实现上述政府回购水权的目的，政府回购农业水权的形式主要分为两种：保障公共利益的政府回购和保障民生的政府回购。

保障公共利益的政府水权回购，涉及农业水权性质的改变，是农业水权向生活用水和生态用水转让。这种政府回购的主体主要是县级以上地方人民政府或者其授权的部门、单位。交易的形式主要是：（1）政府通过投资水利基础设施，从而提高水资源的利用效率，减少水资源输送过程中的损耗，从而获得节约的水资源。节余的农业水资源就由政府回购从而获得取水权，以保证生活用水和生态用水。（2）政府直接购买由取水单位和个人投资节约的农业水资源。也就是说取水单位和个人农户通过投资节水设备或者改变农业种植结构节余的水资源由政府回购，以保障对取水单位和农户进一步节水的激励。

保障民生的政府水权回购，基本不涉及农业水权性质的改变。这种政府回购农业水权的主体主要是县级以上地方人民政府或其授权的水行政主管部门、灌区管理单位。主要是回购灌溉用水户或者用水组织通过节水设备节余的水权，在无市场交易的前提下，由政府回购水权，以保障节水的根本收益。这种政府回购的水权主要用于灌区水权的重新配置，以保障农业水权的更合理配置。

第三节　本章小结

水权市场建设是目前水资源配置的最高形式，在全世界范围内的水权实践证明，建立成熟完善的水权市场可以提高水资源的配置效率。而我国是个农业大国，农业是所有行业中用水最多的。而我国目前农业水资源利用效率不高、农业用水逐渐被其他行业用水挤占，因此，通过市场调节农业水资源是行之有效的方法之一。本章从我国特殊的国情出发，分析了农业水权的特点，在新制度经济学分析框架下构建和设计了我国特色的农业水权，对于我国后续水权制度的建设具有很重要的理论和现实意义。

第 六 章

基于利益相关者的完全成本
水价形成机制

　　水权市场的建立是农业水价改革的前提基础，而合理的农业水价是农业水权市场的自然结果。在上述建立完整的农业水权前提下，寻求合理的农业水价至关重要。然而长期以来，现行农业水价过低，不能有效反映水资源稀缺程度和生态环境成本，价格杠杆促进节水的作用未得到有效发挥，不仅造成农业用水方式粗放，农民的节水意识十分淡薄，水资源浪费严重，而且也很难保障农田水利工程良性运行。这主要是因为传统水价仅按生产成本核定，未考虑水资源自身价值与水环境价值的问题，政府没有充分利用水价这一节水经济杠杆，没有最大限度地发挥主体行为的作用。

　　因此，2015 年中央一号文件首次明确指出"建立健全水权制度，开展水权确权登记试点，探索多种形式的水权流转方式。推进农业水价综合改革，积极推广水价改革和水权交易的成功经验"。这体现了中央完善我国水权制度的决心，也反映了明确水资源权属、推进水价改革已成为当前的紧迫任务。2016 年 1 月 21 日国办发〔2016〕2 号文件《国务院办公厅关于推进农业水价综合改革的意见》首次明确提出全国将用 10 年左右的时间使"农业用水价格总体达到运行维护成本"，对于"水资源紧缺、用户承受能力强的地区，农业水价可提高到完全成本水平"。该文件的出台标志着我国农业福利水价时代的终结，彰显了国家在水资源资产化管理和市场化改革方面的信心和决心。将农业水价大幅提升至完全成本水价，是新中国成立以来最具有里程碑意义的水价改革，也表明了我国对水资源节约综合利用的重视达到了前所未有的高度。

纵观目前的研究发现，学术界有学者把完全成本水价划分为三个部分，即资源水价、工程水价和环境水价。通过分析不同学者对农业水完全成本水价的划分，我们可以看出现有文献虽然都体现出研究完全成本具有重大意义，但缺乏一个反映各个利益相关方诉求及其共同作用的平台，且长期由政府掌控，价格仍然偏低，缺乏市场配置资源的基础。因此，只有采取现实可行的基于利益相关者角度的完全成本水价定价方法才能更有效地促进水资源的优化配置和农业水资源的可持续利用。

第一节　相关利益者界定

分析农业完全成本水价形成机制，必须首先明确该机制中的主要利益相关者，也就是确定不同构成成本的各种利益在哪些主体间体现。

一　利益相关者概念

利益相关者理论（stakeholder theory）是为了平衡企业各类利益相关者的矛盾冲突而产生的理论，是 20 世纪 60 年代作为一种企业认识和管理理论从西方逐步发展并传播开来的，随着研究的深入和扩散，利益相关者理论的应用日益广泛，开始被吸收应用到各个领域。[①] 1964 年，斯坦福研究员首先提出了利益相关者（stakeholder）的概念，但除去在企业管理中应考虑利益相关者的利益，鼓励其适当参与的理念被认同外，并未引起广泛关注。20 世纪 80 年代以后，随着全球化进程的加快以及世界范围内的经济竞争加剧，人们开始认识到，根据"是否影响企业生存"来界定和区分利益相关者的视角和方法存在狭隘性和局限性。1984 年，美国经济学家弗里曼提出了更具包容性的利益相关者概念——"那些能够影响企业目标实现，或者能够被企业实现目标的过程影响的任何个人和群体"。随后，不断有学者扩充和丰富利益相关者的概念研究，但核心理论

---

① Clarkson M., A Stakeholder Framework for Analyzing and Evaluating Corporate Social Performance, Academy of Management Review, 1995, 20 (1): 92 –117.

仍延续了弗里曼的观点。典型的决定性利益相关者包括了公司的股东、雇员和顾客。

本文研究中，将利益相关者理论从企业管理层面运用到农业完全成本水价的形成机制中，沿用弗里曼的核心观点，将利益相关者扩充定义为能够影响完全成本农业水价形成过程中既定目标实现或被改目标实现过程的个人或群体。

二　利益相关者的分类标准

按照不同的分类标准，如何确认和分类利益相关者亦是利益相关者理论研究的重要课题。根据所有权、经济依赖性和社会关系，弗里曼将利益相关者划分为所有权利益相关者、经济依赖性利益相关者和社会利益相关者。按照是否与企业发生市场交易关系，弗雷德里克将利益相关者分为直接利益相关者和间接利益相关者。查克汉姆按照相关群体与公司是否存在交易性合同关系将利益相关者分为契约型利益相关者和公众型利益相关者。根据利益相关者在企业经营活动中承担的风险不同，克拉克逊将其分为自愿利益相关者和非自愿利益相关者，其区分标准在于利益相关者是否对企业进行物质资本和人力资本投资。在 1995 年，克拉克逊又提出了按照与企业的紧密性的不同，可以将其分为主要利益相关者和次要利益相关者。威勒根据社会性维度的性质和特点，将利益相关者分为四类：首要的社会利益相关者、次要的社会利益相关者、首要的非社会利益相关者和次要的非社会利益相关者。沃克等根据对企业承诺的忠诚度和受影响程度将其划分为完全忠诚型、易受影响型、可保有型和高风险型四类。

20 世纪 90 年代后期，美国学者米切尔和伍德提出了一种简单易操作的评分法来划分利益相关者，他们认为合法性、权力性以及紧急性为利益相关者的三个必要因素，通过评分法可以推出 8 种类型的利益相关者。需要关注的是，米切尔和伍德认为，关于利益相关者分类的模型是动态的，是在不断变化的，任何个人或群体随着时间和进程的变化对于企业的影响力也是在发生改变的。

三 完全成本水价形成中的利益相关者界定

本研究所指的完全成本水价界定是在水权市场建立的前提下，以水资源社会循环过程中所发生的所有成本为基础而确定的水价。水资源社会循环过程就是从自然水体取水、输送、净化、分配、使用、污水收集和处理到最后排入自然水体的整个过程，该过程中发生的所有成本就是完全成本，也称为社会成本或完全社会成本，它是全社会为水资源利用而付出的真实成本。完全成本水价属于高水价，它刺激人们提高用水效率和节约用水，还能促进水环境保护。当然，高水价也会使弱势群体承受不起，为了不损害他们获得生活必需用水的权利，就需要采取适当的补贴政策。

在前文利益相关者理论的指导下，结合我国现行农业水价形成的实际现状，研究发现，其所涉及的利益相关者众多，具体如图 6 - 1 所示。部分的利益相关者在水价形成过程中并无实质作用力，借鉴米切尔和伍德的评分矩阵，本研究以参与度、影响度、利益相关度为衡量标准，以探析有实质作用力的主要利益相关者，排除干扰项为目的，构建我国农业完全成本水价形成过程中利益相关者的界定矩阵，如表 6 - 1 所示。

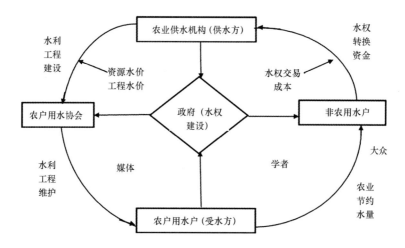

图 6 - 1　水价形成过程中利益相关者界定

表 6 - 1　　我国农业完全成本水价形成过程中利益相关者类型界定

利益相关者	利益相关度				
	参与度	经济	非经济	影响度	现状分类
政府	高	中	高	高	高度利益相关者
农户	高	高	低	高	高度利益相关者
非农用户	中	中	低	低	中度利益相关者
农户用水协会	高	高	中	高	高度利益相关者
农业供水机构	高	高	高	高	高度利益相关者
中介机构[1]	中	中	低	高	中度利益相关者
媒体	中	低	低	低	中度利益相关者
学者	中	低	低	低	中度利益相关者
大众[2]	低	低	中	低	隐匿性利益相关者

注：1 中介机构指金融机构以及水利工程建筑施工商等中间参与者；

　　2 大众指水利工程所涉及区域内除了以上相关者外的普通群众。

　　其中参与度是指利益相关者直接参与水价制定的程度（高：水价制定从头到尾不间断参与，中：间断性参与，低：极少参与或者不参与）。利益相关度包括经济利益相关度及非经济利益相关度，经济利益相关度是指利益相关者与水价制定实行中存在经济关系（投入成本、经济收益）的程度，非经济利益相关度是指利益相关者与水价制定实行过程中存在社会福利、政策协调、宏观调控等经济关系以外的利益相关程度（高：存在直接经济联系且联系持续，中：存在直接不持续经济联系，低：存在极少或者没有经济联系）。影响度是指利用相关者对水价确定目标实现所带来的影响程度或者水价制定形成过程对利益相关者所带来的影响程度，其评分标准依据参与度以及利益相关度综合决定。[①]

　　由表 6 - 1 可以看出，在水价形成过程中，由于参与度、相关度以及经济利益相关度均较高，政府—水权交易的推动者、农户—受水方、农业供水机构—供水方均是高度利益相关者；农业用水者协会作为农户参与式管理的代表，身为政府、农户、农业供水机构的沟通与合作的载体，亦为高度利益相关者；其次，金融单位、节水改造施工队、媒体、学者

[①] Mitchell and Wood, Toward a Theovy of Stakeholder Identification and Salience; Defining the Prmciple of Whom and What Really Counts, Academy of Management Review, 1997, 22: 853 - 886.

参与度适中，但影响度不够，经济利益相关度亦较低，成为中度利益相关者；普通大众主要表现在非经济利益相关上，其参与程度以及影响程度均较低，因此为隐匿利益相关者。

综上，在本研究中，农业完全成本水价形成过程中利益相关者，是真正能够影响水价形成的个人或群体。我们认为在完全成本水价形成过程中最具有重要决定意义的利益相关者是农业供水机构（供水方）、农户（受水方）、政府（民间部门）、农业用水者协会（社区公共利益）。

1. 政府

在水价形成过程中有关的政府部门包括国务院、水利部、水利厅、物价局以及市县各级水管单位。政府部门是农业水权市场运行的推动者和引导者，也是水价运行区间的监管者。在水价形成中主要表现为监管成本以及水权交易成本。

2. 农业供水机构

农业供水机构也是水价运行中的供水方，主要是相关的灌区水管所等，其形成的成本水价主要由资源水价（天然水资源的价格、水资源前期耗费的补偿、水资源宏观管理费用的补偿）、工程水价（正常供水工程中发生的直接工资、直接材料费、其他直接支出以及固定资产折旧费、工程维护费、原水费等以及为组织和管理供水生产经营而发生的合理销售费用、管理费用和财务费用等）等组成。

3. 农户

农户即是水价形成过程中的受水方，主要是环境水价的承担者，也就是经使用的水体排除用户范围后污染了他人或公共的水环境，为污染治理和水环境保护所需要的代价，主要包括水环境的恢复补偿费和水污染防治补偿费等，这也是完全成本水价形成过程中的最重要的一部分。

4. 农业用水者协会

农业用水者协会负责协调水管单位与农户之间的沟通、协会经费的监管、节水工程的维护和水费收缴工作等，其形成的成本水价主要由协调供水方与受水方协商过程中产生的交易成本组成等。

因此，我们可以看出，在农业完全成本水价形成中界定利益相关者是至关重要的内容，是分析水价形成机制的前提和基础。本研究中界定政府、农业供水机构、农户、农业用水者协会为完全成本水价形成过程中的利益相关者，基于以上四方在水权交易市场的框架下博弈，最终形成科学合理地反映各方利益的农业"完全成本水价"。

第二节　基于利益相关者的农业完全成本水价模型构建

水资源作为非人工的自然资源是具有价值的，水资源完全成本水价是最合理的定价。通过以上分析，基于利益相关者的农业完全成本水价应由以下五部分组成：

P_1：资源成本，这代表农业用水中农业供水单位承担的价格。这部分成本体现的是水资源的承载能力，表现为产权、有用性和稀缺性，共同构成了水资源的价值。

P_2：工程成本，这代表利益相关者中农业供水单位及农户用水协会承担的价格；为了开采水资源所要投入的必要成本，是水资源经济因素的具体体现，主要由农业供水单位来承担；而在维护工程和水费收缴工作等，其形成的成本水价主要农业用水者协会来承担。

P_3：环境成本，这代表了利益相关者中农户应承担的价格，反映的是为防治取水和排水过程中造成环境损坏或污染及水环境保护所付出的代价，是将水污染的成本内部化，转嫁给造成污染的生产者或消费者。

P_4：水权交易成本，这代表了利益相关者中政府部门承担的价格，是体现在水权交易过程中产生的成本费用。

P_5：边际使用成本，这代表了利益相关者中政府部门承担的成本。

因此，综合以上的分析，我们确定为农业完全成本水价为 P，则完全成本水价 P 应表示为：

$$P = P_1 + P_2 + P_3 + P_4 + P_5 \qquad (6.1)$$

一　资源成本 P_1 的定价模型

资源水价是水资源核算的核心，是动态完全成本水价的基准。水价定价模型的关键是确定资源水价模型。资源水价 P_1 的定价模型为：

$$P_1 = f\ (V,\ Q_1) \qquad (6.2)$$

其中，V 为水资源的使用价值；Q_1 为水资源水量。

水资源是质与量的高度统一。水资源价值研究是农业水资源管理的重要内容，它对水资源合理配置、改善水环境、促进节约用水、缓解水资源危机等均具有重要意义。农业水资源的质量决定了水的使用价值，从而对水资源的价格产生决定性的影响。资源相对越稀缺，其价格也就越高，所以水资源的水量对农业水资源水价有举足轻重的影响。

1. 农业水资源使用价值。农业水资源的使用价值直接体现在水质方面，水质越好，用途越广泛，价值越大。依据相关学者对水环境价值模糊综合评价的研究成果，结合农业水质指标及其评价来源，利用农业水质污染程度由轻到重逐渐变化模糊特性，可以获得更科学和更合理的评价结果。农业水资源的使用价值模型可以表示为：

$$V = f(x_1, x_2, \cdots, x_i) \qquad (i = 1, 2, \cdots, m) \qquad (6.3)$$

其中，$x_1, x_2, \cdots, x_i$ 分别为影响农业水资源使用价值的因素，包括 COD，溶解氧，电导率，pH 值，重金属含量等。

假设论域 U 为水资源价值要素，$U = \{x_1, x_2, \cdots, x_i\}$，评价向量 $W = \{低，偏低，一般，偏高，高\}$，水资源使用价值综合评价可以表示为：

$$V = A \circ R \qquad (6.4)$$

$$R = \begin{Bmatrix} R_1 \\ R_2 \\ R_3 \\ R_4 \\ R_5 \end{Bmatrix} = \begin{Bmatrix} R_{11} & R_{12} & R_{13} & R_{14} & R_{15} \\ R_{21} & R_{22} & R_{23} & R_{24} & R_{25} \\ R_{31} & R_{32} & R_{33} & R_{34} & R_{35} \\ R_{41} & R_{42} & R_{43} & R_{44} & R_{45} \\ R_{51} & R_{52} & R_{53} & R_{54} & R_{55} \end{Bmatrix} \qquad (6.5)$$

式中，A 为 $x_1, x_2, \cdots, x_i$ 为要素评价的权重值；$\circ$ 为模糊矩阵的复合运算符号，一般为取算子 "$\frown$" 或者 "$\frown$"；R 为单要素 $x_1, x_2, \cdots, x_i$ 为评判矩阵所组成的综合评价矩阵；R_{nj} 为 n 要素的第 j 级评价值。

2. 农业水资源水量

农业水资源价值与水量存在不可分割的必然联系。水量是评价一个地区或流域内水资源丰富程度的重要指标。农业水资源作为一种商品，其越稀缺，价格越高，反之，其越丰富，价格越低。

水资源价值与水资源价格是不同的概念，真正的水资源价格是使用了水资源自身而支付的价格，无论这种是处于自然状态或者已经凝集了我们人类的劳动在其中。因此，在农业水资源价格的背后隐藏着一种现实的经济关系。它的产生与水资源变得日益稀缺关系密切，但最根本的是所有权的实现，稀缺与所有权的实现是水资源形成资产的必要条件，也是水资源具有价格的充要条件。

3. 农业水资源的资源成本模型

通过以上分析可知，资源水价与水资源价值、水资源需求量的数学关系应表达为：

$$P_1 = f (V, \ Q_d) \ = \lambda V \ (Q_d / Q_1)^{E_0} \tag{6.6}$$

其中，Q_d 为水资源的需求量，应该按照某区域的人均农业用水标准来计算；λ 为价格系数；Q_1 为资源水量，E_0 为弹性系数。

因此，在农业水价形成时，体现在利益相关者方面，这部分成本应该是农业供水机构来承担，因此资源成本是基于利益相关者的农业完全成本水价的最重要的组成之一。

二　工程成本 P_2 的定价模型

水利工程水价，当前执行的均是根据 2003 年 7 月国家发展和改革委员会、水利部颁发的《水利工程供水价格管理办法》，规定：水利工程供水价格按照补偿成本、合理收益、优质优价、公平负担的原则制定，并且根据供水成本、费用及市场供求的变化情况适时调整。因此，在完全成本水价制定过程中，工程成本应该由供水单位承担的费用包括：供水生产成本、费用、利润和税金构成。

因此，在农业完全成本水价组成中，工程水价应由两个部分组成：

1. 前期工程水价

自然资源变成人类可直接利用的资源，往往需要追加一定的人类劳动，从而形成各种费用，即前期的工程成本，比如农业水资源的勘测、开发、保护、调水工程等各项费用。这些劳动耗费就需要在资源性资产的使用权转让中得到补偿。

2. 供水水价

水资源的商品化过程可以视为供水的实现过程，即水资源的商品化成本等于供水成本，供水价格即水资源商品化的单位费用，因此工程水价定价模型应该表示为：

$$P_2 = P_{21} + P_{22} \tag{6.7}$$

其中，P_{21} 为前期工程水价，P_{22} 为供水成本，分别应表示为：

$$P_{21} = I/S_1 \tag{6.8}$$

$$P_{22} = (C + F + H + L) / S_2 \tag{6.9}$$

式中：I：为区域或灌区内水资源前期投入的各项费用年平均值；

S_1：为区域或灌区内多年平均水资源可供量；

C：为供水成本，主要包括供水生产过程中发生的原水费、电费、原材料费、资产折旧费、修理费、直接工资、水质检测、监测费等以及其他应计入供水成本的直接费用；

F：为费用，指组织和管理供水生产经营所发生的销售、管理和财务费用；

H：为税金，指供水机构应缴纳的税金；

L：为利润，指按净资产利润率核定；

S_2：为区域或灌区内供水工程年供水量。

其中，成本和费用按照中华人民共和国财政部企业司制定的企业财务通则（中华人民共和国财政部企业司，2006）以及企业会计准则（中华人民共和国财政部，2006）来核定。

因此，工程成本水价可以表示为：

$$P_2 = I/S_1 + (C + F + H + L) / S_2 \tag{6.10}$$

三　环境成本 P_3 的定价模型

环境水价在城市生活水价中作为排污费已有不少研究，但是在农业水价调整中的应用研究却较少。在我国农业水价调整中，环境水价是基于农户对流域或灌区生态环境影响的外部补偿，是基于农业用水者的角度来做的相关的水生态环境保护。从经济管理的角度分析，长期以来，流域或灌区的生态环境问题在于认为生态用水没有价值，通常会被无偿挤占，而无法使这部分价值内部化。显然，环境水价在流域或灌区的主要作用在于保证流域生态用水，促进流域生态保护、恢复与重建。

因此，环境水价主要是存在于农户用水对于水环境本身污染的外部环境补偿，应当是生态环境保护的重要经济手段。环境水价是为防止农业取水和排水过程中造成环境损坏或污染及水环境保护所付出的代价。环境水价是社会作用的结果，因此，一般纳入农业水价的环境水价，包括排污水价格和农业水环境保护防治费用。第一部分，在确定排污水价格时，需考虑排水水质的不同：对污染轻或者无污染可直接进行农业灌溉的，可按排水成本收费；对有污染须经过处理方能排放的污水，则按排水系统的年运营成本加上实际处理费用及适当的利润确定排污单价。第二部分是水环境防治费用，即为防治污水进入水体造成的损坏及修复环境所需的费用。

因此，根据《排污费征收标准管理办法》，考虑水价中应包含水污染造成的经济损失以及恢复水环境的代价，那么这部分基于农户利益相关者应当承担的环境水价 P_3 可以表示为：

$$P_3 = P_{31} + P_{32} + D/W \qquad (6.11)$$

式中，P_{31} 为单位排水费用；P_{32} 为单位污水处理费用；D 为环境保护防治总费，W 为总排污量。

四 水权交易成本 P_4 的定价模型

为实现水资源高效配置，保障经济社会的可持续发展，我国水行政主管部门允许并鼓励实行水权交易。并且在各方期待多年之后，国家水权试点终于启动。2014 年 7 月，水利部印发了《水利部关于开展水权试点工作的通知》，提出在宁夏、江西、湖北、内蒙古、河南、甘肃和广东 7 个省区启动水权试点。试点内容包括水资源使用权确权登记、水权交易流转和开展水权制度建设三项内容，试点时间为 2—3 年。这也是落实最严格水资源管理制度的重要市场手段，是促进水资源节约和保护的重要激励机制。由此可以看出，我国水权刚刚开始尝试，目前水权交易中还存在交易价格扭曲的现象，所以解决水权交易中的价格问题意义重大。

本研究所指的水权交易价格是水资源使用者为了获得水资源使用权而需要支付给水权持有者的费用，是水权持有者因付出水资源使用权而获得的一种补偿，是水资源有偿使用的具体表现。目前我国水权市场还处于发展阶段，尚未完善，水权定价主要以政府为主，因此，水权交易价格主要体现利益相关者中政府承担的价格。本研究在全面深入分析水权交易成本的基础上，通过计算水权交易中各种投入与各种补偿，最终计算水权交易价格。

1. 水权交易的成本分析

水权交易过程中产生的成本主要包括工程成本（节水工程）G_E（Q）、风险补偿成本 G_R（Q）、生态补偿成本 G_B（Q）和经济补偿成本 G_P（Q）。[①]

（1）工程成本 G_E（Q）：在水权交易过程中的工程成本与之前的工程成本是不同的，这里主要指的是节水工程的建设成本、运行维护成本和工程的更新改造成本。如果水权交易期限小于等于工程的使用寿命，则节水工程成本不包括工程的更新改造成本。

我国同一地区内部的水权交易成本主要产生于节水工程，一般通过节水将节余的农业用水转移给其他行业或其他用户。由于长期以来，我国灌区渗透系数特别高，水资源浪费严重，因此水权交易的节水工程成本较高。水权交易的节水工程费用主要是节水工程的建设费用（G_{EC}（Q））、节水工程的运行维护费用（G_{EM}（Q）），以及节水工程的更新改造费用（G_{EI}（Q））（节水工程的使用寿命短于水权交易期限时所必须增加的费用，该费用是达到节水工程寿命时的支出，需要对其折现；如果水权交易期限过长，在交易期间需对节水工程进行多次更新改造，在计算水权交易价格时应将多次更新改造的费用全部折现）。

我国不同地区之间的水权交易主要是水资源充沛的地区向水资源贫乏的地区转移，特别常见的就是上游地区向下游地区转让水权。此时，水权转出地节水不是重要的交易保障，而是保障异地水权交易顺利进行的输水工程。因此，我国不同地区之间的水权交易成本主要产生于输水工程，由于两个地区之间的距离较远，输水工程较长，产生的成本在所有工程成本中占的比重最高。因此，水权交易的输水工程费用主要包括输水工程的建设费用、运行维护费用、更新改造费用（输水工程的使用期限短于水权交易期限时所必须增加的费用，该费用是达到输水工程寿命时的支出，需要对其折现；如果水权交易期限过长，在交易期间须对输水工程进行多次更新改造，在计算水权交易价格时应将多次更新改造

---

① 沈满洪：《论水权交易与交易成本》，《人民黄河》2004 年第 7 期。

的费用全部折现）。

（2）风险补偿成本 $G_R(Q)$：根据调度丰增枯减的原则，遇到枯水年灌区用水量相应减少，但为履行水权交易合约，水权卖方要承担经水权分配获得少量水权还要保障水权买方用水的风险。由此，水权买方支付给水权卖方的水权交易价格应该包含风险补偿成本。相当部分的水权交易是将农业用水转移给工业用水，转化到工业的水要达到一定的保证率。这样在枯水年，农业用水均要相应地减少，造成灌区部分农田得不到有效灌溉，由此带来的农业灌区灌水量的减少引起农业灌溉效益的减少值，该补偿成本可以依据当地灌与不灌亩收益差进行补偿计算。

对于其他产业部门之间以及产业部门内部的水权交易，风险补偿成本可以依据水权卖方投入交易数量的水资源进行生产与不生产的收益进行计算。

（3）生态补偿成本 $G_B(Q)$：这是对因水权交易对水权出让地等环境造成损失而应给予的补偿。水权交易对水权出让地的河流、含水层和生态环境都会产生影响。对于灌区的水权交易，出让水权的灌区引水量减少，产生了灌区地下水位下降、植被减少、沙化等不利影响。因此，水权买方应对水权卖方进行补偿，水权交易价格应包含生态补偿成本。目前，我国还没有明确和成熟的测算方法，在实践过程中常根据各地实际，在水价中提取一定比例来考虑或者由政府统一制定标准。

（4）经济补偿成本 $G_P(Q)$：经济补偿成本是指异地进行水权交易时，对水权出让地区的经济造成损失而进行的补偿。

综上所述，水权交易的成本应该包括以上四方面的成本。

2. 水权定价模型的几点思考

（1）一般来说，如果区域内工程条件相近，则可以采取一区一价原则，实行同一区域内统一水权交易价格制度。在同一区域应对同一产业内部水权交易、不同产业之间水权交易分别实行同一水权交易价格；但是对于一些条件特殊的供水工程，则需要采用单独定价原则。

（2）目前，我国同一地区内部的水权交易工程成本主要发生在节水工程，而且同一地区水权交易成本不包括经济补偿成本。因此，同一地区内部水权交易价格相对较低。在同一流域内的不同地区之间的水权交易成本主要发生在输水工程，由于两个地区距离较远，输水工程较长，产生的成本在所有工程成本中占的比重最高。所以，不同地区之间水权交易的工程成本主要考虑输水工程成本。不同地区之间水权交易给水权出让地区带来一定的损失，应对水权出让方进行经济补偿；因此，水权交易涉及的成本除了与同一地区水权交易共同涉及的工程成本、风险补偿成本和生态补偿成本外，还涉及经济补偿成本。

（3）一般商品的交易价格都是由市场上的供给和需求决定的，反映了用户之间的经济关系。而由于水资源是一种公共性、基础性资源，所以水权市场只能是一种不完全市场，水权交易价格不能完全由市场决定，还需要政府宏观调控，应体现水权交易政策体制因素。本书通过政策调整系数 α 反映水权交易政策体制对水权交易价格的影响。若当前水权交易相关政策体制或具体水权交易规则有利于水权交易达成，则水权交易成本降低，水权交易价格应偏低，此时 α 取较小数值，否则 α 取大值。另外，为提高水权卖方节水积极性，应允许其合理收益，利益调整系数由 β 表示。由于一般自然资源收益率在 8% 至 10% 之间，本文确定 $\beta \in$ ［8%，12%］；而政策调整系数不应高于利益调整系数，通过对有关专家调研，确定 $\alpha \in$ ［2%，6%］。[①]

3. 水权定价模型构建

根据以上分析，水权交易的价格模型 P_4 应表示为：

$$P_4 = \frac{G\ (Q)\ \times T \times\ (1+\alpha)\ \times\ (1+\beta)}{Q} \tag{6.12}$$

式中：$G\ (Q)$ 为水权交易成本（元/年）；T 为水权交易期限（年）；Q 为水权交易量（m^3）；α 为政策调整系数；β 为利益调整系数。

此外，还需要讨论水权交易期限不大于节水工程的使用寿命，交易期限大于节水工程的使用寿命两种情况，分别对水权定价模型进行讨论。

（1）当 $T \leqslant T_s$ 时：其中 Ts 为节水工程使用寿命，即水权交易期限不大于节水工程的使用寿命时，节水工程的成本为 $G_E\ (Q)$：

$$G_E\ (Q)\ = G_{EC}\ (Q)\ + G_{EM}\ (Q)\ + G_{EI}\ (Q) \tag{6.13}$$

那么水权交易涉及的总成本为 $G\ (Q)$：

[①] 谢文轩、许长新：《水权交易中定价模型研究》，《人民长江》2009 年第 21 期。

$$G(Q) = [G_E(Q) + G_{E0}(Q)] + G_R(Q) + \\ G_B(Q) + i \times G_P(Q) \tag{6.14}$$

式中，$G_{E0}(Q)$ 为工程成本中节水工程以外的其他工程成本，如蓄水、输水工程等；i 为系数，对于节水工程 $i=0$，对于输水工程 $i=1$。

节水工程的更新改造费用是从水权交易成本中提取，在节水工程寿命结束时对工程进行重新建设。节水工程的更新改造费用与水权交易期限有关，假设在节水工程寿命结束时，工程的价值为零，则：

$$G_{EI}(Q) = G_{EC}(Q) \times \frac{T}{T_S} \tag{6.15}$$

所以，水权交易的价格为 $P(Q)$：

$$\frac{\left\{\left[\begin{array}{l} G_{EC}(Q) \times \dfrac{T}{T_S} + G_{EM}(Q) + G_{E0}(Q) + \\ G_R(Q) + G_B(Q) + i \times G_P(Q) \end{array}\right] \times T\right\} \times (1+\alpha) \times (1+\beta)}{Q}$$

$$\tag{6.16}$$

（2）当 $T > T_S$ 时，即水权交易期限大于节水工程的使用寿命时，此时，节水工程建设费用将成倍增加。节水工程将建设的次数为 T/T_S 的整数部分减 1，即为对 T/T_S 取下整函数。另外，超出整数的交易期限部分随着交易期限的延长均匀增加，即：

$$G_{EI}(Q) = G_{EC}(Q) \times \left[\left\lfloor \frac{T}{T_S} \right\rfloor + \frac{T - T_S \times \left\lfloor \dfrac{T}{T_S} \right\rfloor}{T_S}\right] \tag{6.17}$$

其中，$\lfloor \ \rfloor$ 为取下整函数。所以，水权交易的价格 $P(Q)$ 为：

$$\frac{\left\{G_{EC}(Q) \times \left[\left\lfloor \dfrac{T}{T_S} \right\rfloor + \dfrac{T - T_S \times \left\lfloor \dfrac{T}{T_S} \right\rfloor}{T_S}\right] + [G_{EM}(Q) \right\} \times T \times (1+\alpha) \times (1+\beta)}{Q}$$
$$+ G_{E0}(Q) + G_R(Q) + G_B(Q) + i \times G_P(Q)]$$

$$\tag{6.18}$$

本研究认为，水权交易成本不仅包括节水工程成本，还包括遭遇枯水年水量紧缺的风险，对水权出让地的河流、含水层和生态环境造成损失而应给予的补偿，以及异地进行水权交易时对水权出让地区的经济造成损失而进行的补偿。因此，本研究基于政府部门的成本补偿设计的水权定价模型易于操作、实用性强，适于在水权管理中推广实施。

因此，综合上述两种情况，确定水权定价模型为：

$$\begin{cases} \dfrac{\left\{\left[\begin{array}{l} G_{EC}\ (Q)\ \times \dfrac{T}{T_S} + G_{EM}\ (Q)\ + G_{EO}\ (Q) \\ + G_R\ (Q)\ + G_B\ (Q)\ + i \times G_P\ (Q) \end{array}\right] \times T\right\} \times (1+\alpha)\ \times (1+\beta)}{Q} & T \leqslant T_S \\[4em] \dfrac{\left\{G_{EC}\ (Q)\ \times \left[\ \left|\ \dfrac{T}{T_S}\ \right| + \dfrac{T - T_S \times \left|\ \dfrac{T}{T_S}\ \right|}{T_S}\ \right] + \left[\ G_{EM}\ (Q) \right. \right.}{Q} \\ \left. \left. + G_{EO}\ (Q)\ + G_R\ (Q)\ + G_B\ (Q)\ + i \times G_P\ (Q)\right]\ \right\} \times T \times (1+\alpha)\ \times (1+\beta) & T > T_S \end{cases}$$

$$(6.19)$$

五 边际使用成本 P_S 的定价模型

为了制定合理的水价，在计算基于利益相关者完全成本水价时，水资源产品价格中不仅要包括水资源价值成本及人类劳动创造的价值成本，还要包括水资源边际使用成本。所谓边际使用成本，是指单位不可再生资源由于现今的使用导致未来无法使用而造成的收益损失，不可再生资源由于现今的非持续利用而对未来造成的收益损失。只有将边际使用成本计入水价，才能实现水资源可持续利用的公平原则，而这部分的使用成本是利益相关者中国家政府承担的成本价格。

根据边际机会成本理论，边际使用成本是现今用某种方式利用单位水资源时所放弃的及其他方式利用水资源可能获取的最大纯收益，即将来使用水资源的人所放弃的净效益。水资源是有限的，不可无限度开采，使用了这部分水资源，就意味着将来或别人丧失了对其的使用权力，因而会有一定的损失。另外一种情况是现今暂时不用水资源，但将来需要水资源。因此，现在使用该资源所放弃的将来使用它可能带来的纯收益，即成为现在使用该资源的边际使用成本。资源再生产或消费过程的作用可被其他自然资源或技术替代，但因替代技术价格太高或其他资源并未出现和更好地利用，因而现在只能使用水资源。将未来出现的替代品和技术替代后产生水资源的新产品统称为新产品；将现今技术水平生产的产品称为旧产品。在这种情况下，可使用新产品价格来折算该资源的边际使用成本，即 P_5 为新产品边际生产成本现值与旧产品边际生产成本现值的差额：

$$P_5 = (P_N - P_O)\, e^{qt} \qquad (6.20)$$

式中：P_N 为新产品边际生产成本价格；P_O 为旧产品边际生产成本价格；q 取值为 $0 < q < 1$；t 为替代品产生所需时间。

然而，目前还没有对水资源新产品的研究出现，因此在实践过程中一般无法纳入成本中，因此，这部分成本还需要进一步的研究与分析。

六　基于利益相关者的完全成本水价定价模型

通过以上分析，在完全成本水价定价中，分析了水权视域下水价形成过程中各个利益相关者承担的成本，包括资源成本、环境成本、工程成本、水权交易成本以及边际使用成本，由以上公式（6.2）到（6.20）代入公式（6.1）中，可以得到基于利益相关者的农业完全成本水价模型：

$$\left\{ \begin{array}{l} P = \left[\lambda V\,(Q_d/Q_1)\, E_0 \right] + \left[I/S_1 + (C+F+H+L)\,/S_2 \right] + \left(P_{31} + P_{32} + D/W \right) \\[1mm] \quad + \left[(P_N - P_O)\, e^{qt} \right] + \\[2mm] \dfrac{\left\{ \left[\begin{array}{l} G_{EC}\,(Q) \times \dfrac{T}{T_s} + G_{EM}\,(Q) + G_{E0}\,(Q) \\[1mm] + G_R\,(Q) + G_B\,(Q) + i \times G_P\,(Q) \end{array} \right] \times T \right\} \times (1+\alpha) \times (1+\beta)}{Q} \\[6mm] T \leqslant T_s \\[3mm] \dfrac{\left\{ G_{EC}\,(Q) \times \left[\left| \dfrac{T}{T_s} \right| + \dfrac{T - T_s \times \left| \dfrac{T}{T_s} \right|}{T_s} \right] + \left[G_{EM}\,(Q) \right. \right.}{Q} \\ \quad \left. \left. + G_{E0}\,(Q) + G_R\,(Q) + G_B\,(Q) + i \times G_P\,(Q) \right] \right\} \times T \times (1+\alpha) \times (1+\beta) \\[3mm] T > T_s \end{array} \right.$$

$$(6.21)$$

需要特别说明的是，完全成本水价受水资源供求关系的影响，当供给量 Q_s 一定时，其价格与需求量 Q_d 成正比关系；但是在需求量 Q_d 一定时，其价格与供给量 Q_s 成反比关系，因此，考虑供求关系后的基于利益相关者的完全成本水价 P 为：

$$\begin{cases} \left[\lambda V \left(Q_d / Q_1 \right)^{E_0} \right] + \left[I/S_1 + \left(C+F+H+L \right) /S_2 \right] + \\ \left(P_{31} + P_{32} + D/W \right) + \left[\left(P_N - P_O \right) e^{qt} \right] + \\ \dfrac{\left\{ \left[\begin{array}{l} G_{EC} \left(Q \right) \times \dfrac{T}{T_S} + G_{EM} \left(Q \right) + G_{E0} \left(Q \right) \\ + G_R \left(Q \right) + G_B \left(Q \right) + i \times G_P \left(Q \right) \end{array} \right] \times T \right\} \times \left(1+\alpha \right) \times \left(1+\beta \right)}{Q} \\ T \leqslant T_S \\ \dfrac{\left\{ G_{EC} \left(Q \right) \times \left[\left| \dfrac{T}{T_S} \right| + \dfrac{T - T_S \times \left| \dfrac{T}{T_S} \right|}{T_S} \right] + \left[G_{EM} \left(Q \right) \right. \right.}{Q} \\ \left. \left. + G_{E0} \left(Q \right) + G_R \left(Q \right) + G_B \left(Q \right) + i \times G_P \left(Q \right) \right] \right\} \times T \times \left(1+\alpha \right) \times \left(1+\beta \right) \\ \phantom{\dfrac{}{Q}} \\ T > T_S \end{cases} \quad \dfrac{Q_d E_d}{Q_s E_s}$$

$$(6.22)$$

在式（6.22）中，E_s 为供给弹性系数，表示供给量变化率与价格变化率的比值；E_d 为需求弹性系数，表示需求量变化率与价格变化率的比值。

第三节　本章小结

本章在利益相关者相关理论的指导下，根据水价形成过程中涉及的各个参与主体，明确了完全成本水价形成过程中的利益相关者。并依据各相关者参与度、利益相关程度以及影响度的认定，界定水权视域下农业完全成本水价形成过程中的高度利益相关者以及干扰型的利益相关者，进而离析出直接影响水价形成的高度利益相关者。主要包括政府部门、农户、供水机构以及用水协会，并逐一对这些利益相关者在水价形成中进行经济行为认定以确定其承担的成本。在这些利益相关者中，供水机构承担工程水价和资源水价、农户承担环境水价、国家政府部门承担水权交易价格以及边际使用成本价格。本文分别做了深入的分析，设定不同利益相关者承担的成本水价的理论模型，为后续实现完全成本水价奠定理论基础。

第 七 章

农业水价变动对农户灌溉决策
行为的传导效应研究

目前，在面对水资源短缺以及供给不足的前提下，水价政策重担在身，始终被政府与灌溉管理部门寄予厚望。我国从 20 世纪 80 年代起，各个地区进行了一系列的水价调整，农业水价处于逐渐上升趋势，但是目前总体而言仍然无法起到价格杠杆作用，还是普遍存在水资源短缺与浪费并存现象。[①] 目前水价低廉导致农户缺乏节水激励，同时也导致了灌区处于严重的亏损经营状态，灌溉渠道维护管理不足，渠道漏水渗水严重，没有为用水户带来应有的效益，反而影响了他们缴纳水费的积极性，从而形成供水系统管理不善的恶性循环。因此，只有提高水价，才能改善供水系统的管理，并能提高农户投资农田水利、节约用水的积极性。

而在上章分析中，水权视域下基于利益相关者完全成本水价，远远高于目前现行农业水价，是一个高成本水价。而在水价不断提高以至达到完全成本水价的过程中，势必影响到农户的灌溉决策行为，产生一定的微观经济效应。

然而提高水价无疑会与减缓农村贫困相冲突。一些学者认为，水价政策在一定范围内无法取得显著节水效果，反而会对种植收入带来负面影响。这是因为在很长一段低价范围内，农户的用水需求弹性很小。当水价提高到完全成本水价乃至明显减少种植收入的程度，农户才会开始

---

① 王金霞、黄季焜、Scott R.：《激励机制、农民参与和节水效应：黄河流域灌区水管理制度改革的实证研究》，中国水利学会 2005 学术年会，2005 年，第 8—14 页。

减少用水量。[①②] 而贫困户的特征是，目前收入来源主要靠传统种植业，因此，基于这方面的考虑，全面提高到完全成本水价的步伐难以迈得过大，至少在农业部门是这样。[③] 因此，水价政策面临一个两难问题：过低的水价会造成水资源浪费并导致用水冲突，过高的水价将不利于农业生产和农户收入，如何把握水价调整到完全成本水价的尺度，并设计相关政策配套措施缓解负面影响，是一个具有现实意义的课题。

国内外有关水价政策对灌溉用水量、农户种植结构的改变以及节水效应的实证研究结果众说纷纭，其中排除方法导致的差异外，主要是因为灌溉水价政策的效果在不同自然环境和农业生产状况下相差很大。而对于我国 2016 年提出的水价政策调整的效果仍然存在很多未知，需要我们进一步去探索和分析。

第一节　农户灌溉决策行为及其影响因素分析

农户灌溉决策行为是经济与社会的双重行为，该行为常发生在农户与农业生产之间、农户与农村基层政府之间、农户与组织之间以及农户与农户之间等。农户从事农业生产的目的是追求效益最大化，在市场经济条件下，就是寻求经济效益最大化。灌溉用水和化肥、种子、劳力以及机耕等其他要素相同，都是农业生产的成本投入。在水价的作用下，农户灌溉必然要考虑用水的成本问题。而影响农户灌溉决策行为的因素主要有两类，一是农作物生理因素，或作物需水量，二是社会经济因素。作物需水量系指在适宜的土壤水分和肥力水平下，经过正常发育，获得高产时的植株蒸腾、棵间蒸发及构成植株体的水量之和。作物需水量与气象条件（辐射、温度、日照、湿度、风速）、土壤水分状况、作物种类

---

① Bazzani G., Pasquale S. D., Gallerani V., et al., Water Framework Directive: Exploring policy design issues for irrigated systems in Italy, Water Policy, 2005, 7 (4): 413 – 428.

② Amir I., Fisher F. M., Response of Near-optimal Agricultural Production to Water Policies, Agricultural Systems, 2000, 64 (2): 115 – 130.

③ 刘莹、黄季焜、王金霞：《水价政策对灌溉用水及种植收入的影响》，《经济学》（季刊）2015 年第 4 期。

及其生长发育阶段、农业技术措施、灌溉排水措施等有关。社会经济因素主要是指当地灌溉用水价格、灌溉供水工程措施、灌溉管理水平等因素，此外还与农户的灌溉习惯以及农产品的价格和其他投入要素相关。

农作物需水量，主要来源于天然降水和灌溉两个途径。农户根据多年的生产习惯和当地当年的降水条件可以大致判断作物灌水时间和大致灌水量，不同作物的需水量是农户进行灌溉的重要参考依据。而实际上，农户在进行灌溉时，灌溉水量的多少还受到灌溉水价、渠系状况、农产品价格等因素的影响。灌溉水利用效率与实际灌溉水量和有效灌溉水量之间的关系可以用式（7.1）表示：

$$\eta = \frac{EI}{I} = \frac{EI}{EI + LI} \tag{7.1}$$

其中，η 为灌溉水利用效率；EI、LI、I 分别表示农业生产中实际有效利用的灌溉水量、无效灌溉水量和总的灌溉水量。

农户的实际灌水 I 除了由有效灌水 EI 决定外，还由当地灌溉条件、灌溉水价以及农户的灌溉习惯等社会、经济因素决定。并且这些因素对农户的灌溉决策行为起着决定性的作用。如果农产品不能盈利，甚至赔本的话，农户可能放弃生产行为，或者说仅生产基本生活所需的粮食。

第二节 农业水价变动对农户灌溉 决策行为的传导效应

一 水价变动对种植结构以及种植收入的传导效应

1. 理论分析

理论上，灌溉水价变动后，农户在长期和短期内的行为变化有所不同。长期来说，农户可以调整其固定资本投入，包括改善灌溉渠道、应用新的节水技术以及向非农部门转移资本等。短期来说，假定固定资本投入已经为沉没成本，灌溉水价变动后，农户在短期内不会对灌溉渠道、灌溉设施等固定设施进行投资改造。农户短期内可能会有两种行为：一是对种植作物结构进行调整，二是对农作物的灌水次数或每次的灌溉水量进行调整。而在实际调研中发现，在农业水价变动尚处于农户承受的范围之内时，农户一般会让灌溉水量满足作物需要。本章针对农业水价变动对种植作物选择等农户用水偏好行为的影响进行分析。本研究的实证分析选取微观个体农户为研究对象，详细地分析农业水价变动对农户的种植作物选择行为造成的影响。

2. 实证分析

本研究的实证分析以内蒙古南部的 K 旗作为研究区域，研究数据来源于对该地区农户的入户调查及相关部门公开信息等。

（1）研究区域简介

K 旗自然地理概况、经济总体情况、农业节水项目情况等介绍如下：

①自然地理概况。K 旗地处蒙辽冀三省区交汇处，是东北经济区与华北经济区结合部。总面积 3050 平方公里，辖 9 个乡镇、2 个街道，161 个行政村，10 个居民委员会。总人口 35.01 万人，其中蒙古族 15.49 万人、满族 2.85 万人、回族 0.04 万人，其他少数民族 0.0286 万人。总土地面积 3050 平方公里。全旗地势东高西低，海拔在 450 米到 1890 米之间，自西向东分别为高寒山区、黄土丘陵、河谷平川区。其中平原占 9.89%，分布在老哈河西岸与锡伯河下游；山地占 63.35%，多分布在西南部；丘陵占 17.1%，多分布在中部和西部。地理总括为"七山二水一分田"。

水资源可利用总量 2.078 亿立方米，其中地表水可利用量 1.452 亿立方米，地下水可开采量 1.059 亿立方米。已发现金属、非金属、固体燃料矿产资源 20 多种，已开发利用的矿种 10 余个，纳入自治区矿产资源储量简表的矿种 10 多种；耕地 79.088 万亩；列入维护管理的野生动物有 13 目 40 科 182 种，其中鸟类 8 目 30 科 150 种，兽类 5 目 10 科 32 种，野生植物有 95 科 371 目 803 种。

②经济总体情况。2015 年，地区生产总值 70.64 亿元，按可比价格计算，同比增长 8.0%。第一产业增加值 13.05 亿元，同比增长 4.4%；第二产业增加值 29.05 亿元，同比增长 8.6%；第三产业增加值 28.55 亿元，同比增长 8.3%。三次产业比重 18.5：41.1：40.4；地方财政总收入 6.58 亿元，其中一般预算收入 4.76 亿元，按可比口径计算，同比增长 8.2%；公共财政预算支出 24.15 亿元，同比增长 13.1%；政府性基金预算支出 1.18 亿元，同比下降 80.9%。城镇常住居民人均可支配收入 22335 元，按可比口径计算，同比增长 8.1%；人均消费性支出 13183.34

元，同比增长 3.08%；农村常住居民人均可支配收入 8696 元，同比增长 8.6%；生活消费支出 6548 元，同比增长 4.5%。

K 旗主要粮食作物为玉米、杂粮、马铃薯、豆类等，经济作物主要有蔬菜、中药材、油料、烟叶等。2015 年度，全旗完成粮食作物播种面积 69.31 万亩，其中玉米 50.13 万亩，小麦 0.29 万亩，谷子 13.69 万亩，高粱 1.28 万亩，其他谷物 0.25 万亩，豆类 0.96 万亩，马铃薯 2.71 万亩，全旗粮食总产实现 6.33 亿斤。近年来，K 旗优化农业产业化区域布局，调优农业种植结构，在确保粮食安全的前提下，大力发展特色种植业，包括蔬菜、果树、烤烟、中药材、山葡萄、花卉、种子繁育、桑蚕、食用菌等多种产业；加快提升精深加工业，早在 2013 年全旗销售收入 500 万元以上龙头企业已经达到 23 家，完成销售收入 14.1 亿元，实现增加值 4.02 亿元；进一步提升农产品品牌，2011 年 3 月，农产品质量安全监管站挂牌成立，2012 年，乡镇（街道）农产品质量安全监管站亦相继成立，有效保障了农产品质量安全，为全旗农产品品牌创建工作提供了保障；开展先进适用农业技术的推广和应用，推进玉米全膜覆盖、测土配方施肥、有机质提升、膜下滴灌等技术的落实，全力保障粮食生产安全。以上措施均有效促进了农业增效、农民增收。

（2）理论模型建立

在对 K 旗调研和发放问卷的过程中，发现由于现行水价尚在受访农户的承受范围内，且近几年并未发生重大变化，较难获得受访农户对种植作物因水价变动而变化的情况，故本节通过建立现行规划模型的方法，模拟调查区域农户净收益最大化的种植作物选择因水价变动而发生的变化。调查内容包括农户水费支付意愿和 2015 年农户各类作物收入和主要支出构成等。研究期间，灌溉基础设施基本保持不变，农业政策并未发生重大变化，农户土地未发生转让且只用于农业用途，调查区域灌溉用水费用征收统一采取货币形式。同时，假定该期间作物产品价格无变化。因此建立如下线性规划模型：

1）目标函数。目标函数设定为农户的种植业净收益最大化，即

$$Max \sum Z_i = \sum \sum A_{ij}X_{ij} \quad i = 1,2,3,\cdots,30; j = 1,2,3,4 \quad (7.2)$$

$$A_{ij} = B_{ij} - C_{ij} \quad (7.3)$$

$$B_{ij} = T_{ij} \times P_{ij} \tag{7.4}$$

$$C_{ij} = S_{ij} \times X_{ij} + F_{ij} \times X_{ij} + H_{ij} \times X_{ij} + S_{ij} \times X_{ij} + M_{ij} \times X_{ij} +$$
$$L_{ij} \times X_{ij} + W_{ij} \times X_{ij} + R_{ij} \times X_{ij} \tag{7.5}$$

式中，Z_i 代表调查区域第 i 个农户的净收益；A_{ij}、B_{ij}、C_{ij} 分别代表第 i 个农户种植第 j 种农作物的单位面积净收益、收益以及直接成本，X_{ij} 代表第 i 个农户种植第 j 种农作物的种植面积，P_{ij} 代表第 i 个农户出售第 j 种作物的价格，T_{ij} 代表第 i 个农户种植第 j 种作物的单位面积产量，P_{ij} 代表第 i 个农户出售第 j 种作物的价格，S_{ij}、F_{ij}、H_{ij}、S_{ij}、M_{ij}、L_{ij}、W_{ij}、R_{ij} 分别代表第 i 个农户种植第 j 种作物的单位面积种子、化肥、农药、机械、劳动力、灌溉用水以及地租支出。

重点分析水价变化对调查区域种植作物选择的影响，水成本，P_{ij} 为调查区域的单位水价，Q_{ij} 为第 i 个农户种植第 j 种农作物所需的单位面积用水量。调查区域以电费代替水费，近几年来每小时电价不变，但是并不代表农户实际支付的水价没有变化，由于水在渠道中的损耗、搭便车等原因，农户实际支付的每方水价以及每亩灌溉成本有所差别。在本节的研究中以农户田间每亩灌溉用水成本 W_{ij} 作为灌溉水价的代理变量。以每亩在模型运算时，分别对水价变化前后进行最优化模拟。对于地租支出，除了承包土地的农户外，地租支出以零计算。此外，结合调查区域情况，模型中作物主要选择玉米、桔梗、北沙参、胡萝卜。

2）约束条件。假定调查区域水电管理部门的目标是实现所调查农户各自的种植业净收益最大化，但其目标的实现必须遵从以下几个约束条件：

①土地资源约束。受访农户在进行种植作物选择时，各种作物的耕种面积之和必须不大于其原有的耕地总面积，即：

$$\sum X_{ij} \leqslant G_i \tag{7.6}$$

其中，X_{ij} 代表第 i 个农户种植第 j 种农作物的种植面积，G_i 代表第 i 个农户的耕地总面积。

②成本约束。受访农户中，由于受收入水平的限制，其再次生产选择所投入的直接成本必须不大于其所能支付的最大成本。由于各农户的农业投资承受能力很难估算，在研究中假设受访农户所能支付的直接成本就是其所能承受的最大限度，即：

$$\sum C_{ij}X_{ij} \leq C_i^{最大} \tag{7.7}$$

$$C_i^{最大} = \sum C_{ij}X_{ij}^0 \tag{7.8}$$

其中，X_{ij}^0 代表第 i 个农户最初种植第 j 种农作物的种植面积，$C_i^{最大}$ 代表第 i 个农户从事种植业所能支付的最大可能成本。

③变量约束。农户选择各种作物的种植面积都不小于零，即：

$$X_{ij} \geq 0 \tag{7.9}$$

其中，X_{ij} 代表第 i 个农户种植第 j 种农作物的种植面积。

（3）样本选取与数据

本研究的数据是以调查问卷的形式发放，通过实地访谈而获得。在调查样本的选择上，考虑到不同地区的代表性，因此在 K 旗的 8 个乡镇选取 3 个村，每村选取 5 个农户。依据上述抽样方法，依次发放调研问卷，因此获得农户的有效问卷为 120 份。

（4）研究结果

在所调查区域，政府对农户种植作物选择没有限制，农户可以自由选择种植农作物的种类，因此没有考虑政府约束条件；受访农户常选择的作物种类范围较为稳定，一般无须考虑市场范围的限制，因此没有考虑市场约束条件；所调查区域目前灌溉用水充足，大水漫灌现象普遍，因此没有水资源约束条件。

按照上述描述建立模型后，分别模拟在不同的水价水平下，不同农户追求各自种植业净收益最大化的最优种植选择，结果见表 7-1、图 7-1、图 7-2。

表 7-1　不同水价水平下受访农户种植选择行为的最优化模拟结果

不同水价水平	玉米面积（亩）	桔梗面积（亩）	北沙参面积（亩）	胡萝卜面积（亩）	总成本（万元）	总净收益（万元）
当前水价成本情况下	0	191.16	272.88	548.46	174.56	476.55
比当前提高 10% 的情况下	0	189.24	271.26	551.1	174.64	475.08
比当前提高 50% 的情况下	0	182.28	264.84	561.24	174.96	469.46

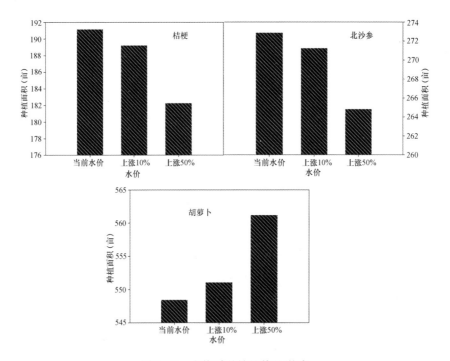

图 7 - 1   水价对种植结构的影响

从表 7 - 1 和图 7 - 1 的模拟结果来看，农户在追求净收益最大化的前提下，选择种植玉米的面积为 0，并且随着水价的提高，均不选择种植玉米。桔梗和北沙参的种植面积随着水价的提高而逐渐减少，当水价比当前水价提高 10% 时，这两种作物的种植面积分别减少了 1% 和 0.4%；而当水价比当前水价提高 50% 时，桔梗种植面积和北沙参种植面积分别减少了 5% 和 3%。相反地，红萝卜的种植面积随着水价的上涨不断增加。当水价上涨到当前水价的 10% 的情况下，其总种植面积增加了 0.5%，而当水价上涨到 50% 时，红萝卜的种植面积增加了 2.4%。随着水价的上涨，农户在对种植方式的选择上也有一定的改变，水价上涨越高，农户对作物种植结构的选择性越大。与其他粮食作物和药材来比，胡萝卜种植对水价的承受能力更强些。

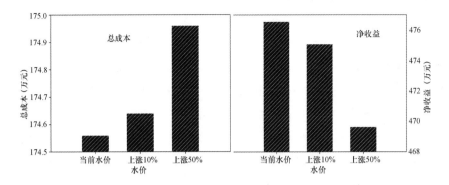

图 7 - 2　水价对种植总成本和净收益的影响

从成本和收益情况看，由图 7 - 2、表 7 - 1 可以看出，随着水价的提高，农户的总成本提高，总净收益有所降低，并且水价增幅越大，总成本提高幅度越大，同时总净收益降低幅度也越大。总净收益下降，这是因为农户开始减少高耗水、高收益的药材种植面积。因此，通过分析不难发现总收入的下降主要源于水价的变动而引起的种植结构的调整。

综上，通过模拟分析可知，在研究区域，水价的提高会在不同程度上影响农户种植结构的选择，增加了总成本，但是种植净收益减少。

二　水价变动对节水技术应用的传导效应

1. 理论分析

当水价上升到一定阶段的时候，农业用水户在权衡其成本和收益的基础上，会考虑选择应用灌溉节水技术。

根据我国缺水的实际情况，从 20 世纪 50 年代开始，全国水利部门就开展农业节水灌溉技术研究；为了减少输水损失，水利部门进行输水渠道建设研究；同时为了提高灌溉效果，水利部门推广先进的微灌和滴灌技术研究等。近年来，我国在农业节水领域实施了一系列重大研发项目，主要包括国家重大科技专项、国家科技攻关项目、国家自然科学基金重大项目、国家重大科技产业工程项目等。这些项目的开展或完成为农业节水灌溉技术上新高度搭建了科技平台。特别是在农田水分转化规律、根冠信息传递与信号振荡、水分养分传输动态模拟、作物需水规律与计算模型及抗旱节水机理等方面取得了突破，为农业节水技术的研发提供了有力的基础理论支持；同时取得了水资源的合理开发利用技术、高效输配水技术、田间节水灌溉技术、灌溉用水管理技术、农田高效用水技术、保水保肥的农田耕作技术、节水抗旱作物栽培管理技术、作物抗旱特性改良与利用技术等一系列科技成果，这些科技成果已应用到农业节水灌溉的实地当中。应用这些成果开发并生产了灵活适用的农业节水灌溉设备，如行走式局部施灌机、波涌灌溉设备、农田量水设备、各类输水专用管材和管件、防渗材料与防渗施工机械等，为农业节水灌溉技术集成提供了基础，在水资源合理开发利用、高效输配水技术、田间节水灌溉技术、用水管理技术、农田高效用水技术、保水保肥的耕作技术、作物抗旱特性改善和利用上产生了明显的节水增产效果。

农业灌溉用水的水价对节水灌溉技术的推广和应用有较大的影响。一项技术要具备经济上的可推广性，其产生的效益必须大于本身的成本。[1] 因此，对于农业节水技术而言，只有当采用某项节水技术的节水效益回报大于该项技术的年金成本时，该项技术才具有推广性，而且节水效益回报值越高，该项节水技术就越容易推广。即水价越高，节水效益回报就越大。可见农业节水技术的推广与水价变化有直接关系，其关系可用以下公式反映：

$$C_j = P * Q_{ij} \tag{7.10}$$

其中，C_j 为第 j 种节水技术的年金成本；P 为水价；Q_{ij} 为第 j 种节水技术应用于第 i 种作物相对大水漫灌的节水量；j 表示任何一种可采用的节水技术。

由公式（6.3）可知，当 $P \times Q_{ij} > C_j$ 时，第 j 种节水技术才具有应用效益。对于同一种节水技术来说，由于 Q_{ij} 值相对第 i 种作物是固定不变的，所以当 P 提高一定数值时，才有可能满足 $P \times Q_{ij} > C_j$。

很多地方政府为了进一步发展节水灌溉，出资兴建了一些节水灌溉示范园，但由于水价很难起到调节作用，因此节水灌溉示范园的带动作用非常有限。从全国的情况来看，节水灌溉技术地推广和应用也不乐观。

① 牛坤玉、吴健：《农业灌溉水价对农户用水量影响的经济分析》，《中国人口·资源与环境》2010 年第 9 期。

以喷灌、微灌和滴灌等高效节水灌溉方式为例，到目前推广总面积也仅占有效灌溉面积的 4.9%，传统的漫灌方式仍居主导地位，主要在于，目前农业灌溉用水定价较低，采用节水灌溉技术是有成本的，当节水带来的效益体现不明显时，农户是不会采纳有一定风险的节水灌溉技术的，用水农户没有主动采用节水灌溉技术的积极性，节水灌溉技术也不可能得以推广。[1][2] 建立合理的农业灌溉用水水价机制，对于激励节水灌溉技术的推广和应用非常重要。当水价高时，农户的灌溉用水量会相应减少，最大程度减少不必要的浪费，减少的幅度依赖于用水边际收益的变化和作物的实际需水量。当然，对于水价的提高，农户还可以采取节水灌溉，实现节约灌溉用水而达到降低成本的目的。在农户用水水价既定的情况下，农户会根据采用节水灌溉技术增加的效益和为之支付的成本的关系来选择是否采纳节水技术。因此，农业灌溉用水水价对于节水灌溉技术的推广和应用非常重要，应该进一步研究。

要实现农户由传统灌溉方式向现代高效节水灌溉方式转变，除了考虑上述经济上的合理性外，还要考虑技术可行性、现实必要性。节水灌溉技术可行性，即所推行的节水灌溉措施在技术上是否适应当地的自然条件和灌溉条件，农民现有的技术水平是否能够掌握并实际操作节水灌溉。现实必要性，即当地目前的水资源状况是否给农业灌溉造成很大的用水压力和突出的用水矛盾。只有满足了上述三个约束条件，农户灌溉方式选择才能发生根本性转变，节水灌溉技术才能快速推广发展。[3]

2. 实证分析

（1）模型构建

本节依旧以 K 旗为研究区域，分析农业水价变动对 K 旗节水技术应用的影响。研究数据来自于对 K 旗农户的问卷调查，发放问卷 120 份，回收有效问卷 120 份。

本研究的基本假设有如下三点：

---

[1]　孟戈、王先甲：《激励节水灌溉技术推广的水价机制》，《节水灌溉》2008 年第 9 期。

[2]　田圃德、张春玲：《我国农业用水水价分析》，《河海大学学报》（自然科学版）2003 年第 3 期。

[3]　韩洪云、赵连阁：《农户灌溉技术选择行为的经济分析》，《中国农村经济》2000 年第 1 期。

1）农户家庭作为一个独立的农业生产经营主体，其经营的目的是追求利益最大化，在农业生产经营决策过程中，每一个农户的行为决策都是在充分考虑了各方面影响因素的基础上做出的，因此，他们的行为决策都应当是理性的行为选择。

2）在分析影响农户灌溉行为选择的因素时，是以农户是否选择节水灌溉技术作为因变量，以影响农户灌溉行为选择的外部各种因素，作为自变量。

3）农户对节水灌溉技术的选择是指在 K 旗现行推广的节水灌溉技术，各种影响因素对农户灌溉行为选择的影响是在现有水平状态下的影响。

回归分析是计量经济学最常用的分析方法之一，线性回归模型在定量分析的实际研究中是最流行的统计分析方法，然而线性回归在一些研究中并不适用，如当因变量是一个分类变量时，比如是否选择节水灌溉技术等，线性回归就不适用，这种选择量度通常分为两类，即"是"与"否"。在分析分类变量时，通常采用的一种统计方法是对数线性模型。对数线性模型有一种特殊形式，Logistic 回归模型。当对数线性模型中的一个二分类变量被当作因变量并定义为一系列自变量的函数时，对数线性模型就变成了 Logistic 回归模型。

本节选择 Logistic 回归模型，并运用 SPSS21.0 统计分析软件进行计算。回归模型是用来分析具有二分类特点的因变量发生概率的统计分析方法，我们将事件发生的条件概率标注为 $P\left(y_i = 1 \mid x_i\right) = p_i$，就可得到下列 Logistic 回归模型，其模型的表达式为：

$$p_i = \frac{1}{1 + \theta^{-(\alpha + \beta x_i)}} = \frac{\theta^{(\alpha + \beta x_j)}}{1 + \theta^{(\alpha + \beta x_i)}} \tag{7.11}$$

其中，p_i 为第 i 个案例发生事件的概率，它是一个由解释变量 x_i 构成的非线性函数。

将此非线性函数转化为线性函数，首先，定义不发生的条件概率为：

$$1 - p_i = 1 - \frac{\theta^{(\alpha + \beta x_i)}}{1 + \theta^{(\alpha + \beta x_j)}} = \frac{1}{1 + \theta^{(\alpha + \beta x_i)}} \tag{7.12}$$

那么事件发生概率与事件不发生概率之比为：

$$\frac{p_i}{1 - p} = e^{(\alpha + \beta x_i)} \tag{7.13}$$

这个比称之为事件的发生比，将事件发生比取自然对数就能够得到一个线性函数：

$$\ln\left(\frac{p_i}{1-p_i}\right) = \alpha + \beta x_i \qquad (7.14)$$

上式对 Logistic 函数做了自然对数转换，称作 Logit 形式。

当有 n 个自变量时，相应的 Logistic 回归模型将有下列形式：

$$\ln\left(\frac{p_i}{1-p_i}\right) = \alpha + \sum_{i=1}^{n} \beta_i x_i \qquad (7.15)$$

其中，$p_i = P\ (y_i = 1 \mid x_1,\ x_2,\ \cdots,\ x_i)$ 为在给定系列自变量 x_1，x_2，$\cdots$，x_i 的值时的事件发生概率，α 为回归方程的系数，β 为第 i 个自变量的回归系数，x_i 为第 i 个自变量。

在本研究中，以农户是否选择节水灌溉技术作为因变量 y，以包括农业水价在内的（可能）影响节水灌溉技术选择的因素作为自变量 x，构建 Logit 回归模型。

（2）变量选择

影响农户灌溉行为选择的因素是多方面的，本研究结合已有研究将这些影响因素归纳为包括灌溉用水价格在内的以下十个方面的因素：

①决策者年龄。年龄在一定程度上是生活阅历和工作经验的表现，不同年龄阶段的人有着不同的行为特征，一般情况下，部分年轻人思想活跃，对新生事物的接受能力强，敢于冒险，他们往往愿意接受或采用节水灌溉技术，而部分年长者思想保守，对新生事物较不敏感，但是长期以来形成的传统生产经验比较丰富，受传统生产经验的惯性影响而不愿意冒险，对节水灌溉技术往往采取观望或被动接受的态度。为此，设置变量"决策者年龄"，单位为"岁"。

②决策者受教育程度。不同文化程度的农户对于节水灌溉技术的认知和了解程度不同，灌溉行为选择的结果也有所不同，文化程度越高，接受教育的时间长，知识丰富，可能对节水灌溉技术对农业生产影响的重要性和意义认识更加充分，很可能倾向于选择节水灌溉技术的。另外，即使是年龄相当、受教育水平相同的农户，由于个体差异的存在，在节水技术选择上也有可能是不同的。根据实际情况，把户主的文化程度分为初中以下、初中及以上 2 个层次，设置变量"受教育程度"，初中以下

取值为0，初中及以上取值为1。

③农户经济状况。农户经济状况主要包括家庭财产状况和农户的收入状况等。农户经济状况代表农户对采纳节水技术的投资能力、农户承担风险的能力以及资金使用分配决策等。根据前面的定性分析和其他学者的相关研究，认为农户经济状况是农户是否采纳农业节水灌溉技术的一个主要影响因素。为了简化问题，本次分析仅用农户的家庭年均总收入表示，设置变量"年均总收入"，单位为"元"。

④家庭生产经营中种植业收入比重。如果家庭经营性收入中种植业收入占的比重越大，说明农户家庭经济对种植业的依赖度较高，其选择节水灌溉技术的积极性可能越高；种植业收入占的比重越小，说明农户家庭经济来源对种植业的依赖度较低，可能对相关技术的发展并不关注，选择节水灌溉技术的意愿不强烈。对此，设置变量"种植业收入比重"，单位为"%"。

⑤耕地面积。该指标主要反映农户家庭经营的规模，对于节水灌溉来说，农户家庭种植规模越大，越有利于节水灌溉技术的推广应用，并且可以取得规模效益，而家庭种植规模如果过小，给农业灌溉带来诸多不便，也不利于节水灌溉技术的应用，因此种植规模大的农户对选择节水灌溉技术的意愿可能比较强烈。对此，设置变量"耕地面积"，单位为"亩"。

⑥耕地块数。主要是指农户经营的土地被划分的块数，此指标能够在一定程度上反映耕地细碎化的程度。节水灌溉一般都具有一定的规模效应，承包经营的推行使得农户的土地都比较分散，农户耕地块数越多，每一块地的面积相对就越小，越不便于农户采用节水灌溉技术，而耕地块数越少，农户土地越集中，就越方便农户采用节水灌溉技术，而且还可以产生规模效益。对此，设置变量"耕地块数"，单位为"块"。

⑦农户信息获得程度。农户只有掌握了节水农业技术的相关性信息，才可能选择农业节水技术，这可能包括农户对节水灌溉重要性的认识、对节水灌溉技术的了解程度、节水灌溉是否有风险、是否接受过节水灌溉技术培训等。农户对节水灌溉重要性的认识反映农户对节水灌溉认知程度，农户认为节水灌溉对农业生产越重要，他们选择节水灌溉技术的积极性就越高，否则，他们选择节水灌溉技术的意愿就会降低。对节水

灌溉技术的了解程度反映农户对当地已经采用的节水灌溉技术了解程度，农户对节水灌溉技术相关知识了解得越多，在一定程度上说明此项技术已经在当地得到较为广泛的应用，而且已经是比较成熟的技术，已经有成功的经验可以借鉴，这种情况下，农户更倾向于选择节水灌溉技术。否则，如果此项技术在当地还较少被应用或尚未被应用，农户无法通过直观的传播渠道来了解，农户就会因存在一定的顾虑而持观望的态度。节水灌溉是否有风险主要反映农户对风险的态度，如果农户认为节水灌溉技术应用没有风险，他们就会积极主动地选择节水灌溉技术，如果他们认为有风险，为了规避风险，农户很可能不会选择节水灌溉技术。是否接受过节水灌溉技术培训主要是反映农户对节水灌溉技术的掌握情况，如果接受过技术培训，说明在一定程度上对此项技术应用有一定的把握，并且可以通过实际应用取得经济效益，这时他们就会积极主动地选择节水灌溉技术，否则，他们就有可能尽量地不去选择节水灌溉技术。因此，对于农业节水灌溉技术地应用、传播信息的渠道、传播信息的速度以及信息的内容和容量，对于农业节水灌溉就技术的扩散是有较大影响的。综上，用"获得信息程度"这个变量来表示这部分影响因素。能及时获得信息取值为1，不能及时获取取值为0。

⑧水资源短缺状况。水资源短缺状况是指目前当地的供水状况能否保证灌溉需要，如果水资源供应状况不能保证农业灌溉需要，供求矛盾十分突出，水资源已经成为制约当地农业增产增收和农业可持续发展的重要因素时，农户为了维持农业的简单再生产或需要扩大再生产，就要选择节水灌溉技术，否则，农户将难以正常进行农业生产。如果水资源供应充足，能够保证农业简单再生产和扩大再生产的需要，农户就没有必要选择节水灌溉技术。用"水资源短缺状况"这个变量来表示这部分影响因素。水资源能够满足需求取值为1，水资源不能满足需求取值为0。

⑨农户参与管理程度。此指标是指农户是否有权利参与到现有灌溉管理之中，如果现有灌溉管理制度仍然是由村委会行使灌溉管理权，农户参与灌溉管理的程度低，没有决策权，主动性不强，那么农户对灌溉方式的选择权受到制度的约束，如果采取参与式灌溉管理模式，农户对灌溉管理有决策权，参与的积极性高，他们就会倾向于选择自己认为有利的灌溉方式。用"农户参与管理程度"这个变量来表示这部分影响因

素，能够参与管理取值为 1，不能参与管理取值为 0。

⑩灌溉水价。水价对于农户采纳节水灌溉技术是有影响的，当水价较低时，农户不会采纳节水技术；当水价较高，农户可能会因为采纳技术而获得经济效益，才可能采用节水灌溉技术。因此，水价是影响农户采纳农业节水灌溉技术的一个非常重要的因素。为此，设置变量"灌溉水费"，结合 K 旗实际情况以农户平均每亩的灌溉水费表示，单位为"元/亩"。

这些影响因素共同作用于农户对节水技术选择的行为，其作用的结果有两种可能，一种是仍然选择传统灌溉方式，另一种是选择节水灌溉方式。选择节水灌溉技术则取值为 1，不选择节水灌溉技术则取值为 0。

选入以上变量的 Logit 回归模型如下：

$$LnQ = \alpha + \beta_1 A + \beta_2 lnE + \beta_3 lnR + \beta_4 lnI + \beta_5 lnM + \beta_6 lnQ + \beta_7 lnK + \beta_8 lnS + \beta_9 lnV + \beta_{10} lnC + \mu \qquad (7.16)$$

其中，A 表示决策者年龄，E 表示决策者受教育程度，R 表示种植业占收入比重，I 表示年均总收入，M 表示耕地面积，Q 表示耕地块数，K 表示获得信息程度，S 表示水资源短缺状况，V 表示农户参与管理程度，C 表示灌溉水费。

对数值变量采取实际赋值的方法如前所述，具体见表 7 - 2。

表 7 - 2 变量赋值

序号	变量	变量类型	变量赋值
1	决策者年龄	数值变量	实际数值，单位为岁
2	决策者受教育程度	虚拟变量	初中以下 = 0，初中及以上 = 1
3	种植业占收入比重	数值变量	实际数值，单位为%
4	年均总收入	数值变量	实际数值，单位为元
5	耕地面积	数值变量	实际数值，单位为亩
6	耕地块数	数值变量	实际数值，单位为块
7	获得信息程度	虚拟变量	否 = 0，是 = 1

续表

序号	变量	变量类型	变量赋值
8	水资源短缺状况	虚拟变量	否 = 0，是 = 1
9	农户参与管理程度	虚拟变量	否 = 0，是 = 1
10	灌溉水费	数值变量	实际数值，单位为元/亩

（3）研究结果

受访农户有 76.7% 为男性；受访农户年龄在 20—30 岁之间的占 3.3%，年龄在 31—40 岁之间的占 3.3%，年龄在 41—50 岁之间的占 20%，年龄在 51—60 岁之间的占 20%，年龄在 61—70 岁之间的占 30%，年龄在 71—80 岁之间的占 23.4%；63.3% 的受访者的教育程度在初中以下，学历偏低。值得注意的是所有受访农户在"水资源短缺状况"这一变量上都选择了否，这很可能是由于当地地下水水位较高，能够满足灌溉需求，所以在后续分析中，剔除此变量。

根据农户调查汇总数据，运用回归模型对影响 K 旗农户节水灌溉技术选择的因素进行回归分析，采用 SPSS 统计软件，把所有变量进行统计，其估计结果见表 7 - 3。

表 7 - 3　　　　　　　　　　定量分析结果

变量	B	S. E.	Wald	df	Sig.	Exp（B）
决策者年龄	− 0.104	0.095	1.183	1	0.277	0.902
决策者受教育程度	− 0.778	3.005	0.067	1	0.796	0.459
种植业占收入比重	0.017	0.071	0.061	1	0.805	1.018
年均总收入	0.000	0.000	0.013	1	0.910	1.000
耕地面积	0.391	1.170	0.111	1	0.738	1.478
耕地块数	0.240	0.798	0.090	1	0.764	1.271
获得信息程度	3.572	1.732	4.253	1	0.039 **	35.584
农户参与管理程度	− 0.543	3.420	0.025	1	0.874	0.581
灌溉水费	0.121	0.081	2.214	1	0.137	1.129
常数	− 7.523	13.927	0.292	1	0.589	0.001

续表

变量	B	S. E.	Wald	df	Sig.	Exp（B）
– 2 Log likelihood				17.962		
Cox & Snell R Square				0.464		
Nagelkerke R Square				0.657		
Hosmer and Lemeshow Test				0.627		

注：＊＊表示在 0.05 的水平上显著。

由结果可以看出，方程拟合程度较高。在这十项影响因素中，不同的因素对农户灌溉行为选择的影响程度和作用方向不同。其中"决策者年龄"、"决策者受教育程度"、"农户参与管理程度"变量系数为负，其他变量系数为正。但是仅有"获得信息程度"这一变量的系数在 5% 的水平上显著，且系数为正。只有掌握关于该技术的足够信息，农户才有可能采纳节水技术，应用农业节水灌溉技术，传播信息的渠道，传播信息的速度以及信息的内容和容量，对于农业节水灌溉就技术的扩散有较大影响，此项估计结果与预期相符，"获得信息程度"对采用节水灌溉技术有显著的正向作用。其他变量系数在 10% 的水平上均不显著，其中作为本节研究重点的"灌溉水费"变量系数的 P 值为 0.137，系数为正，亦在 10% 的水平上不显著。可能由于受访农户样本有限且样本集中，各项差异不突出。

通过比较样本数据剔除了"年均总收入"、"农户参与管理程度"、"耕地面积"、"种植业占收入比重"这四个变量，之后再次以"获得信息程度"、"灌溉水费"、"决策者年龄"、"决策者受教育程度"、"耕地块数"这五个变量为自变量，使用 SPSS 进行分析，回归结果如表 7 - 4 所示：

表 7 - 4　　　　　　　　　筛选变量后的定量分析结果

变量	B	S. E.	Wald	df	Sig.	Exp（B）
获得信息程度	3.541	1.544	5.260	1	0.22＊＊	34.509
灌溉水费	0.118	0.068	3.004	1	0.83＊	1.125
决策者年龄	– 0.109	0.090	1.456	1	0.228	0.897
决策者受教育程度	– 1.376	2.436	0.319	1	0.572	0.253

续表

变量	B	S. E.	Wald	df	Sig.	Exp（B）
耕地块数	0.452	0.394	1.316	1	-.251	1.572
常数	-4.526	9.637	0.221	1	0.639	0.011
-2 Log likelihood				18.192		
Cox & Snell R Square				0.460		
Nagelkerke R Square				0.652		
Hosmer and Lemeshow Test				0.769		

注：＊＊表示在0.05的水平上显著，＊表示在0.1的水平上显著。

此次拟合程度依旧较高。变量"获得信息程度"、"灌溉水费"分别在1%、10%的水平上显著，且估计系数为正。同上一个分析相似，"获得信息程度"对采用节水灌溉技术有显著的正向作用，而作为本节研究重点的"灌溉水费"变量在此次分析中，对节水灌溉系数也表现出了显著的正向作用，与预期相一致。如果目前的水价较低，即使按照传统灌溉方式进行灌溉，平均单位面积耕地灌溉的费用也不高，节水灌溉的经济效益不明显，农户就不倾向于主动地选择节水灌溉技术，单位面积耕地的灌溉成本增加，农户选择节水灌溉的积极性就越高，这样可以在一定程度上通过价格机制激励农户选择节水灌溉技术。此外，五个变量中除"决策者受教育程度"外，其他变量影响方向与预期相同，由于并不显著，不做深入讨论。

需要指出的是，主动选择节水灌溉技术的农户有不同的考量，有的农户认为节水灌溉技术可以节约灌溉用水量，有的农户认为可以增加农作物的产量，有的农户认为可以减少灌溉劳力，有的农户认为可以保证灌溉的及时性，有的农户认为可以将节约的水用于扩大种植规模，但综合来说，实现农户经济利益最大化是农户主动选择节水灌溉技术的真正内在动因。

三 农业水价变动对灌溉用水量的传导效应

1. 理论分析

讨论农业水价变动对灌溉用水量的影响，一般均是从需求的角度对目标地区农业灌溉用水的需求函数做出合理的推导为构建农业灌溉用水的需求函数。需求理论是微观经济学中的重要理论之一，是价格理论的重要组成部分，需求函数模型在计量经济学的发展过程中也被广泛应用。

一般来说，线性模型是最为简单和直观的计量模型，但由于线性需求模型对实际情况作了过多的简化，使得其在实际运用中显得不是很实用，因此，除线性需求模型外，常用的需求模型还包括对数和半对数模型。[①]

对一般的需求函数而言，价格和收入是影响需求量的主要因素。农业灌溉需水量除了受到价格的影响外，还受到该地区的降水量、土壤含水量、农作物种植结构等因素的影响。由于农业用水是属于生产性用水，而不是生活用水，是生产原料而不是单纯的消费品，农业用水量影响农户的农业收入，同时对农户收入也会有影响，而现在农民收入中农业收入的比例呈下降趋势，虽然二者对用水量的影响都存在，因此就灌溉用水来说，收入对用水量的影响不会像对其他商品那样明显。水价方面，本节所用水价序列参考河套灌区水价调整公告，另外，考虑到水价会受到物价水平的影响，对水价用农村商品零售物价指数进行折算。对于降水量，在具体到河套地区这一没有灌溉就没有农业的地区，虽然河套地区主要依靠黄河引水灌溉，但是其对于干旱少雨的河套地区来说，其降水不容忽视。

2. 实证分析

（1）研究区域简介

本节以内蒙古自治区巴彦淖尔市河套灌区为研究区域，下面对该灌区的自然、发展历史、管理现状等情况进行介绍。

①地理位置。巴彦淖尔市地处我国北部边疆，是内蒙古自治区西部的一个地级市，位于黄河内蒙古段北岸"几"字弯上，北依阴山与蒙古国接壤，南临黄河与鄂尔多斯市隔河相望，东连草原钢城包头市，西邻阿拉善盟及塞外煤都乌海市。全市总面积 6.5 万平方公里，总人口 167 万。巴彦淖尔市分为北部高原、中部山地、南部平原三部分，从阴山南

---

① 牛坤玉、吴健：《农业灌溉水价对农户用水量影响的经济分析》，《中国人口资源与环境》2010 年第 9 期。

麓至黄河北岸这片东西长约 400 公里的狭长地带，就是著名的河套平原，也是著名的全国特大型灌区和亚洲最大的首制自流引水灌区——河套灌区。

②发展历史。河套灌区是我国著名的古老灌区之一，引黄灌溉已有两千多年的历史，始于秦汉，兴于清末，直至民国时期逐步形成十大干渠，从解放初至 20 世纪 90 年代，河套灌区大致经历了引水工程建设、排水工程畅通、世行项目配套等三次大规模水利建设阶段。先后兴建了黄河三盛公枢纽工程，开挖了输水总干渠，疏通了总排干沟，建成了红圪卜扬水站，完成了 315 万亩农田配套，形成了比较完善的灌排配套工程体系。现有总干渠 1 条，干渠 13 条，分干渠 48 条，支渠 372 条，斗、农、毛渠 8.6 万多条。排水系统有总排干沟 1 条，干沟 12 条，分干沟 59 条，支、斗、农、毛沟 1.7 万多条，拥有各级灌排渠道 6.4 万公里，各类建筑物 18.35 万座。进入 21 世纪后，河套灌区进入以节水为中心的新阶段，大力推进民生水利建设，加强水资源管理保护，不断深化水务水管体制改革，注重科学治水、依法治水，水利事业呈现出快速发展的态势，被水利部列为全国 20 个示范灌区之一，对支撑地区经济社会的快速发展、保障国家粮食安全、维护边疆稳定做出了积极贡献。

③管理现状。河套灌区灌排工程管理分为国管和群管两部分，分干渠以上灌溉工程和干沟以上及跨旗县分干沟排水工程由河灌总局统一管理；分干渠以下田间灌溉工程和分干沟及以下排水工程由群管组织负责管理。河灌总局与巴彦淖尔市水务局合署办公，既是灌区的管理机构，又是全市的水行政主管部门，下辖 7 个管理局、河套水务公司和 5 个二级单位。

加大农业节水投资的力度。通过实施灌区续建配套与节水改造、自治区 3 亿元专项资金节水改造、500 万亩中低产田改造和小型农田重点县等项目，有效改善了农田水利工程条件，建设节水灌溉面积 440 万亩，灌区年节水 1.5 亿 m^3。不断完善灌溉管理制度，强化测流量水，深化群管体制改革，推行"亩次计费""一把锹浇地""包浇小组"等行之有效的节水措施，节水效果明显。在节水技术上，积极探索了滴灌、喷灌、膜下灌溉等节水技术，开展了平地缩块、覆膜栽培、测土施肥等高效节水农艺措施。在种植结构调整节水上。通过政策扶持、项目带动，引导农民调整种植结构，压缩高耗水作物种植面积，大力推广区域化种植和集中连片种植。

调整灌区农业水价。1998年内蒙古自治区物价局、水利厅批复河套灌区成本水价为0.053元/m³。从1999年到2009年，河套灌区水价一直执行0.04元/m³的标准。从2010年开始，巴彦淖尔市政府根据国家、自治区及灌区农业节水的迫切要求，将水价调整为0.053元/立方米。2012年开始，按照《自治区政府关于印发〈自治区水资源费征收标准及相关规定的通知〉》要求，对超指标农业用水按标准加收水资源费。由于水价长期偏低，价格杠杆调节农业节水作用极度弱化，群众节水意识淡薄，深浇漫灌浪费水的传统陋习很难改变，灌区工程折旧费用无法计提，维修养护费用捉襟见肘，渠道渗漏损失严重，工程安全问题突出，灌区管理单位入不敷出，长期负债经营，直接影响正常的农业灌溉和水利事业健康有序发展。2012年内蒙古自治区发展和改革委、水利厅联合发文，批准了河套灌区农业水价调整方案。同意按照"补偿成本、合理收益、逐步到位、促进节水和公平负担"的原则，充分考虑河套灌区农民实际承受能力，采取分步调整到位的办法，将河套灌区农业供水斗口价格调整到0.103元/立方米，分两年到位，具体调价时间和每次调价水平，由巴彦淖尔市政府根据实际情况研究确定。调整河套灌区农业水价，目的就是要充分发挥价格杠杆的调节作用，提高农民节水意识，缓减河套灌区经营困难，保证农民用水需求，推进灌区水利基础设施建设，保障灌区正常运行。新增水费将主要用于灌区节水改造、供排水设施维修以及信息化配套、群管组织能力建设等方面，实现水利工程良性运行，逐步提高农业节水的内生潜力和亩均效益。

（2）模型构建

由巴彦淖尔市统计公报数据分析可知，在2004年至2013年之间，种植结构有一定的变化，粮食作物、经济作物、草料比例有所变动，会对灌水量产生一定的影响。根据基本的经济理论，对商品需求弹性的研究，还应该考虑替代商品价格的影响，但由于农业用水基本不存在替代品，故没有考虑替代商品价格。综合以上分析，放入模型的农业用水的因素主要为水价、降水量、粮经草比例。

以经济学理论中的弹性理论为前提，在采用计量经济学方法研究需水量与农业水价、降水量以及粮经草比例等因素间的相关性的基础上，本节构建对数线性需求函数模型对水价确定的需求方面进行分析。

通过以上描述，需求函数模型的具体表达式如下：

$$\ln Q = \beta_0 + \beta_1 \ln P + \beta_2 \ln R + \beta_3 \ln F + \beta_4 \ln E + \mu \qquad (7.17)$$

其中，Q 是单位面积耕地灌溉所需用水量，R 表示该地区的年降水量，P 表示通过农村商品价格指数进行折算后的灌溉用水价格，F 表示粮食作物种植面积比重，E 表示经济作物种植面积比重，μ 表示随机变量。

（3）数据来源

考虑到数据的可得性，本节采用河套灌区 2004—2013 年的时间序列数据。相关数据来自河套灌区水价调整公告、国家统计局网站、《巴彦淖尔市水资源公报》（2004—2013）、《巴彦淖尔市国民经济和社会发展统计公报》（2004—2013）等，其中由于灌溉面积时间序列数据难以获得，本节以"农作物种植面积"代替。

（4）研究结果

根据上述模型及所得数据，采用统计软件 SPSS 21.0 对模型进行估计，回归结果如表 7 - 5 所示

表 7 - 5	定量分析结果		
变量	B	S. E.	Sig.
lnR	- 0. 189 *	0. 076	0. 055
lnP	- 0. 265	0. 134	0. 106
lnF	- 0. 481	1. 271	0. 721
lnE	- 0. 030	0. 022	0. 232
常数	6. 069	0. 774	0. 001
R Square			0. 742
Adjust R Square			0. 536

注：* 表示在 0.1 的水平上显著。

回归结果显示，只有 lnR 的系数在 10% 的水平上显著，其他三个变量均在 10% 的水平上不显著，尤其是 lnF、lnE。对比后将种植结构对用水量的影响归入到随机变量中，不在模型中考虑作物种植结构对灌区用

水量的影响，将模型调整如下：

$$\ln Q = \alpha_0 + \alpha_1 \ln P + \alpha_2 \ln R + \varepsilon \qquad (7.18)$$

其中，Q 是单位面积耕地灌溉所需用水量，R 表示该地区的年降水量，P 表示通过农村商品价格指数进行折算后的灌溉用水价格，ε 表示随机变量。

采用统计软件 SPSS 21.0 对模型进行估计，回归结果如表 7-6 所示：

表 7-6　　　　　　　　　模型调整后的定量分析结果

变量	B	S. E.	Sig.
lnR	-0.165*	0.075	0.062
lnP	-0.328**	0.108	0.019
常数	5.988***	0.418	0.000
R Square			0.628
Adjust R Square			0.522

注：＊＊＊表示在 0.01 的水平上显著，＊＊表示在 0.05 的水平上显著，＊表示在 0.1 的水平上显著。

从以上回归结果可以看出，年降水量、调整后的水价对单位面积灌溉用水量的影响分别在 10%、5% 的水平上显著，其回归系数分别是 -0.165 和 -0.328。将回归结果带入需求函数方程可以得出：

$$\ln Q = 5.988 - 0.328\ln P - 0.165\ln R + \varepsilon \qquad (7.19)$$

在本研究所选的研究区域，农业水价对单位面积灌溉用水量有显著的负向作用，即保持其他因素不变的情况下，灌溉水价的提高会导致农户单位面积灌溉用水量一定程度地减少，这同时也说明了水价的提高将激励农户节约用水。

这主要的原因有可能有两方面：一方面，农户可能通过采用效率更高的灌溉技术来节约用水；另一方面，农户也可能通过调整种植面积或种植结构来减少灌溉用水量，具体选择哪种方式来使得单位面积灌溉用水量减少，取决于水价即在该水价调节下灌溉用水的边际收益的比较。若在某一水价条件下，灌溉效率高的灌溉技术带来的边际净收益大于改变种植结构带来的边际净收益，农户则可能选择高效率的灌溉技术，反之，农户则可能通过调整种植结构来减少灌溉用水量。而且在不同的水价水平，农户采用的节水措施可能有差异，当水价高至某种作物的灌溉用水的边际收益时，农户可能放弃种植该农作物。若农户通过种植面积或种植结构的调整来节约用水时，还对当地的农地流转市场产生影响。

第三节　政策分析

上述的模拟结果显示，当水价上升时，农户改变种植结构，并且在一定程度上采取相应的节水措施，最终减少单位面积灌溉用水量，起到节水效应。然而农民的种植收益却在不断减少，种植收益受到负面影响。那么什么样的利益补偿机制能够有效缓解水价政策对种植收益的负面影响呢？刘莹等（2015）通过多目标决策模型研究指出，水价政策和补贴政策双管齐下。[①] 该文献指出补贴政策不需要对农户的种植结构进行监督，因此实施成本较低。并且补贴政策仅仅是一种财富的转移，对农户在各种水价下做出的种植决策没有任何影响，从而也不会影响到总用水量和种植收入。当水价政策（指提高水价）与补贴政策双管齐下时，灌区收支和农户种植收益都会受到影响。灌区收支会受到两方面的影响，一是水费收入，二是补贴支出，因此灌区收益变动等于水费收入的增加减去补贴支出。农业种植收入也受到两方面的影响，一是种植收入减少，二是获得补贴，因此种植收益变动等于补贴减去种植收入的变动。水价政策与补贴政策共同带来的社会总收益的变动，是加总灌区收益变动与种植收益变动之和。水价政策与定额补贴政策双管齐下将会达到既节约用水又兼顾农户种植收益的双赢结果。在一定的补贴幅度下，加之水价上升的一定范围内，补贴政策足以弥补水价上升对种植收入带来的负面影响。由于灌区管理部门无法承担沉重的补贴负担，补贴经费必须依靠外来资金的援助（例如允许灌区把农户节约的水资源通过水权市场卖给工业等）。

这为我们提供了一种分析水价政策效果的基本思路，但是需要更深

---

① 刘莹、黄季焜、王金霞：《水价政策对灌溉用水及种植收入的影响》，《经济学》（季刊）2015 年第 4 期。

层次分析研究的是当水价上升到什么程度，补贴多少，需要寻求这两者之间的均衡点，才能达到既能节水又能弥补水价政策带来的种植收入的减少。这需要本研究后续更多深入的探讨与分析。

第四节　本章小结

通过以上分析，从理论和实证的角度都证明了农业水价变动产生一定的微观经济效应，能够有效地改变农户用水行为。当水价提高，对研究区域 K 旗的农户种植结构产生影响，在追求经济利益最大化的目标下，玉米在现行水价及水价上涨的情况下均不被农户选择种植。药材在水价提高到当前水价的 50% 时，种植面积也大幅度减少；而只有经济作物胡萝卜的种植面积随着水价上升而不断增加。这说明了水价政策对农户的种植结构产生一定的影响。除此之外，水价提高不但改变了农户种植结构，并且能有效刺激农户采用一定的节水技术，最终减少灌溉用水量，水价政策对节水有一定的效应，能够缓解农业水资源紧缺的现状。然而农业水价上升，导致了农户的种植总收益的减少，这也是在国家水价综合改革过程中值得重视的一个问题。通过相关研究的政策分析得出，水价政策与补贴政策双管齐下，既能达到节水的效果，又能弥补农户因水价上升导致的种植总收益的减少。这在我们未来工作研究中提供了一定的思路，需进行更多深入的探讨。

第 八 章

农业水价变动对区域产业结构
的传导效应研究

水价改革是近年来政策变革和学术研究的热点问题。由于水资源本身兼具资源产品、民生产品和普遍商品的特征，居民水价改革需要兼顾资源配置效率和居民的水费承受能力的同时，也需要关注对微观农户的效应以及对各级产业结构的影响。除此之外，农业水价政策的变动，也会对宏观经济产生一定程度的影响。相关研究表明，农业水价的提升导致实际 GDP、居民收入、企业收入等各类指标都呈现下降趋势。农业水价调整对农业产业用水结构以及用水经济效率结构的演化也具有直接效应。因此，研究农业水价对宏观经济的影响，对我国顺利推进农业水价改革显得尤为重要。

第一节 农业水价变动对农业产业
结构的传导效应

一 理论分析

农业产业结构的概念，是一个国家或一个地区，农业内部各生产部门，即农、林、牧、渔产业，也可细分到更具体的产业部门，比如种植业中的经济作物、粮食作物等，这些产业之间的组合和其内在的比例关系，也包括这些产业内部所生产出来的各类农产品之间的联系。[①]

---

① 刘金薇：《论农业产业结构调整的影响因素及其对策》，《经济研究》2008 年第 4 期。

农业产业结构是一个多层级的复合体，由多个部门和多个类别来组成。农业产业结构从一个地区来看，一般可以划分为三个层次：第一层，指种植业、林业、畜牧业、渔业组成的最基础结构；第二层，是指在第一层的农业产业结构内部，如种植业内部可细分为粮食作物产业、经济作物产业和其他作物产业，其他产业如林业内部分为用材林、经济林等不同林木产业，畜牧业内部可分为役畜和产品畜；这种划分是根据产品和产业的不同特性，设立的不同产业组成的经济结构；第三层，指的是在第二层农业产业结构内部各产业的进一步划分，如粮食作物可划分食用粮食作物、饲用粮食作物等，畜牧业中的产品又可以划分为养猪、养牛、养羊、养鸡等。

本研究主要分析的是农业产业结构中的一级结构，即种植业、林业、畜牧业、渔业组成的最基础结构。

农业产业结构受到需求结构、要素结构以及制度结构等多方面因素的影响，举例来说，养殖业产品相对于种植业产品的需求收入弹性较高，随着国民收入水平、城市化水平的上升，国内市场需求相应发生变化，导致人们更加偏向于养殖业产品需求，从而带动农业产业结构的变化；土地资源的限制导致种植业这个土地密集型的行业发展得到了限制；劳动力的进一步转移导致劳动力要素更多地流向经济效益更高的养殖业，同时劳动力转移带来的收入的增加，进一步导致需求结构的变化，从而引起养殖业的相对较快发展；资本相对于土地的易获得性以及技术的进步导致养殖业作为资本密集型和技术密集型的行业的相对较快发展；土地流转的逐步放松导致更少的人拥有更多的土地使用权；农产品流通制度的变革使得养殖业产品供求的信号更加灵敏地传递到市场上；农村金融体制的改革对养殖业的促进作用到高于对种植业的促进作用，导致了农业产业结构的进一步变化。

而农业灌溉用水作为种植业直接相关的要素，对农业产业结构也有不可忽视的影响。通过农业灌溉水价的调整可充分发挥价格的经济杠杆作用，促使水资源向生产效益高、消耗量少的部门转移，达到整体效益最优的目的，以实现水资源的高效利用。

二　模型选择

从前面的分析中可以看出，关于农业产业结构的潜在影响因素有很多。而一项研究中又不可能包括所有潜在变量，本节重点研究农业水价变动对农业产业结构的影响，拟利用灰色关联度的方法来分析农业水价变动与农业产业结构变化之间的关系。

灰色关联是指事物之间的不确定关系，或系统因子之间，因子对主行为之间的不确定关系。灰色关联分析是在灰色系统理论中分析离散序列间相关程度的一种测度方法。灰色基本思想是根据曲线间的相似程度来判断因素间的关联程度，灰色关联度分析的意义是指在系统发展过程中，如果两个因素变化的态势是一致的，即同步变化程度较高，则可以认为两者关联较大；反之，则两者关联度较小。[1]

首先对数据无量纲化处理。X 为灰色关联因子集，$X_0 \in X$ 为参考序列，$X_i \in X$ 为比较序列，X_0（k）、X_i（k）（$k = 1$，2，$\cdots$，m）分别为 X_0 与 X_i（$i = 1$，2，$\cdots$，n）第 k 点的数，可构造原始评价矩阵 $X = （X_0$，X_1，X_2，$\cdots$，$X_n）$。

由于参考序列和比较序列的数据单位不同，需要对原始数列进行无量纲化处理。常用的方法有初值化法、均值化法和区间值化法。本节采用均值化法，公式如下：

$$x_i（k） = \frac{x_i（k）}{x_i（1）} \quad k = 1，2，\cdots，m；i = 1，2，\cdots，n \qquad (8.1)$$

经过无量纲化处理后，可以得到处理后的矩阵，作为进一步计算的依据。

接下来计算灰色关联系数。首先逐个计算每个比较序列与参考序列对应元素的绝对值，然后分别计算每个比较序列与参考序列对应元素的关联系数，公式如下：

---

[1]　刘楠：《农业产业结构调整与农业经济发展的灰色关联度分析——以黑龙江省为例》，《安徽农业科学》2010 年第 14 期。

$$\vartheta_i(k) = \frac{\underset{i}{\min}\underset{k}{\min}\mid x_0(k) - x_i(k)\mid + \rho\underset{i}{\text{man}}\underset{k}{\text{man}}\mid x_0(k) - x_i(k)\mid}{\mid x_0(k) - x_i(k)\mid + \rho\underset{i}{\text{man}}\underset{k}{\text{man}}\mid x_0(k) - x_i(k)\mid}$$

$$(8.2)$$

其中，ρ 为分辨系数，在（0，1）内取值，ρ 越小，关联系数间差异越大，ρ 越大，关联系数间差异越小，通常取值 $\rho = 0.5$。

最后计算关联度。设不同元素在向量中的权重不同，将权向量表示为：

$$w_i = (w_{1i}, w_{2i}, \cdots, w_{ki}) \qquad (8.3)$$

可以得到线性加权灰色关联度：

$$H_1 = \gamma_{0i} = \sum_{k=1}^{m} w_{ki}\vartheta_{0i}(k) \qquad (8.4)$$

如果 w_{ki} 是等权重，则有邓氏灰色关联度：

$$H_2 = \gamma_{0i} = \frac{1}{m}\sum_{k=1}^{m}\vartheta_{0i}(k) \qquad (8.5)$$

以及灰色欧几里得关联度：

$$H_3 = \gamma_{0i} = 1 - \frac{1}{m}\left[\sum_{k=1}^{m}(1 - \vartheta_{0i}(k))^2\right]^{\frac{1}{2}} \qquad (8.6)$$

如果 w_{ki} 是非等权重，则有灰色加权欧几里得关联度：

$$H_3 = \gamma_{0i} = 1 - \frac{1}{m}\left[\sum_{k=1}^{m}w_{ki}^2(1 - \vartheta_{0i}(k))^2\right]^{\frac{1}{2}} \qquad (8.7)$$

代入相关数据，就可以得到比较序列与各参考序列的综合关联程度，关联度越大，数值越大，关联度越小，数值就越小。

三　研究结果

本节以巴彦淖尔市河套灌区为研究区域。为了分析农业水价变化与农业产业结构变化之间的关系，结合巴彦淖尔当地农业情况，参考序列选取农业灌溉水价（X_0），比较序列选取粮食总产量（X_1）、日历年度牲畜总头数（X_2），主要分析种植业和养殖业。所用数据来源于巴彦淖尔市统计信息网。使用软件计算灰色关联度，计算结果及排序见表 8 - 1。由表 8 - 1 可以看出，巴彦淖尔市 2004 年至 2013 年日历年度牲畜总头数与农业灌溉水价的关联度大于粮食总产量与农业灌溉水价的关联度。在 2004 年至 2013 年之间，巴彦淖尔市日历年度牲畜总头数与农业灌溉水价的发展态势同步变化程度高于粮食总产量与农业灌溉水价的发展态势同步变化程度。

表 8 - 1　　　　　　　　　　灰色关联度计算结果

	γ_{01}	γ_{02}
灰色关联度	0.44	0.49
排序	2	1

注：γ_{01}、γ_{02}分别代表农业灌溉水价（X_0）与粮食总产量（X_1）、日历年度牲畜总头数（X_2）的灰色关联度。

再对农业灌溉水价和比较序列选取粮食总产量、日历年度牲畜总头数的相关性系数分别进行计算，同时计算粮食总产量和日历年度牲畜总头数的比值（简称"比值"）与农业灌溉水价之间的相关性系数，由于单位不一致，首先运用均值化法对粮食总产量、日历年度牲畜总头数分别进行无量纲化处理，然后再进行比值的计算。相关性系数计算结果如表8 - 2所示，可以看出，农业灌溉水价与粮食总产量呈显著性正相关关系，与比值也呈显著性正相关关系，但是与日历年度牲畜总头数间的相关性系数并不显著。在一定程度上可以反映出，在 2004 年至 2013 年间，巴彦淖尔市的农业灌溉水价增长并没有抑制种植业的发展，反而是种植业呈现与畜牧业相比更强的发展势头。

表 8 - 2　　　　　　　　　　相关性系数

	粮食总产量	日历年度牲畜总头数	比值
农业灌溉水价	0.745 * *	- 0.74	0.601 *

注：* * 表示在5%的水平上显著，* 表示在10%的水平上显著。

第二节　农业水价变动对区域产业结构的传导效应

一　理论分析

水资源利用涉及多个用水部门，单一部门的用水结构和用水水平发生变化，势必会对其他行业用水产生影响，因此区域水资源利用必须遵循有效性、公平性和可持续性原则，还应考虑各利益相关者以及各节水措施的技术可行性等约束条件，综合权衡区域经济系统和生态系统之间的相互作用。

水资源高效利用的目的就是满足经济社会和生态环境的需水要求，提高水资源的单位经济效益和生态效益，以水资源的可持续利用支撑经济社会的可持续发展，促进人与自然的和谐相处。因此，经济社会可持续发展理论是水资源高效利用的理论基础之一。由于水资源高效利用的宏观性、广泛性、综合性和整体性，其必然涉及整个流域或区域内各个行业、不同地区的取用水情况，同时还涉及降水、地表水、土壤水和地下水的情势以及它们之间的相互转化关系。[①]

经济发展的加快会使水资源供需矛盾增大，会进一步迫使用户采取节水措施降低用水单耗，经济发展越来越依靠于低投入高产出或高投入高附加行业的发展，而这些行业单耗用水都比较小，从而在总体上使综合用水定额下降。产业结构反映了单位产值取水量不同的部门对经济总量的贡献，可以通过产业结构调整来提高水资源利用效率。

二　模型构建

为了分析农业水价变动对区域产业结构的影响，本研究在建立模型时会引入虚拟水贸易的概念，这样可以假设水资源在农业、工业和服务业之间自由流动。虚拟水贸易本质上也属于资源流动研究的范畴，其研究主要从水资源利用过程和机理入手，通过准确估算区域社会经济运转所需要的虚拟水量，揭示人类活动对水资源系统的影响以及水资源在社会经济各环节及各区域间的流动过程，从而为解决区域水资源短缺、提高水资源利用效率、制定合理的水资源安全战略提供科学依据。[②]

本节建立虚拟水贸易框架下的水价敏感性模型，即通过对产业生产

---

① 裴源生、张金萍:《水资源高效利用概念和研究方法探讨》，《中国水利学会 2005 学术年会论文集——节水型社会建设的理论与实践》，2005 年。

② 张洁宇、马超:《虚拟水视角下区域产业结构的优化路径》，《水利发展研究》2016 年第1 期。

过程中用水关系的分析，解释水价调整后，区域各产业产品价格的变化，以阐述水价在虚拟水贸易下产业结构优化中的作用。

模型基本思想是，把水资源作为一种生产要素，基于水资源投入产出模型分析水价提高对各产业生产规模的影响。提高水价将产生两层效应，一方面，水价提高促使直接虚拟水含量系数较高的产业生产成本的大幅增加。另一方面，在成本提高的效应下，一种产业产品价格上涨，那么以该产品为原料的其他产业生产成本也会随之增加。由此可知，水价上涨对于直接虚拟水含量或间接虚拟水含量较高的产业都会产生很大的影响。从而影响产业部门间的生产格局。

模型有三条假设，即：

1. 水资源作为一种生产要素，具有不可替代的作用；

2. 不考虑产品的异质性，即区域外产品可同等替代本区域产品参与生产过程及最终需求；

3. 水资源可在农业、工业和服务业之间自由流动。

构建区域水资源投入产出表，如表 8 - 3 所示。为了区分出各产业生产的中间投入产品以及用于最终需求的产品是来自区域内还是区域外，将投入产出表中的中间投入部分拆分为区域内流入和区域外流入，分别用于表示本区域生产的产品和流入该区域的产品。

表 8 - 3　　　　　　　　　　投入产出

产出＼投入		中间使用					最终需求	总产出
		部门 1	部门 2	……	部门 $n-1$	部门 n		
区域内投入	部门 1	$\underline{X}_{11}$	…	…	…	$\underline{X}_{1n}$	Y_{11}	X_1
	部门 2	…	…	…	…	…	…	…
	……	…	…	$\underline{X}_{ij}$	…	…	…	…
	部门 $n-1$	…	…	…	…	…	…	…
	部门 n	$\underline{X}_{n1}$	…	…	…	$\underline{X}_{nn}$	$\underline{X}_{n1}$	$\underline{X}_n$
区域外流入	部门 1	Z_{11}	…	…	…	Z_{1n}	Z_{12}	
	部门 2	…	…	…	…	…	…	
	……	…	…	Z_{ij}	…	…		

续表

投入\产出		中间使用					最终需求	总产出
		部门 1	部门 2	……	部门 $n-1$	部门 n		
	部门 $n-1$	…	…	…	…	…	…	
	部门 n	Z_{n1}	…	…	…	Z_{nn}	Y_{n2}	
水资源投入	水供给部门	H_1	…	…	…	H_n		
初始投入	固定资产折旧	V_{11}	…	…	…	V_{1n}		
	劳动者报酬	V_{21}	…	…	…	V_{2n}		
	纯收入	V_{31}	…	…	…	V_{3n}		
总投入		X_1	…	…	…	X_{nn}		

注：i、j 代表不同的产业。

引入两个系数，直接虚拟水含量系数以及生产部门之间的消耗系数。

直接虚拟水含量系数表示该产业单位产出所直接利用的水资源量，用 h_j 表示，由水资源投入产出表可计算该产品单位产值的直接虚拟水含量为

$$h_j = H_j / X_j \quad (j = 1, 2, \cdots, n) \quad (8.8)$$

其中，H_j 表示 j 产业的水资源投入。

以 h_j 为元素组成的直接虚拟水含量系数矩阵为 $H = (h_i, h_2, \cdots, h_n)$，表示 n 个产业的生产产品直接虚拟水含量系数组成的向量。

生产部门之间的消耗系数 a_{ij} 表示 j 产业单位产值产出需直接消耗 i 产业产品的产值，其表达式为

$$a_{ij} = X_{ij} / X_j \quad (i = 1, 2, \cdots, n; j == 1, 2, \cdots, n) \quad (8.9)$$

以 a_{ij} 为元素组成的消耗系数矩阵 A 为 n 阶方阵。

由投入产出表的平衡关系可得

$$\sum_{i=1}^{n} \underline{X}_{ij} + \sum_{i=1}^{n} XZ_{ij} + H_j + V_j = X_j \quad (j = 1, 2, \cdots, n) \quad (8.10)$$

其中对于任意的 $i = 1, 2, \cdots, n; j = 1, 2, \cdots, n$，都有 $\underline{X}_{ij} + Z_{ij} = X_{ij}; V_j = \sum_{i=1}^{3} V_{ij} (j = 1, 2, \cdots, n)$。

公式（8.8）两边同时除以 X_j 得到

$$\sum_{i=1}^{n} \underline{X}_{ij} / X_j + \sum_{i=1}^{n} Z_{ij} / X_j + H_j / X_j + V_j / X_j = 1 \quad (j = 1, 2, \cdots, n)$$

$$(8.11)$$

以 $\underline{a}_{ij}$、z_{ij} 分别表示 j 行业单位价值产出所消耗的区域内、区域外 i 产业的产值，将消耗系数 $\underline{a}_{ij} = \underline{X}_{ij}/X_j$、$z_{ij} = Z_{ij}/X_j$、$h_j = H_j/X_j$ 引入到式（8.11）中，式（8.9）可以直接转化为：

$$\sum_{i=1}^{n} \underline{a}_{ij} + \sum_{i=1}^{n} z_{ij} + h_j + V_j/X_j = 1 \quad (j = 1,2,\cdots,n) \quad (8.12)$$

式（8.10）表示区域内 j 产业单位价值的产出由四部分生产成本构成：各产业区域内产品的投入 $\sum_{i=1}^{n} \underline{a}_{ij}$；各产业区域外流入产品的投入 $\sum_{i=1}^{n} z_{ij}$；虚拟水投入 h_j，以及增加值 V_j/X_j。

式（8.12）可以用矩阵表示为

$$e^T \underline{A} + e^T Z + H + V^T \overline{X}^{-1} = e^T \quad (8.13)$$

其中，e 为元素为 1 的 n 维列向量，即 $e = (1, 1, \cdots, 1)^T$；

$H = (h_1, h_2, \cdots, h_n)$ 为 n 维行向量；

$\underline{A}$ 为各产业对本产业产品的直接消耗系数矩阵，

即 $\underline{A} = \begin{bmatrix} \underline{a}_{11} & \underline{a}_{12} & \cdots & \underline{a}_{1n} \\ \underline{a}_{21} & \underline{a}_{22} & \cdots & \underline{a}_{2n} \\ \cdots & \cdots & \cdots & \cdots \\ \underline{a}_{n1} & \underline{a}_{n2} & \cdots & \underline{a}_{nn} \end{bmatrix}$

$\overline{X}$ 为对角矩阵，对角线上元素分别为各产业总产出，

$$\overline{X} = \begin{bmatrix} X_1 & 0 & \cdots & 0 \\ 0 & X_2 & \cdots & 0 \\ \cdots & \cdots & \cdots & \cdots \\ 0 & 0 & \cdots & X_n \end{bmatrix}, \quad \overline{X}^{-1} = \begin{bmatrix} 1/X_1 & 0 & \cdots & 0 \\ 0 & 1/X_2 & \cdots & 0 \\ \cdots & \cdots & \cdots & \cdots \\ 0 & 0 & \cdots & 1/X_n \end{bmatrix}$$

式（8.11）变形为

$$e^T = (e^T Z + H + V^T \overline{X}^{-1}) \left(\frac{e^T \underline{A}}{e^T Z + V^T \overline{X}^{-1}} + 1 \right)$$

$$= (e^T Z + H + V^T \overline{X}^{-1}) \left(\frac{1}{\frac{e^T Z + H + V^T \overline{X}^{-1}}{e^T \underline{A} + e^T Z + V^T \overline{X}^{-1}}} \right) \quad (8.14)$$

在经济投入产出理论中，描述总产品和最终产品的联系的恒等式为 $X = (1-A)^{-1}Y$，其中 A 为直接消耗系数矩阵，此式描述了经济系统总产

出 X 与最终需求 Y 之间的关系，其中 $(1-\underline{A})^{-1}$ 即为著名的列昂惕夫逆矩。而投入产出公式推导来的式（8.14）形式类似于 $X=(1-A)^{-1}Y$，描述了区域内单位价值的产出与各产业本区域产品的投入、各产业外区域流入产品的投入、虚拟水投入、增加值这两组变量之间的关系。在直接虚拟水含量系数已知的情况下，可以由一组变量确定另外一组变量。由此，式（8.14）可以写为

$$e^T = (e^T Z + V^T \overline{X}^{-1})(1-\underline{A})^{-1} \tag{8.15}$$

以上对区域用水成本的直接消耗系数分析，现引入区域用水成本增加因素，用 p_{wj} 表示水价上涨之前 j 产业的用水价格，单位为元/立方米，矩阵 p_w 为表示 n 个产业用水价格组成的向量；由于本节重点讨论农业水价变动对区域产业结构的影响，所以并不是 n 个产业的水价都变化，假设 j 行业在 $j=1$ 时是农业，那么矩阵 $D = (d_1, d_2, \cdots, d_n) = (\partial, 1, \cdots, 1)$ 表示水价变动百分比，∂ 为常数，D 为长相量。

同时，因为用水成本的增加，生产的商品价格也将提高，用 p_j 表示水价上涨后，原单位价值的 j 产业产品的新价格（p_i 即为原单位价值的 i 产业产品的新价格），而区域外流入的产品价格没有上涨，仍为 1 元，故用成本方程计算

$$p_j = \sum_{i=1}^{n} p_i \underline{a}_{ij} + \sum_{i=1}^{n} z_{ij} + \frac{v_j}{x_J} + p_{wj} d_j h_j \tag{8.16}$$

其中，$j=1$ 时，$d_j = \partial$，$j=2, \cdots, n$ 时，$d_j=1$，∂ 为常数；h_j 表示行业 j 的产品的直接虚拟水含量系数。

式（8.16）用矩阵表示则为

$$
\begin{aligned}
P^T &= P^T \underline{A} + e^T Z + V^T \overline{X}^{-1} + p_w{}^T \overline{D}\,\overline{H} \\
&= (e^T Z + V^T \overline{X}^{-1} + p_w{}^T \overline{D}\,\overline{H}) \left(\frac{P^T \underline{A}}{e^T Z + V^T \overline{X}^{-1} + p_w{}^T \overline{D}\,\overline{H}} + 1 \right) \\
&= (e^T Z + V^T \overline{X}^{-1} + p_w{}^T \overline{D}\,\overline{H}) \left(\frac{P^T \underline{A}}{e^T Z + V^T \overline{X}^{-1} + p_w{}^T \overline{D}\,\overline{H}} + 1 \right) \\
&= (e^T Z + V^T \overline{X}^{-1} + p_w{}^T \overline{D}\,\overline{H}) \left(\cfrac{1}{\cfrac{e^T Z + V^T \overline{X}^{-1} + p_w{}^T \overline{D}\,\overline{H}}{P^T \underline{A} + e^T Z + V^T \overline{X}^{-1} + p_w{}^T \overline{D}\,\overline{H}}} \right) \\
&= (e^T Z + V^T \overline{X}^{-1} + p_w{}^T \overline{D}\,\overline{H})(1-\underline{A})^{-1}
\end{aligned}
$$

可知当水价上涨后，各产业产品价格为

$$P^T - e^T = p_w^T \overline{D}\,\overline{H}\,(1 - \underline{A})^{-1} \tag{8.17}$$

由此可知，水价上涨之后，j 产业原单位价值产品的增长价格为

$$p_j - 1 = \sum_{i=1}^{n} p_{wi} d_j h_j l_{ij} = \sum_{i=1}^{n} p_{wi} d_j h_j \underline{l}_{ij} \tag{8.18}$$

其中，$\underline{l}_{ij}$ 为基于区域内直接消耗系数矩阵 $\underline{A}$ 构建矩阵 $(1 - \underline{A})^{-1}$ 中的第 i 行、第 j 列元素；$j = 1$ 时，$d_j = \partial$，$j = 2$，$\cdots$，n 时，$d_j = 1$，∂ 为常数。

水价上涨主要可以产生两方面的效应：一方面，对于直接虚拟水含量较高的部门来说，提高水价将促使相关产业部门提高用水效率，减少用水量；另一方面，提高水价引起产品价格上涨，这将会降低相关产业部门及最终需求对水资源密集型产品的需求，或是转向区域外进口相关替代产品。全面量化进口替代效应较难实现，本节选择从直接消耗系数变化的角度来分析各产业部门成本的变化，以此揭示产业部门及最终需求部门选择区域内或区域外产品作为投入的变化情况。

通过前述分析可知，水价上涨之后，本区域各产业的产品价格都有不同程度的上涨。短期之内，技术水平处于相对稳定状态，也就是说产业之间对相同产品的消耗量在短期内是不变的。故在原有投入结构下，区域内各产业产品价格的变化，影响了本区域各产业的直接消耗系数，故可通过公式表述水价上涨后消耗系数的变化。

假设与水价上涨的投入结构水平相比，区域内 j 产业减少对 i 产业产品的消耗量为 ΔX_{ij}（ΔX_{ij} 可能大于、等于、小于 0），那么则需要同时增加区域外 i 产业产品的流入量 ΔX_{ij}。水价上涨之前，产业 j 对产业 i 产品的消耗系数为区域内消耗系数与区域外流入量消耗系数之和，即 $a_{ij} = \underline{a}_{ij} + z_{ij} = \underline{X}_{ij}/X_j + Z_{ij}/X_j = X_{ij}/X_j$，水价上涨之后，考虑产品价格的变动和投入结构比例的变化，区域内 j 产业对 i 产业的消耗系数为

$$\frac{\left[(\underline{X} - \Delta X_{ij})(1 + \sum_{i=1}^{n} \partial p_{wr} d_j h_r \underline{l}_{rj}) + Z_{ij} + \Delta X_{ij} \right]}{X_j \left[(1 + \sum_{i=1}^{n} p_{wr} d_j h_j \underline{l}_{ij}) \right]}$$

j 产业若要维持其投入成本不变，则需要选择合适的 ΔX_{ij}，使水价上涨前后 j 行业单位产出对 i 行业的消耗不变，由此得到关系式：

$$\frac{\left[\,(\underline{X}_{ij} - \Delta X_{ij})\,(1 + \sum_{i=1}^{n} \partial p_{wr} h_r \underline{l}_{rj}) + Z_{ij} + \Delta X_{ij}\,\right]}{X_j \left[\,(1 + \sum_{i=1}^{n} p_{wi} d_j h_j \underline{l}_{ij})\,\right]} = a_{ij} = \frac{X_{ij}}{X_j} + \frac{M_{ij}}{X_j}$$

$$(8.19)$$

整理得到

$$\Delta X_{ij} = \underline{X}_{ij} - X_{ij} \left(\frac{\sum_{i=1}^{n} p_{wi} d_j h_j \underline{l}_{ij}}{\sum_{i=1}^{n} \partial p_{wr} h_j \underline{l}_{rj}} \right) \qquad (8.20)$$

产业产品的价格随着水价的上涨而提高，而区域内社会最终需求的投入结构也受到相应的影响。最终需求结构指某一项最终需求中，由区域内和区域外产品投入比例关系。假设在水价上涨前的最终需求结构水平上，一个区域内对本区域 i 产业的产品的消耗量减少或增加 ΔY_{i1}（ΔY_{ij} 可能大于、等于、小于 0），则需要同时增加或减少相同数量的外区域流入产品。由于水价上涨之前，区域内社会总需求中 i 产业的产品所占比重为：

$$y_{i1} = (Y_{i1} + Y_{i2}) / \sum_{i=1}^{n} (Y_{i1} + Y_{i2}) = Y_i / \sum_{i=1}^{n} Y_i \qquad (8.21)$$

那么水价上涨之后，该区域则会针对水价上涨带来的最终需求的成本变动，重新安排各产业最终需求中区域内和区域外的投入产出比例，从而保持对各个产业的最终需求量在社会需求总量中的结构比例的稳定，由此存在比例相等关系

$$\frac{(Y_{i1} - \Delta Y_{i1})(1 + \sum_{r=1}^{n} p_{wr} d_j h_r \underline{l}_{rj}) + Y_{i1} + Y_{i2}}{\sum_{i=1}^{n} (Y_{i1}(1 + \sum_{r=1}^{n} p_{wr} d_j h_r \underline{l}_{rj}) + Y_{i2})} = y_{i1} = \frac{Y_{i1} + Y_{i2}}{\sum_{i=1}^{n} (Y_{i1} + Y_{i2})}$$

$$(8.22)$$

整理变形为

$$\Delta Y_{i1} = Y_i - \left\{ \frac{\sum_{i=1}^{n} \left[Y_{i1}(1 + \sum_{i=1}^{n} p_{wr} d_j h_r \underline{l}_{rj}) + Y_{i2} \right]}{\sum_{i=1}^{n} Y_i} \right\} \frac{Y_i}{\sum_{r=1}^{n} p_{wr} d_j h_r \underline{l}_{rj}}$$

$$(8.23)$$

由式（8.23）可以得出，对 i 产业的产品的最终需求中由区域内生产的量为

$$Y_i - \Delta Y_{i1} = \left\{ \frac{\sum_{i=1}^{n} \left[Y_{i1}\left(1 + \sum_{r=1}^{n} p_{wr} d_j h_r l_{rj}\right) + {}^{*}Y_{i2} \right]}{\sum_{i=1}^{n} Y_i} \right\} \frac{Y_i}{\sum_{r=1}^{n} p_{wr} d_j h_r \underline{l}_{rj}}$$

$$(8.24)$$

水价的变化或者是某一产业的水价的增加会带动各产业产品价格的不同程度地增长，而区域内产品价格上涨都会使得该产品的需求者重新考虑区域内或区域外同样产品的需求结构问题。直接虚拟水含量系数较高的产业或与之关联比较紧密的产业，即水资源密集型产业，其产品受水价上涨的影响会比较强烈；相反，水资源集约型产品生产产业在水价上涨的情况下，比较优势则会更加明显，区域也会加大其生产规模。故在需求规模和比较优势地位的改变下，产业产出结构也会随之发生变化。总体上，水资源密集型产业规模将会呈减少趋势，而水资源集约型产业规模则会有所增大。

水价上涨之后 j 产业的产出占总产出的比重可表示为

$$\frac{\sum_{i=1}^{n}(\underline{X}_{ij} - \Delta X_{ij})\left(1 + \sum_{r=1}^{n} p_{wr} d_j h_r \underline{l}_{rj}\right) + (Y_{ij} - \Delta Y_{ij})\left(1 + \sum_{r=1}^{n} p_{wr} d_j h_r \underline{l}_{rj}\right)}{\sum_{i=1}^{n}\sum_{j=1}^{n}(\underline{X}_{ij} - \Delta X_{ij})\left(1 + \sum_{r=1}^{n} p_{wr} d_j h_r \underline{l}_{rj}\right) + (Y_{ij} - \Delta Y_{ij})\left(1 + \sum_{r=1}^{n} p_{wr} d_j h_r \underline{l}_{rj}\right)}$$

$$(8.25)$$

即，

$$\frac{\sum_{i=1}^{n}(\underline{X}_{ij} - \Delta X_{ij})\left(1 + \sum_{r=1}^{n} p_{wr} d_j h_r \underline{l}_{rj}\right) + (Y_{ij} - \Delta Y_{ij})\left(1 + \sum_{r=1}^{n} p_{wr} d_j h_r \underline{l}_{rj}\right)}{\sum_{i=1}^{n}\sum_{j=1}^{n}(\underline{X}_{ij} - \Delta X_{ij})\left(1 + \sum_{r=1}^{n} p_{wr} d_j h_r \underline{l}_{rj}\right) + (Y_{ij} - \Delta Y_{ij})\left(1 + \sum_{r=1}^{n} p_{wr} d_j h_r \underline{l}_{rj}\right)}$$

$$(8.26)$$

如果 j = 1，即对于农业产业，其产出占总产出的比重可以表示为

$$\frac{\sum_{i=1}^{n}(\underline{X}_{ij} - \Delta X_{ij})\left(1 + \partial \sum_{r=1}^{n} p_{wr} h_r \underline{l}_{rj}\right) + (Y_{ij} - \Delta Y_{ij})\left(1 + \partial \sum_{r=1}^{n} p_{wr} h_r \underline{l}_{rj}\right)}{\sum_{i=1}^{n}\sum_{j=1}^{n}(\underline{X}_{ij} - \Delta X_{ij})\left(1 + \sum_{r=1}^{n} p_{wr} d_j h_r \underline{l}_{rj}\right) + (Y_{ij} - \Delta Y_{i2})\left(1 + \sum_{r=1}^{n} p_{wr} d_j h_r \underline{l}_{rj}\right)}$$

$$(8.27)$$

如果 j = 2，…，n，即对于农业产业以外的产业，其产出占总产出的比重可以表示为

$$\frac{\sum_{i=1}^{n}(\underline{X}_{ij}-\Delta X_{ij})(1+\sum_{r=1}^{n}p_{wr}d_{j}h_{r}\underline{l}_{rj})+(Y_{ij}-\Delta Y_{ij})(1+\sum_{r=1}^{n}p_{wr}h_{r}\underline{l}_{rj})}{\sum_{i=1}^{n}\sum_{j=1}^{n}(\underline{X}_{ij}-\Delta X_{ij})(1+\sum_{r=1}^{n}p_{wr}d_{j}h_{r}\underline{l}_{rj})+(Y_{ij}-\Delta Y_{ij})(1+\sum_{r=1}^{n}p_{wr}d_{j}h_{r}\underline{l}_{rj})}$$

$$(8.28)$$

其中，$j=1$ 时，$d_j=\partial$，$j=2$，$\cdots$，n 时，$d_j=1$，∂ 为常数，下同。

由式（8.27）和（8.28）可以得到农业水价增加百分比为 ∂ 时（∂ 可以大于、等于或小于 0），农业产业产出与其他任一产业产出的比值为

$$\frac{\sum_{i=1}^{n}(\underline{X}_{ij}-\Delta X_{ij})(1+\partial\sum_{r=1}^{n}p_{wr}h_{r}\underline{l}_{rj})+(Y_{ij}+\Delta Y_{ij})(1+\partial\sum_{r=1}^{n}p_{wr}h_{r}\underline{l}_{rj})}{\sum_{i=1}^{n}(\underline{X}_{ij}-\Delta X_{ij})(1+\sum_{r=1}^{n}p_{wr}h_{r}\underline{l}_{rj})+(Y_{ij}-\Delta Y_{ij})(1+\sum_{r=1}^{n}p_{wr}h_{r}\underline{l}_{rj})}$$

$$(8.29)$$

以上是通过引入虚拟水交易概念，对农业用水价格提高所导致的区域产业结构变化进行的理论模型分析。

本研究建立虚拟水贸易框架下的水价敏感性模型，通过对产业生产过程中用水关系的分析，解释水价调整后，区域各产业产品价格的变化，分析水价在虚拟水贸易下产业结构优化中的作用。这对我国农业水价综合改革提供一定的理论依据，进而能够很好地遵循水价改革目标，顺利推进我国农业水价改革显得尤为重要。

第三节　本章小结

综上分析可知，农业水价升高，对农业产业结构和区域产业结构均产生不可忽视的影响。本研究发现，2004 年至 2013 年间，研究区域农业灌溉水价增长并没有抑制种植业的发展，反而使种植业呈现与畜牧业相比更强的发展势头。同时，把水资源作为一种生产要素，基于水资源投入产出模型分析水价提高对各产业生产规模的影响发现，提高水价将产生两层效应，一方面，水价提高促使直接虚拟水含量系数较高的产业生产成本的大幅增加。另一方面，在成本提高的效应下，一种产业产品价格上涨，那么以该产品为原料的其他产业生产成本也会随之增加。因此，水价上涨对于直接虚拟水含量或间接虚拟水含量较高的产业都会产生很大的影响，从而影响产业部门间的生产格局。

　　因此，通过农业水价的调整可充分发挥价格的经济杠杆作用，促进节约用水促使水资源向生产效益高、消耗量少的部门转移，达到整体效益最优的目的，以实现水资源的高效利用。水价政策的宏观经济效应分析，为避免水价提高过程中出现与水价改革初衷不一致的情况，为顺利推进中国农业水价改革提供一定的理论依据和政策支持。

第 九 章

政策建议

本研究结合农业水权和农业水价，对农业水资源管理进行深入的研究，从需求管理的角度出发，建立具有中国特色的农业水权，并且从理论以及实证上给出了水价调整的效应和水价改革的方案。为了保障改革的顺利进行和政策的顺利实施以及达到理想的效果，就需要一系列的配套政策出台。本章主要从水权建设和水价调整政策两个方面，提出相应的保障政策提示农业水资源配置效率。并对农业水资源可持续利用的愿景进行了展望。

第一节 水权建设与农业水资源可持续利用

农业水权交易可以弥补水权初始分配的不足，提高水资源利用的效率，促进农业水资源的可持续利用。我国的水权制度还处于建设当中，需要有一系列的政策配套水权制度的实施和水权市场的培育。

一 修订和完善水权交易相关法律体系

水权交易和水权市场需要法律的规范，法律是水权制度的根本保障。水权的初始界定是国家规定的，是以相关法律为依据的。而不是依据行政命令，不可以根据领导人意识的改变而改变。法律将保障水权制度的稳定性和规范性，目前世界上多数国家的水权交易都是在相关法律体系保障下进行的。

目前，我国还没有完整的关于水权交易的专门法律。我国水资源的基本法律是《水法》，《水法》虽然在 2002 年进行过一次修订，但是由于那个时候只有零星的水权交易，还处于初始探索阶段，因此新修订的《水法》当中依然没有将水权交易和水权市场纳入法律解释的范围。随着我国水权制度探索的深入，在2014年全国7省市试点之后，国家在2016年出台了《水权交易管理暂行办法》作为对水权交易的规范性文件在全国范围内执行。《水权交易管理暂行办法》虽然对水权交易的内容进行了初步的规范，成为当前水权交易的理论和行政依据。但是《水权交易管理暂行办法》是由水利部的名义下发的，仍然属于行政条例，不属于法律条文。因此其权威性属于国家的行政权力，而不是法律权威。

因此，为了更好地总结水权交易试点的经验，更好地规范水权交易行为和培育水权市场，以促进水权制度的建立和完善，需要尽快修订《水法》，在《水法》中明晰水权制度的相关内容。并且在必要的条件下，制定专门的关于水权交易方面的法律，以专门的法律保障水权制度的实施。

二 构建以流域为主体的统一的水权管理机构

按照确权类型、交易主体和范围划分，水权交易主要包括以下形式：区域水权交易、取水权交易和灌溉用水户水权交易。不同的水权交易需要不同的水权管理机构。目前我国水资源管理机构仍然是以行政区域为基础的，因此很容易出现流域上下游之间的冲突。随着跨区域的水权交易的发生，对不同区域间以及与非交易第三方之间就特别容易发生冲突和矛盾。我国最早的东阳—义乌水权交易案就出现了这样的问题。但是由于水权交易发生的案例较少，因此通过中央的权力进行调解和处理，成本并不十分高昂。但是随着水权交易发生频率的提升，让中央政府处理这种跨区域的水权交易纠纷成本将会十分高昂，这就需要成立专门的水权管理机构。

构建以流域为主体的水权管理机构。在我国主要的流域、黄河流域、长江流域、淮河流域等重要流域和水权交易发生频率高的流域建立流域水权管理机构。由流域水权管理机构负责本流域的水权交易的管理，主要包括对水权交易的审核和纠纷的处理。而对于跨流域的水权交易，则由流域水权管理机构在中央政府的指导下进行协商和处理。建立灌区基层水权管理机构，灌区内部的水权交易主要涉及农业内部水权交易。交易的范围和空间都比较固定，主要涉及农户间用水权和相关利益的纠纷。

因此要建立基层水权管理机构，目前这种水权管理机构应该以农业用水者协会为基础，结合专门的水事法庭进行有效的基层水资源管理。

三 注重水权制度和水权市场的外部环境建设

水权制度和水权市场的产生不仅需要正式制度的建立，还会受到许多非正式制度的影响，其中主要的影响来自水权制度和水权市场的外部环境。所谓水权制度和水权市场外部环境，是指影响水权制度和水权市场供求状况、价格水平以及水权市场运作的各种外部力量、条件和因素的总和，包括水权制度和水权市场文化环境、法制环境、公共管理环境和技术环境，具有复杂性、相关性和变化性等特点。

水文化是水权制度和水权市场建设中的软件，是指水权制度和水权市场交易双方以及整个社会关于水的传统、态度、意识、观念以及行为方式。一是进行宣传灌输教育。通过宣传，要使用水者明白，水权制度建设不是剥夺或者削弱人们的用水保障，相反，是保障人们的用水权利。二是示范，带领用水户参观一些建设成功的水权试点，通过学习试点经验体会水权制度建设和水权流转的优点。三是实践引导，逐步深入，先建立水权制度，由国家进行补贴，初始阶段让其享受优惠水权配置价格，并允许转让获益，最后让其负担与其经济能力相适应的水权价格等。这样，通过一系列的措施，积累经验，最后改变其意识形态，接纳水权制度与水权市场运作方式，实现水权交易的目的。

水权制度和水权市场法制环境是水权制度和水权市场建设和有效运作的保障，可以使水权市场建设、运作和维持等规范有序地进行。水权市场法制环境须建设一整套的水权市场法律法规体系，包括水权市场法律、水资源管理法规、水权和水权转让的规章制度以及水权市场交易办法。所谓公共管理，是指公共组织为促进社会整体协调发展，采取各种方式对涉及社会全体的公共事务进行管理以实现公共利益的活动。公共管理的主体可以是政府，也可以是群众组织或社团等民间组织。这两点前文已经阐述，此处不再赘述。

水权市场技术环境包括工程计量措施和科技手段两个方面，这是水权市场建设的硬件条件。无论是从节水角度，还是从手段角度，工程措施，包括输水设施、储水设施以及计量设施如大口径流量计、液位计、水质分析仪等，在水权市场建设中对水权交易的作用都是不可或缺的，是水权交易的前提条件。水权市场运行效率与来水丰枯状况、水权市场的供求情况等信息的掌握程度呈正相关关系，对这些信息掌握得越是充分，水权市场运行效率就越高，反之则越低。水权市场的科技手段主要是信息化手段，建设"数字流域"工程。"数字流域"工程作为水权市场建设的科技手段，便于掌握水情和社会经济发展情况，便于掌握水权市场供需状况和调度水量，增强水权市场的可控性和实效性。

四 注重水权制度和水权市场的政府经济政策工具建设

我国的水权制度和水权市场都是在国家指导和规范下建立的。我国的水权市场是"准市场"，政府在其中发挥着十分重要的作用。政府调节水权市场主要包括经济政策、法律政策和行政政策等。其中经济政策具有十分重要的作用和意义，主要的经济政策工具有水资源费、政府水权储备、水权市场公开业务和价格歧视等。

水资源费是水权价格的组成部分，是政府能够直接施加影响的部分。政府可以通过调节水资源费，对水权价格进行杠杆调节，水资源费高，水权价格就相应地高，反之，水权价格就低，政府通过调整水资源费影响水权价格来调节水权供求状况。

政府水权储备有三个来源：一是政府在水权初始配置中要预留水权份额，以备经济发展需要，这构成政府水权储备的一部分；二是待分配水权和违规罚没水权等由政府所掌握，构成政府水权储备；三是政府回购水权，政府以回购的形式向水权主体进行回购，以作为水权储备。政府提高或减少储备比例，收紧或放松"水根"，就会减少或增加水权市场供给量，抑制或促进水权交易，如果允许水权交易后可以再转手交易，则政府提高或减少储备比例就会发挥乘数效应，市场水权供给量就成倍地增减变动。

水权市场公开业务，即政府作为水权交易的一方直接进入水权市场参与水权买卖，借以调节水权市场供给量，平衡水权价格，以实现水权政策目标。水权公开市场业务逆市场风向而动，丰购枯售，逆市场供求状况进行反向调节，即如果水权市场上水权供给比较匮乏、水权价格过高时，政府可以向外抛售水权，向市场注入水权，缓解市场供给紧张的局面，平抑市场价格。反之，政府则购买吸纳市场上多余的水权量。

水权市场价格歧视政策的具体运用包括区别水权交易时间、地点、产业、用途、偏好等实行不同的水权价格，比如在不同的季节和时段实行不同的水权价格；水权价格歧视政策可以用来调整水权投向以配合实施国家的产业政策，对国家限制的产业实行高价，鼓励的产业实行低价；水质不同，价格不同，但如果水质因其价格差别远远超过不同水质的生产成本，也产生了价格歧视，对水质要求高的用户收取了更高的价格。

五 注重对水权交易的第三方效应的审核和处理

目前我国的水权交易仅仅只能是节余的水资源，并不是水资源的直接交易。只有在保障基本用水的基础上，通过节水设备等方式节约水资源。然后可以将节余的水量进行交易。这样一方面可以促进农业用水的效率提高，另一方面也避免影响粮食安全。但是这样导致的一个负面影响就是节余出来的水资源量少，很难满足水权转让的需求，影响水权市场的发展。

国外水资源水权交易，往往是国家或用水组织通过法律对水权交易进行审核，如果认为水权交易不会造成明显的负外部性或者第三方负效应，则水权交易就会通过。这样既可以保障生态安全和基本生产安全，也能够保障足够的水权量。充足的水资源，是水权交易的前提。如果没有足够的水资源，水权交易将无法进行。

从长远看，应该逐步放开水资源交易，提升水资源交易量。这样可能会产生负的外部性或负的第三方效应。因此要加强对水权交易的监管和审核。运用法律，通过流域水资源管理机构和用水者协会等，对水权交易进行严格的评估。通过评估的水权交易，才能够被批准。对于水权交易产生的负的第三方效应，可以通过协商的办法进行补偿，以保障水权交易的进行。

总之，水权交易是未来水资源管理的重要手段。水权市场建设是大势所趋，要减少对水资源调配的政府直接干预，真正发挥市场在水资源配置中的决定性作用。政府要对水权制度和水权市场进行监督，同时通过 PPP 模式等方式，不断夯实水权交易基础和完善水权交易环境。

第二节　水价政策与农业水资源可持续利用

本研究在分析水权市场建立的前提下，构建了基于利益相关者的农业完全成本水价模型，从模型本身可以发现，完全成本模型是一个高水价模型，在实施过程中需要考虑水价不断上升中产生的微观及宏观经济效应。因此，为了更好地实现价格杠杆的作用，需要如下农业水价政策予以协调和补充。

一　制定科学的农业分类水价政策

水价改革的目的是促进农业节水，但是水价是以农户的承载力为基础的。不同地区的水情、区情都不相同，因此农业水价绝不能一刀切。发达地区和少数民族地区以及贫困地区、丰水地区和贫水地区、粮食作物和经济作物，这些因素的不同导致农业水价必须执行分类水价。要在不同地区的不同时间，使用不同流域、不同区域的调水工程和不同量的供水，制定不同的水价；对不同用户、区别不同的用途，制定不同的水价，为体现节约用水原则，应完善和推广合同用水，实行超计划加价办法，凡超过计划用水或浪费水资源的，可实行惩罚性水价。各个地区包括灌区应根据本地区的水资源情况、农民收入情况、农作物种植结构等制定科学合理的农业水价分类体系，执行不同的农业水价政策。

二　制定合理的农业水价分担政策

在上述分析农业水价政策的微观经济效应中发现，农业水价提高对节水有一定的效应，然而却降低了农户的净收益。并且由于目前农业收益率低以及农民收入水平不高，导致农民对农业水价的承载力低。这也是目前农业水价提高最大的难点。由于现行水价无法起到调配水资源的杠杆作用，也无法激励节水，农业水价提升是趋势，无法避免。一方面农业水价必须提升，另一方面完全由农户承担也是不可能的，特别是在现有的条件之下，因此就需要制定合理的农业水价分担机制，使得农业水价政策既能够实现农业节水的目标，也使得农户能够承受。

水价分担机制的一种实现方式是农业水价补贴政策，分为明补和暗补两种形式。这种分担机制的特点就是农业水价执行供水成本水价，有条件的地区执行完全成本水价。在评估农户承载力的基础之上，农户负担承载力水价，其余的部分由政府财政进行补贴。这种方式的优点是不增加农户的负担，但是负担就转移到政府的身上，特别是地方政府的身上。研究表明，暗补的形式要好于明补的形式。

另外一种农业水价分担机制就是将企业纳入农业水价分担体系。通过水权转让的方式向企业出售一部分水权。由于目前农业水价和工业水价巨大的差距，这部分转让的收益是很高的，转让的收益作为补贴资金对农户进行补偿。

三　完善农业水费计量和征收机制

在对内蒙 K 旗调研的过程中，发现农业水费存在的一个主要问题是征收难，除了部分农户有反对交水费的倾向外，主要原因是农业水费的计量和征收机制不完善。特别是末端水量的计量，由于计量设备等问题，如遭到破坏，本身精确度不高等原因，导致目前末端水量的计算是粗放式的，这就无法得出一个精确的农业水费，只能是估算。因此水费计算在现实中，往往是按农田的亩数，或者按小时计算。我国农业灌溉水费征收长期实行按亩收费，灌水量多少与水费相关性不大，导致农民大水漫灌，缺乏节水积极性。要改变这种状况，真正发挥农业水价的作用，必须引进按方计费征收机制，真正做到灌溉多少决定水费数量，才能真正改变用水行为。因此，需要加大投入，积极改造渠系供水计量设施，制定相应的机制和方法，实行计量收费和超额累进加。对于水费征收，应该配合农业终端水价改革，强化农民自主管理的角色和权利，实行用水户和供水户直接对接，消除搭车收费和水费截留现象。

四　完善农业水价谈判、仲裁等平台和机制

农业水价涉及众多的农业用水主体，不同的农业水价经营主体水价承载力不同，且具有不同的利益诉求。市场机制调配农业水资源价格，不同于行政命令的最大区别就是，行政命令是强制性农业水价，而市场机制则是通过不同农业用水主体之间的博弈、协商最终形成农业水价。完善农业水价的谈判机制将有利于降低水价形成的交易成本，包括谈判

成本等，有利于科学合理农业水价的形成。

由于在农业水价形成过程中，可能会产生冲突和纠纷。这就需要有一个解决用水冲突的平台。一方面需要加强农业用水者协会的作用，让用水者协会发挥调节农业水价纠纷的作用。另一方面要探索建立水事法庭，专门就农业用水纠纷进行仲裁和处理。特别是在农业水权转让过程中，形成的农业水权转让水价，由于转让合同期限的不同，水价的定价方法和期限不同，随着现实中水资源供需变化的发生，转让合同会经常发生摩擦。这就更需要上述仲裁和调解机构的存在。目前我国农业水价在这方面的机制还十分欠缺，亟须完善。

第三节　农业水资源可持续利用趋势与愿景

我们通过分析水权以及水价这两种需求管理的政策工具，目的更是为了解决目前农业水资源短缺的现状，为了实现农业水资源可持续利用。农业水资源是农业生产的生命线，关系到国家的粮食安全等重大战略。只有实现农业水资源的可持续利用，农业的可持续发展才可能实现。我国的水资源禀赋十分贫乏，再加上水资源利用效率不高等多种因素，农业水资源的可持续利用还任重而道远。但是，目前国家在农业水资源管理方面的努力，使得农业水资源的可持续利用充满希望。对农业水资源可持续利用愿景，我们持乐观的态度。

一　农业水资源利用的未来趋势

农业目前依然是水资源的第一大户，在今后相当长的时间内这种第一大户的地位仍然不会改变。但是随着用水供需变化，以及技术进步和水资源管理制度的改变，农业水资源利用将会发生一些显著的和可以预见的改变。

趋势一：随着城市用水的紧张，农业水资源将会继续转出。

我国正在经历世界上最快的城市化，2015 年我国的城镇化率已经达到 56.1%，"十三五"期间将达到 60%，而要达到发达国家的城镇化水平，城镇化还要提高到 80% 以上。这就表明还将有几亿的人口迁移到城市生活。这将进一步加剧城市用水的紧张。在生态用水有增无减的情况下，为保障居民生活用水等需要，唯一的用水来源就是农业用水。因此随着城市用水的供需紧张，大量的农业水资源将转出，以保障居民的生活用水安全和国家战略的实施。我国正在进行生态文明建设，并将生态文明提高到了前所未有的高度。绿色发展也成为五大发展理念的核心，可以预期未来生态和民生是国家关注的重点。在这种情况下，生态用水和生活用水保障成为未来用水的核心。而农业用水一方面存在利用效率不高，大量浪费的现象，另一方面农业所占 GDP 总额很小，因此农业用水往往成为牺牲的对象。在这种情况下，农业水资源转出将是一个趋势，且是不可避免的。

趋势二：农业水资源利用效率将明显提高。

我国目前农业水资源利用效率和发达国家相比还存在巨大的差距。我国农业灌溉水有效利用系数平均在 0.4—0.5 之间，这和发达国家 0.7—0.8 的水平还有一定的差距，同时也有很大的上升空间。未来我国的农业水资源利用效率将会明显地提高。第一，这是由于农业水资源为了支持城市生活用水和国家宏观战略必须大量转出，未来的农业用水总量只能是大量减少。在农业水资源有减无增的情况下，农业用水供需矛盾将会进一步紧张，这就倒逼农业用水效率的提高。第二，随着技术的进步和节水设施成本的降低，大量的高效节水设施将会应用到农业领域，这就使得农业节水和使用效率的提升成为可能。第三，随着农业水资源的日益稀缺，农业水资源的使用成本也越来越高，这就使得农业用水的主体会改变用水的行为，激励起提高农业水资源利用效率，以减少农业水资源使用量，以节约成本。第四，随着水权交易利益的提升，将增强农业用水主体的节水意识，提高农业水资源利用效率以换取农业水权交易的收益。从这几个方面看，未来我国农业水资源利用效率的提高将是十分明显的而且是可期的。

趋势三：水权交易将成为调节农业水资源配置的重要手段。

党的十八届三中全会开启了全面深化改革的历程，农业水权制度建设和水权市场培育已经成为水资源管理的焦点。市场必将成为配置资源的决定性因素和基础性因素，政府和市场相结合是未来农业水资源配置的重要改革方向。目前我国的水权探索已经十几年了，水权试点也已经进入验收阶段，水权交易所已经挂牌营业。这表明，我们正走在水权市场的路上。近几年的中央一号文件始终强调水权制度建设和水权市场培育。这表明水权交易将是未来调节农业水资源配置的重要手段。随着土地流转的深入，新型农业经营主体以及一批新农人的出现。农业用水的格局必将发生大的改变。而市场已经被证明是提高资源使用效率的最有效的手段。由此可期，在未来，区域性的、流域性的、地方性的水权市场将会逐步产生和完善。市场将成为农业水资源配置的决定性力量。

趋势四：PPP 模式将是农业水资源管理发展的未来方向。

农田水利基础设施是农业水利的生命线，目前我国许多地方的农田水利基础设施仍然处于新中国成立初期的水平，年久失修，效率很低。近年来，政府大量的投入和重视农田水利基础设施投资和建设，取得了很大的成绩，但是还是感觉捉襟见肘。再加上由于民众不参与投资建设，使得农田水利基础设施维护差，农田水利基础设施呈现不可持续的状态。目前很多地区相继引入了 PPP 模式，将政府、市场和社会的力量结合起来。既拓宽了农田水利基础设施建设的资金来源，同时也让利益相关方参与水资源的管理。利益相关者更加注重基础设施的维护和保养，促进了农田水利基础设施的可持续性，有效地提高了农业用水的使用效率。有理由期待，在未来 PPP 模式将更广泛地应用到农业水资源管理。

趋势五：农业水资源将进一步实现资产化程度。

目前我国的农业水资源主要还是以商品的形式进行交换。水权交易的形式也比较单一。水权交易的形式还处于探索中，如北京出现了水银行。这和西方发达国家的水资源资产化程度相比存在很大的差距。但是在未来，水银行、水期货、水证券等多种农业水资源资产化的形式将会逐渐出现。这是和水资源稀缺程度逐渐加剧相适应的。水资源稀缺性的加剧将进一步提高水资源的价值。农业水资源将不仅仅是普通的商品，而会逐渐成为一种炙手可热的资本品。因此在未来对水资源的投资将会加剧。特别是在水资源最稀缺的华北地区有可能率先出现。所以可以预期的是未来在水权制度和水权市场完善的基础上，农业水资源将逐渐成为资本，农业水资源资产化的程度将会一步步上升。

二 农业水资源可持续利用愿景

农业水资源可持续利用是农业水资源管理追求的理想目标，从上述趋势可以看出，我国的农业水资源利用正在一步一步实现上述目标。而要实现农业水资源可持续利用还有很多可以改善而且需要改善的地方，笔者对此有以下几个愿景：

愿景一：农业用水者协会在基层农业水资源管理过程中的作用要加强。

农民是农业用水的主体，也是农业用水的弱势群体。用水者协会是农户组成的基层水资源管理组织。理应发挥应有的作用，但是目前大部分用水者协会的作用仅仅是纸面上的，起不到实质性的作用，参与感不强。政府由于信息不对称，不能有效地实施基层水资源管理，基础自治一直是努力探索的方向。用水者协会代表农民用水的根本利益，也是民主协商的结果。让用水者协会更大的发挥作用，也是发扬民主，提高水资源管理效率的有效途径。在水资源基层管理制度中，政府起监督的作用，用水者协会应该是基层水资源管理的主体。用水者协会由农民组成，既有信息优势，也由于农民之间社会资本的存在，可以有效地减少冲突和纠纷。因此为了实现农业水资源的可持续利用，农业用水者协会的作用在未来必须显著加强。

愿景二：农业水权转让要和生态补偿机制有机结合起来。

农业虽然占 GDP 的份额不多，但是农业却被赋予越来越多的功能和责任。越来越强调农业的生态功能。由于农业占地面积广，是生态的重要屏障。农业水权交易特别是农业水权向非农水权的转让，涉及农业水权性质的改变。农业水权转出后，除了影响农业基本生产外，也会对农业生态产生影响。因此必须在农业水权交易时充分考虑生态因素。要将生态补偿机制引入农业水权交易，对那些因为农业水权交易带来的环境负外部性要进行补偿。也就是说要在更广的视角下看待农业水权交易问题，在生态文明的背景下，考虑农业水权交易的合理性。

愿景三：农业水资源管理要实现精细化、智能化管理。

治水是我国的根本问题，具有悠久的历史，水治则天下安。在未来，我国的水资源供需矛盾将会进一步紧张，最严格水资源管理制度面临巨大的压力。因此对于每一滴水都应该格外的重视。只有实现农业水资源管理的精细化、智能化才能适应新时代发展的潮流。在未来，水资源管理的技术和智能化程度可能成为水资源管理成败的胜负手。也是未来能够占据水资源管理制高点的关键。我国的水资源管理一定要打破行政僵化的垄断，改变粗放式的管理思维，做到点点滴滴。同时要不断加强农业水资源管理的科学技术突破，建立起智能水网，提高水资源管理的信息化、科技化水平。

农业水资源利用效率的提高，是实现农业水资源可持续利用的基础。对于农业水资源可持续利用我们有美好的憧憬，只要脚踏实地，按照正确的道路前进。最终实现农业水资源可持续利用，绝不是一句空话。

愿景四：农业水权交易应该逐渐放开，不仅局限于节余的水资源。

水资源由于受到气候条件的影响，而具有不稳定性。降水充足的年份，水资源量就多，而干旱的年份，水资源量就少。如果水资源量多的年份储存的水资源可以直接进行交易的话，不仅可以提高水资源的利用效率，缓解用水矛盾，同时也可以提高农民的收益，促使农民注重对水资源的储存的投资。同时，由于城镇化进程的加剧，很多农户不再从事农业生产，那么这种水资源不需要进行节余就可以进行交易，就可以在保障农业水权初始界定不改变的基础上，提高农民的收益。目前，通过节水才能转让农业水权，所产生的水资源交易量是很少的，很难满足日益稀缺的水资源配置调整的需要。

第四节　进一步研究展望

本研究结合农业水权对农业水价进行了初步的综合研究。主要内容涉及农业水价的形成和传导机制。提出了基于利益相关者的完成成本水价的新概念和新思维，将供水方、受水方、政府、社区等众多的利益相关者纳入到农业水价的分析框架中来。同时对农业水价变动所带来的影响进行了微观、宏观方面的初步分析。并以此为基础得出了农业水价合理浮动的空间，为水价政策调整提供了实施的空间。由于篇幅和时间有限，本研究还有许多内容没有展开。未来进一步研究的内容主要包括以下几个方面：

一　农业水权交易在我国的实际运用

目前，我国的水权试点也已经进行一年多的时间了。水权市场和水权交易也在我国探索了近 20 年的时间。水权试点取得了丰富的经验，极大地推动了我国水权市场和水权交易的进程。2000 年以来，浙江、宁夏、内蒙古、福建、甘肃、新疆等地方开展了水权交易实践探索，2014 年水利部在宁夏、湖北、江西、内蒙古、河南、甘肃、广东等 7 个省区开展了水权交易试点。这些探索和试点为组建水权交易所提供了有益经验。2012 年以来，水利部联合北京市有关部门启动了水权交易所组建工作，在调查研究和分析论证基础上，提出了中国水权交易所组建方案，经清理整顿各类交易场所部际联席会议审核和国务院同意，按照属地管理要求，2016 年 3 月，北京市人民政府批复设立水交所，5 月，中国水权交易所完成工商登记。2016 年 6 月，我国水权交易所正式成立和运行。这标志着我国水权市场建设取得了巨大的进展。在成立的当天就完成了三笔水权交易，分别是：第一单是宁夏中宁县行业间水权交易签约，由中宁国有资本运营有限公司与宁夏京能中宁电厂筹建处签订水权交易协议，通过灌区节约改造将节约的水转让给电厂。第二单是河南平顶山市与新密市流域间水权交易签约，主要是南水北调中线通水后，新密市没有南水北调中线用水指标，又特别缺水，经协商，平顶山市将其南水北调中线的部分水量转让给新密市。第三单是北京与山西、河北的水量交易签约，山西和河北将节约的水量转让给北京，支持首都建设。

这表明我国的水权交易和水权市场建设已经进入实践推广阶段，在十八届三中全会确定的全面深化改革的基础上，水权交易和水权市场是我国水资源管理必经阶段和必由之路。水权交易所是水权交易的重要平台，但是由于水资源的特殊属性和各个地区的特殊情况，水权市场注定是地方性的和因地制宜的。这就需要结合各个地区特殊的区情和水情进行水权市场的探索。未来的农业水权研究重点是：

1. 农业水权市场运行和管理

本书由于重点是农业水价，只是对农业水权市场初步的原则和方式进行了顶层设计，并没有对农业水权市场具体的运行和管理进行深入的探讨。既然水权制度、水权交易、水权市场是未来我国农业水资源管理的重要抓手，那就必然涉及农业水权市场的运行和管理。目前我国的水权市场规模还很小，也不成熟，要大范围地建立农业水权市场，就迫切地需要理论的指导。农业水权市场运行的规律是什么？政府和市场在农业水权市场的地位各自是什么？农业水权市场如何管理？都是迫切需要解决的重要问题。

2. 农业水权交易价格

随着农业水权交易的增多，农业水权交易价格成为农业水资源价格的重要形式。农业水权交易价格不同于普通的农业水价。农业水价是指农业水资源以商品的形式进行交换的价格，而农业水权交易价格则是以农业水资源产权为交易对象的价格。两者的形成机制有何不同？农业水权交易价格形成机制和影响因素有哪些？这些问题就构成了农业水权交易价格研究的重点。

3. 农业水权交易的第三方影响

农业水权交易主要涉及农业水权向非农水权的转让，特别是向工业水权和城市生活水权的转让。这涉及农业水权性质的改变。农业水权大规模地向非农水权转让，是否会影响农业生产以及水资源生态环境。农业水权转让是否会影响到交易的第三方。农业水权交易的第三方影响不仅会影响农业水权交易的效率，也会影响农业水权交易取得的实际效果，因此必须结合农业水权交易的第三方影响完善农业水权交易补偿机制，保障农业水权交易实现效率、公平等目标的实现。

二 农业水变动的生态传导机制

本书研究了农业水价变动的微观传导机制和宏观传导机制，尚不涉及农业水价变动的生态传导机制。而农业水价的变动会导致用水行为和方式的改变，从而对水资源本身产生影响，进而影响水资源的生态环境。

1. 农业水价变动的生态传导机理

农业水价变动会如何改变生态环境？其作用机理是什么？本研究拟结合生态学、水文学等专业知识对农业水价变动对生态环境影响的机理进行初步的分析。搞清楚农业水价变动的生态传导的机理和路径。判定农业水价变动是否会引起生态环境的"蝴蝶效应"。由于本研究涉及经济学以及自然科学相关学科，难度很大。但是意义也十分重大，需要在未来取得突破。

2. 农业水价变动生态传导机制的定量分析

定量研究始终是经济学研究的重点之一，定量研究可以更精确地了解各变量之间复杂的关系，为精确地制定政策提供可靠的依据。通过对农业水价变动的生态传导机制的梳理，势必就涉及农业水价变动对生态环境影响程度的大小的分析。只有搞清楚农业水价变动对生态环境的影响大小，才能够科学合理地调节农业水价，使得农业水价变动对生态环境的影响可以控制在一个相对安全的范围之内。

3. 农业水价变动的生态纠偏机制研究

农业水价变动可能对生态环境造成正面的影响，也可能带来负面的破坏。除了控制农业水价变动的幅度之外，最重要的就是设立纠偏机制。一旦现行农业水价通过生态传导机制产生了对生态环境的不利影响，就必须立马启动纠偏机制，以保证生态环境的安全。如何设立这种纠偏机制，是目前研究的短缺，是需要重点考虑的一个命题。

三 非正式制度对农业水权和农业水价的影响

农业水权制度是一种正式的制度，但是在全国范围来看，历史和文化以及风俗、习惯等非正式制度对农业水权和农业水价的形成也产生了很大的影响。这种软约束的研究，是目前水权和水价研究的薄弱环节。

1. 水文化对农业水权和农业水价的影响

水文化是水资源管理的重要方面，良好的水文化可以提高水资源的利用效率，降低用水的矛盾。水文化往往是在长期的历史过程中形成的，对水资源使用者的影响是潜移默化的。如何通过水文化的挖掘，来获取水资源使用的共同认知和共同意识，来促进农业水权交易的形成和水价的制定，是改善农业水资源集体行动的关键。

我国是一个水文化源远流长、水文化丰富的文明古国。研究水文化对水资源配置的影响将具有很大的价值。

2. 社会资本如何影响农业水权转让和农业水价的形成

社会资本已经成为一种重要的资本形式，特别是在农村这种熟人和半熟人社会中。社会关系往往成为办事或交易的前提条件。社会资本是否会影响农业水权的转让？社会资本在农业水价形成的博弈中将扮演什么样的角色？这些问题都十分关键。经济学的发展越来越注重"社会嵌入"和"文化嵌入"。只有将社会资本等因素考虑进来，才能更加全面地了解农业水权转让和农业水价形成的机制和机理。

3. 农业初始水权界定的路径依赖研究

我们发现如果不顾一个地区过去存在的事实水权，而想当然地应用理论的成果进行初始水权的分配，往往都是失败的，且会引起很大的纠纷。农业初始水权的界定往往需要参考过去存在的水权制度，即农业水权界定往往存在着路径依赖。路径依赖是否会限制农业水权的发展，关键还是看农业水权的初始设计。如何在尊重风俗、习惯和事实水权的基础上，对农业水权的初始界定进行更加合理的界定，如何利用和转变农业水权的路径依赖是未来研究试图挖掘的一个层面。

四　农业水资源资产化的形式研究

目前国际上已经有相对比较成熟的水权制度和水权市场。且国际上的水资源资产化程度比较高。已经出现了水银行、水证券、水期货等多种多样的形式。但是制度的移植是一个复杂的过程。由于文化背景、水情、国情、风俗习惯等不同，同样的制度在不同的地区也许会产生相反的结果，因此要注重对我国农业水资源资产化形式的研究，找出适合我国国情的农业水资源资产化形式。

1. 水银行在我国的应用

水银行是美国水权制度的创举，它遵循银行业调剂余缺的原理实现水资源的丰存匮用。水银行是一个类似于金融银行的中间机构，它从拥有多余水权的用水户购买、租赁水权，并将其出租或出售给需要用水的主体。通过水银行进行的水权交易一般都属于短期交易，附有时间限制。期限届满，水权配置又回复到初始状态。根据我国法学理论，通过水银行的水权交易属于定量之水的买卖即水资源所有权的转移，并不是水使用权的交易。但是我国《水法》明确规定水权转让只能是使用权的转让，我国在水资源国家所有的基础上，如何实现水银行的方式调节水资源，是未来研究的一个重点。

2. 其他资产化形式在我国的应用

水资源资产化的形式是多样的，除了水银行这种方式外，还有水股票、水证券、水期货、水基金等多种形式。在我国的金融市场逐渐完善和发达的基础上，农业水资源资本化也是未来不可避免的一个趋势。要突破现有理论和观念的障碍，丰富和发展水资源资本化的理论，为农业水资源制度改革提供理论依据。我国的水资源资本化战略转型必须基于具体地区或流域的特定水文、地理、气候、资本条件等条件，将传统水资源管理理论和资本理论相结合，从而形成符合我国国情的理论体系。

第五节　本章小结

本研究结合农业水权和农业水价，对农业水资源管理进行了深入的研究，从需求管理的角度出发，建立具有中国特色的农业水权，并且从理论以及实证上给出了水价调整的微观和宏观经济效应分析。为了达到我国农业水价改革的目标，还需要建立一系列的配套政策。本章主要从需求管理的两个政策工具分析水权建设和水价调整两个方面，提出相应的保障政策促进农业水资源配置效率的提高。研究这些问题的终极目标便是实现农业水资源可持续利用，因此提出了相应的愿景。

附　录

西北干旱半干旱地区农业水资源
利用效率调查——以西安市为例

西安市人均水资源占有量仅为 278 立方米，不到全国平均水平的1/6、世界平均水平的 1/24，属极度缺水地区。随着西安国际化大都市建设及经济的快速发展，对水资源的需求也在不断攀升。农业用水作为西安市目前最大的用水行业，2008 年以来其用水比例呈不断下降趋势。一方面体现了农业用水效率有了较大提高，另一方面体现了产业结构调整所导致的非农用水比例不断上升。在国家提出保障粮食安全的背景下，如何配置农业用水比例，提高农业水资源利用效率，在有限的水资源总量下实现更高的农业产出，是目前面临且亟待解决的重大问题。

本研究通过文献查阅和实地调研，运用超效率 DEA 模型分析法，分别从时间和空间维度上评价了西安市 2004 年以来全市以及各区县农业水资源利用效率，并且运用灰色关联法对影响水资源利用效率的相关因素进行了分析。基于模型的研究结果及实践调查，提出了相关的政策建议及西安市农业节水战略。

一　西安市农业水资源利用的现状及问题分析

1. 西安市水资源利用总体情况

随着水资源供需矛盾日益加剧和水资源用水主体的竞争性，水资源成为关注的焦点之一。水资源是指在流域水循环中能够维持生态环境和人类社会所利用的淡水良性循环的前提下，一切潜在的经人类控制的形态水以及通过技术等方面的工程措施可直接或间接利用的地表水、地下水和土壤水。

（1）水资源总量及来源组成

2013 年西安市水资源总量为 23.47 亿 m³，比上年增加了 4.61 亿 m³，自 2008—2011 年以来，西安市水资源总量呈缓慢增加态势，而 2011—2013 年水资源总量呈急剧下降趋势（如表附 - 1 所示）。2013 年全市地表水资源量 19.73 亿 m³，比 2012 年减少了 56.06%；地下水资源量 14.32 亿 m³，减少了 1.83 亿 m³。其中地表水可利用量 7.50 亿 m³，占全市自产地表水资源量的 38%；地下水可利用量为 9.07 亿 m³。2013 年西安市用水量为 16.95 亿 m³，人均占有水资源量 278 m³，仅相当于全国平均水平（2186.2 m³）的 12.71%，属极度缺水地区。随着西安国际化大都市地位的不断彰显及经济的快速发展，对水资源的需求量将继续攀升，根据《西安市水中长期供求规划》，预测 2020 年西安市需水量达 21.13 亿 m³，将突破西安市水资源总量的 90%，2030 年为 23.52 亿 m³，在不从外地市"调水"的情况下，将突破西安市的水资源总量，而目前西安市总供水量为 17.05 亿 m³，因此，今后供需矛盾将更加突出。

表附 - 1　　　　　　　　西安市 2008—2013 年水资源总量

年份	水资源量（亿 m³）			
	水资源总量	地表水	地下水	重复计算
2008	18.05	15.02	9.97	6.95
2009	25.81	21.68	13.70	9.57
2010	28.11	24.00	11.53	7.42
2011	35.9	30.79	16.21	11.11
2012	18.86	15.89	10.35	7.38
2013	23.47	19.73	14.32	10.57

资料来源：陕西省水利厅编 2007—2013 年《陕西省水利统计年鉴》，陕西出版传媒集团、三秦出版社；陕西省水利厅《水资源公报》。

西安市水资源时间分布不均，气候主要受季风控制，季节性变化较大，径流年内分配不均，具有"春旱、夏洪、秋缺、冬枯"的特性；水资源空间总量地域分布不均衡，河流除秦岭南部的湑水河、南洛河等属于长江流域外，其余大部分属于黄河流域渭河水系（黄河流域总量为 22.56 亿 m³，而长江流域总量仅为 0.92 亿 m³）。地表径流山区大于平原，由南向北递减（渭河南岸 20.92 亿 m³，渭河北岸 1.64 亿 m³）。秦岭山区占全市土地面积的 49%，年径流量占到全市总量的 82%，平原、台塬区年径流量占全市总量的 18%。西安市地表径流年际、年内分配不均，径流量丰水年为枯水年的 4—7 倍，年径流量的 50%—60% 集中在每年汛期的 7—10 月，枯水期一般在冬春或春夏之间，径流量相当于全年的 1/50，部分河流枯水年和干旱季节基本断流。由此可见，西安市水资源时空分布极不均衡，区域分布相差悬殊。

（2）供水系统现状

目前西安市供水系统是以"黑河引水工程"为主体的地表水供水系统（包括石头河水库、黑河水库、石砭峪水库、洋河及田峪河的地表水工程系统）和浐河、灞河、洋河、皂河、渭河、西北郊水源地等傍河地下水以及自备井组成的地下水系统构成的区域性联合供水系统。根据统计资料，西安市 2012 年总供水量为 16.46 亿 m³，供水总量 2008—2012 年呈 U 字形趋势。西安市主要供水水源类型是地表水供水、地下水供水以及其他水源供水（主要是雨水及污水回用供水），2008—2012 年间西安市各主要水源类型供水情况如图附 -1 所示。由图附 -1 可知，西安市地下供水量居于第一位，占供水总量的 55% 以上。由于历史、经济等方面的原因，西安市地下水开采规模较大，目前全市地下水开发利用程度为 70%，开发利用已接近饱和。因此，近几年来提倡以"节流"为主以及加大了水源地保障建设的力度，地下供水量呈现逐年递减态势；地表供水量居于第二位，占供水总量的 37%—45%。目前，西安市积极实施天然林保护工程、提高水源涵养林面积、修建蓄水工程、加大地表水水源地工程的建设，充分开发利用地表水资源，因此，2008—2012 年地表水供水呈现逐渐增加的态势；雨水利用和污水处理回用居于最后，但是目前水务局已经加大西安再生水利用工作，推动污水处理及中水利用进程，并且提出力争 3—5 年时间，使西安市再生水利用率达到 30% 以上，由此可见，西安市再生水利用进程也在逐步加快。

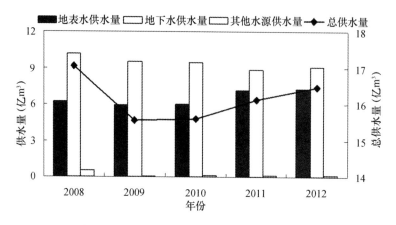

图附 -1　西安市 2008—2012 年水资源供水现状

资料来源：陕西省水利厅编 2008—2012 年《陕西省水利统计年鉴》，陕西出版传媒集团、三秦出版社。

（3）水质状况

西安城市水源地表水主要由秦岭北麓的黑河金盆水库、石砭峪水库、石头河水库等组成，秦岭植被丰茂，生态环境保护措施得力，地表水质优良；地下水取自城市周边的地下深井水，水源地保护区内没有苯的污染源，目前安全可靠。西安水质的各项标准均优于国家从 2012 年开始强制执行的《生活饮用水卫生标准》，并且通过相关水质部门检测，西安市水质达标率为 100%，在国内居于前列。此外，西安自来水建立有水质应急预案，组织机构健全，具有水质快速检测和处置的应急处置能力。

（4）水资源行业消耗结构

根据利用水资源的对象来看，水资源用水分为农业、工业、生活和生态这四大类。2009—2013 年，西安市用水总量近五年间呈持续增加趋势（见图附 -2）。

2013 年用水总量达到 16.95 亿 m³，比 2009 年用水总量增加了8.9%；农业用水量从 2009 年 6.94 亿 m³ 减少到 6.24 亿 m³，减少了 0.7亿 m³，农业用水量不断减少；而工业用水在近五年间处于上升阶段，2013 年增加到了 3.86 亿 m³，比 2009 年增加了 0.46 亿 m³，工业用水将持续增加；而城市生活用水和生态用水也是处于不断增加趋势，2013 年城市生活用水和生态用水分别增加到 5.34 亿 m³ 和 1.51 亿 m³。总体来看，西安市用水总量不断增加，而只有农业用水量处于下降趋势，其他各个行业结构用水量都持续上升，对于极度缺水的西安市，水资源供需矛盾将更加突出。

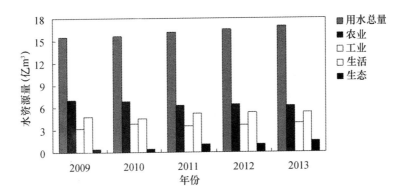

图附 -2　西安市 2009—2013 年水资源行业消耗量

资料来源：陕西省统计局、国家统计局陕西调查总队编 2009—2013 年《陕西统计年鉴》，中国统计出版社。

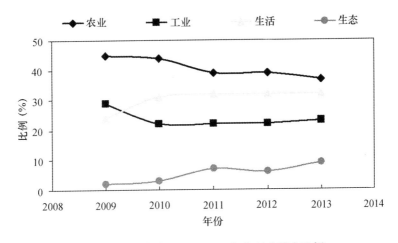

图附 -3　西安市 2009—2013 年各行业用水比例

资料来源：陕西省统计局、国家统计局陕西调查总队编 2009—2013 年《陕西统计年鉴》，中国统计出版社。

由图附 -3 可以看出，2009—2013 年西安市农业用水一直占用水总量的

36%以上，是用水所占比例最大、用水量最多的产业，其比重近年来呈下降趋势，从2009年的44%下降到2013年的36%，这说明了西安市农业节水效率逐渐提高。西安工业用水比重基本在22%—29%，2009年最大达到29%，比全国工业用水比重（24.03%）高4.97个百分点；之后降低到2011年的22%，随着工业用水量的不断增加，其用水比例从2011年又增加到2013年的23%；而生态环境用水比例处于持续增加趋势，由2009年的1.9%增加到2013年的8.91%，比全国生态用水比重（1.99%）高6.92个百分点，这进一步说明西安市加大了生态环境的保护力度，对生态环境逐渐重视。

2012年11月，在全省率先出台了实行最严格水资源管理制度工作方案和考核办法，2013年组织编制了"三条红线"控制指标分配方案并下达到区县政府，完成水资源控制指标分配工作。在控制方案中，西安市2015年的用水指标为18.7亿m^3，其中农业用水6.24亿m^3（33.3%）、工业用水3.86亿m^3（20.6%）、居民生活用水4.1亿m^3（21.9%），生态及其他用水共4.5亿m^3（24.2%），"三条红线"的设定在一定程度上为西安市各个行业提供了未来用水的总量控制和节水目标。

（5）小结

综上所述，西安市水资源的总体特点是：总量偏少，时间、空间分布不均，水资源总量呈下降趋势，年供水量也逐渐减少。水资源自然禀赋的限制以及社会经济发展带来的城市扩张影响，决定了水资源短缺将是西安市发展面临的主要瓶颈。也是一个具有长期性的艰巨的问题。

农业是西安市用水大户。随着工业化、城镇化的快速推进和人口的持续增长，社会用水需求差异化，用水主体多元化导致了用水竞争性的加剧，水资源稀缺性急剧增强；而农业水资源本身粗放的利用方式导致农业水资源短缺与浪费问题并存。深刻反思农业水资源的利用方式，实行农业水资源高效利用，成为当前西安市亟待解决的重大现实问题。

2. 西安市农业水资源利用现状

西安市农业水资源利用主要分为农田灌溉用水以及林、牧、渔、畜用水。水资源短缺是西安市水资源利用面临的主要问题，而农业用水占到了西安市现有水资源用水总量的36.8%，其有效节约将是西安市未来最具节水潜力的领域，也是实现水资源高效利用的重要领域。农业水资源的多功能性（自然特性和经济特性）决定了农业水资源效用不仅体现在经济效益上，还应体现在社会效益和环境效益等方面。

（1）灌溉用水现状

近五年在农业用水中，西安农田灌溉总量均占农业用水总量的83%以上，为农业用水的最主要来源（见图附－4），并且农田灌溉用水比例一直持续上升。

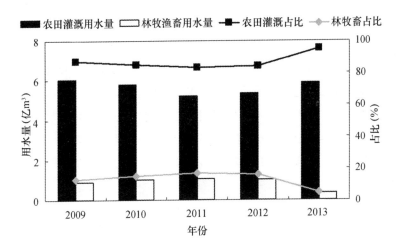

图附－4　西安市2009—2013年农用水比例

资料来源：陕西省统计局、国家统计局陕西调查总队编2009—2013年《陕西统计年鉴》，中国统计出版社。

2013年农田灌溉用水量为5.90亿 m^3，占当年农业用水总量（6.24亿 m^3）的94.55%，是农业水资源的最大用户，灌溉用水量大，节水潜力也最大。通过查阅文献与实地调查可知，西安市在农业灌溉节水方面取得了较大成绩。早在1997年，西安市被评为全国节水示范市，主要采用喷灌、微灌、滴灌灌溉等节水灌溉措施，2013年西安市节水灌溉面积为245万亩，农业灌溉效率达到0.70左右，已经接近世界发达国家水平。总体上，农业用水量下降，农民增收，节水效果良好，农业用水效率不断提高，这也进一步说明了西安市农田灌溉农用水在节水方面做了很大的努力，而在这一过程中，农业灌溉设施建设在农业节水灌溉中发挥着举足轻重的巨大作用。

（2）农业灌溉基础设施建设

近年来，西安市委、市政府把加强农田灌溉设施建设摆在突出位置来抓，动员和组织全市人民掀起了新一轮农田水利建设高潮，推动全市农田水利建设迈上一个新台阶。农业灌溉设施在抗御干旱灾害、确保作物安全、服务新农村建设方面发挥了巨大作用。

1）建设现状及成效

经过多年的努力全市农业灌溉设施取得了长足的发展，截至 2012 年底，全市现有万亩以上灌区 34 处，水库 92 座，库容达到 3.85 亿 m³，有效灌溉面积为 1277.18 千公顷，基础设施建设已经居于全国前列。

目前，西安市在农业灌溉工程建设方面，将水源地建设作为一项重要的战略举措来实施。新增的水源地主要有以下几个：

①黑河水库：黑河水源地位于周至县境内，流域总面积为 1481 平方公里，年平均径流量为 6.67 亿立方米。黑河金盆水利枢纽是整个引水系统中最主要的水源地，它是一项以城市供水为主，兼有防洪调蓄、发电、农灌等综合效益的大型水利工程，总库容为 2 亿立方米，年调节水量为 4.28 亿立方米，其中给城市供水 3.05 亿立方米，日平均供水 80 万立方米，改善农电灌溉 37 万亩。在库区上游水源地内设有乡镇 4 个，自然村 43 个，人口约有 1.2 万人，108 国道贯穿整个库区。

②李家河水库工程：李家河水库位于蓝田县辋川河李家河村。水库坝高 98.5 米，库容 5690 万立方米，有效库容 4520 万立方米，水电装机 0.42 万千瓦。年供水量 0.56 亿立方米，年发电 1436 万千瓦，解决农村人饮 16.04 万人。

③蓝田曹庙水库工程（规划）：曹庙水库位于蓝田县前卫镇曹庙村。水库坝高 40 米，坝长 350 米，库容 2000 万立方米，有效库容 1700 万立方米，新增供水能力 6 万立方米每天，年发电 600 万千瓦。

④梨园坪水库工程（规划）：梨园坪水库位于长安区滦镇梨园坪村。水库坝高 110 米，坝长 400 米，库容 2915 万立方米，有效库容 2500 万立方米，新增供水能力 12 万立方米每天。

在实地调研过程中，发现农田节水灌溉建设方面有较大的改善。在蓝田县白鹿塬上实行的中央财政追加农田水利工程，总投资 1600 多万元，全部暗管铺设，解决千百年来白鹿塬上农业靠天吃饭的问题；在户县的依农猕猴桃专业合作社建立的 1500 亩的猕猴桃基地、荣华葡萄基地全部采用滴管灌溉，运用先进的土壤水分监测技术，做到缺水区域适时适量供水，大大提高了农业水资源利用效率。

这些工程的建设极大改善了西安市农田水利基础设施条件，提高了农业综合生产能力，增强了农业抗御自然灾害的能力，促进了粮食增产，增加了农民收入，产生了良好的经济和社会效益。

随着这些灌溉节水工程建设的同时，还取得了其他方面的一些成绩。如农民自发爱护水利设施的热情有了一定程度的提高，更加科学的水资源专业管理团队不断建成，这在很大程度促进了农业节水项目的有效实施。

2）存在问题

虽然近些年取得了很大的成绩，但是调查中发现，仍然存在着许多问题。主要表现在以下几个方面：

①农田灌溉设施老化失修严重。相当一部分已达到使用年限，老化失修，效益衰减，加之配套率低，欠账较多。一方面，西安市 80% 以上井灌区和引提水灌区建于 20 世纪 50 年代到 80 年代，经过二十多年以上的运行，工程老化十分严重，正常效益难以发挥。"九五"以前建成的节水灌溉工程经过多年的运行，部分工程效益衰减，近 100 万亩节水农田已不能完全发挥节水效益，急需更新改造。"九五"期间发展的部分节水灌溉面积由于配套不全，标准不高，也影响了工程效益的发挥。另一方面，自然条件变迁，降低了水利工程使用效率。多年来地下水位下降，使得一些建成于 20 世纪的成井深度较浅的容用机井干涸、吊空、报废现象十分普遍。现在灌溉机井至少需打 60 米，有些地区甚至更深。同时由于地表径流明显减小及工业和城市用水占用农业水源，中小型自流引水灌区供水严重不足，水利设施作用难以发挥。

②农田灌溉设施占用严重，占补不平衡。城市规模扩大，农村土地的经营开发，多数被征占的农田都是农田水利设施条件较好的丰产田，导致灌溉设施配套齐全的基本农田特别是节水灌溉农田减少过快。据调查，一般小型水利工程的使用年限在 15 年左右，西安市每年报废的机井约 1400 眼，每年新建的约 800 眼，不能保持报废与新建的平衡，无法达到突破发展。据了解，目前我市灌区有 4000 眼机井因补给不足而吊空，

还有 1200 眼机井报废，需要补打新井。

③资金投入不足。一是各级财政用于节水灌溉工程方面的投资偏低，特别是区县财政负担过重，项目配套资金难以全部落实。二是税费改革及"两工"取消后农村群众投入减少，影响了节水灌溉工程建设的标准和速度。目前全市还有 70 多万亩农田尚无灌溉设施。

④农业灌溉成本与收益不成比例，农民抗旱保丰收积极性不高。西安市相当一部分农田属于平原区，农民灌溉成本主要由电费和人工费两部分组成，现在国家对于农村灌溉实行每度电 0.195 元的优惠，而在实际执行的过程中，由于大多数村庄在考虑到农民承受能力时，实行的是生活和灌溉用电合用一台变压器，而按照电力部门的规定，必须按照综合电价的标准征收，以及每度电 0.35 元，无形中加大了农民灌溉成本，造成灌溉粮食增产效益不明显，农民灌溉积极性不高。

⑤农业灌溉设施管理队伍有待加强，急需建立完整的灌溉设施基础数据库。农业灌溉设施管理人员作为最基层的管理人员，调查中发现，基层水利系统内部虽然在经过几年的充实后，管理队伍已经建成，但水利管理队伍素质参差不齐，水利设施现状掌握不清，历史资料收集不全、职责不明等问题依然突出。农业灌溉设施分布范围广，类型多样，目前西安市农业灌溉设施的数量、损毁以及水利管理方式等方面的情况都是由区县定期上报数据，这个周期比较长，再加之统计数据和信息的不完整性，加大了决策难度，并存在一定的风险性，因此开发建设农业灌溉设施管理数据库是十分必要也十分可行的。

3）建设潜力分析

农业灌溉设施建设是保证农业节水用水的重要保障，目前通过对西安市水务局调研，发现西安市农业灌溉设施建设还存在很大的潜力。一是西安市现有耕地面积 446 万亩，今后一个时期西安市城市发展和各种非农业建设将进入一个较快增长时期，预计到 2015 年全市需占用耕地约 29.4 万亩，相应通过土地复垦可增加耕地 13.8 万亩，减少 15.6 万亩，即 2015 年全市耕地面积约 384.6 万亩。其中的 60 多万亩耕地建设条件许可，建成后效益明显，需要发展节水灌溉。二是 20 世纪 80 年代前建成的 120 万亩节水灌溉面积由于建成较早、工程配套不全、长期超负荷运行，导致设施老化失修严重，正常效益难以发挥。1995—2003 年建成的 40 多万亩标准不高的节水灌溉工程也需要进行更新改造，提高工程标准，恢复节水灌溉功能。

针对以上西安市在农业灌溉设施建设方面存在的巨大潜力，通过与水务局相关领导与工作人员座谈，了解到目前市水务局正在努力使农业灌溉设施的发展与经济社会的发展相协调，作为发展现代农业、实现粮食增产、增加农民收入和农业可持续发展、推进社会主义新农村建设的重要途径。加大资金投入力度，狠抓工程管理落实，在此基础上，进一步开展以下工作：

① 渭北灌区、沿山中小型灌区和周户 37 万亩灌区全面实施渠道防渗技术。加大对干、支、斗、农渠防渗衬砌和节水更新改造，全面配套量水设施，实行斗口计量计费，推行按需配水和定额配水。灌区田间实行土地平整，划定沟渠规格，推广小畦灌、沟灌、长畦短灌和波涌灌等地面灌水技术，并通过覆盖保墒等农业节水措施，实现渠灌区全面节约用水。

② 长户纯井灌区、塬区深井灌区全面实施管道输水灌溉技术。实施严格的机井开采许可制度，以井定面积，用面积确定机井数量。实行机井、水泵、配电、地埋线和管道输水配套，用水管理推行 IC 卡计量，实行"总量控制、定额管理"、按量计征水费。田间推行土地平整、小畦灌溉等方式，并与覆盖保墒等农艺措施结合。在地下水采补平衡区，严格控制新开辟地下水源。

③ 井渠双灌区实行渠道防渗衬砌、管道输水的联合应用，开展地表水与地下水的联合调度。

④ 山塬缺水旱作雨养农业区，由于地下水开采难度较大，应结合当地的水土资源条件，有选择地实施雨水集蓄利用工程，并与农业节水措施的紧密结合。即建设雨水集流工程、等高耕种开挖鱼鳞坑、深耕蓄水保墒、覆盖抑制蒸馏保蓄、调整农作物布局的适水种植、坡地粮食轮作、粮食带状间作和草间作以减少雨水径流等农业蓄水利用技术措施。

通过以上了解到的西安市关于农业灌溉设施建设的近期规划可知，新修、改造和提高现有农业灌溉设施，加快农田水利化配套任务艰巨，西安市农业灌溉设施建设任重而道远。

3. 农村生活用水及水质

目前，农村饮用水安全和基本安全人数 371.32 万人，占农村总人口的 91.68%。预计到 2015 年底,基本解决所有农村饮用水安全问题。2005 年至 2013 年底,中央、省、市共下达资金 14.94 亿元,共建成各类集中供水工程 2038 处,解决了 256.58 万人饮水安全问题,设计供水规模 13.83 万吨每天,实际供水量为设计供水规模的 40%—80%,基本能满足供水范围内人畜饮水。目前西安市基本解决人口、牲畜饮水,保证社会稳定,在水资源开发利用中产生了较好的社会效益。

规模以上供水工程全部设水质化验室,从近年检查数据及疾控部门出具的报告看,全市水氟合格率为 90.36%,高于全国的 73.70%,总体供水水质良好。这得益于西安市对农村供水水质有严格的管理和检测机制:

(1)在项目前期设计时,对水源进行水质检测,并根据化验结果及结论设计净水和消毒工艺。如无水源水质资料选取参照井的水质检测结果作为水处理工艺设计的,地下水源建成后及时对水质进行检测化验,这在很大程度上确保了出厂水水质安全。

(2)在中期项目运行过程中,按照水利厅、财政厅《关于下达第二批农村饮水安全监测中心建设项目计划的通知》,先后成立了长安、临潼、周至、户县、高陵、蓝田、阎良等 7 处水质监测中心,全面负责监测农村饮用安全管理工作。设有无菌操作室、化验室,配备相关仪器设备,化验水质指标达到了 21 项。且每个水质检测中心各配置了水质检测车 1 辆,专业化验人员 2 名,建立健全相关规章制度,按照《村镇供水工程技术规范》规定的检测频次对水源水、出厂水和管网末梢水进行日常监测。

(3)在项目建成后期管理过程中,为了加强农村供水工程建后管理,在阎良、长安、灞桥、户县、临潼、高陵、蓝田、周至等八个区县成立了运行管理机构,各区县财政每年补贴维修养护资金共 385.81 万元,市级一次性奖补 719.66 万元,重点用于农村供水工程建后维修养护和水质检测,进一步加强了水质保障工作。

通过实地调查与了解,综合以上情况,可以看出西安市农村水质达标、运行管理规范、体制机制健全,符合饮水安全各项要求。

4. 西安市农业水资源利用存在的问题

通过实地调研考察,以及认真分析,了解到现阶段农业用水存在以下问题：

（1）各个行业间水资源配置问题

水资源配置问题提出的前提就是水资源有限性而导致的供需不平衡矛盾以及不同用途之间的分配矛盾。随着西安市经济的迅速发展及都市化进程加快，各行业对水资源的需求不断攀升。农业作为各区县的用水大户，其用水效率的提高对各区县水资源的节约利用意义重大。而以流域或区域为单元对农业用水、生活用水、经济用水和生态用水没有达到统一配置。如在保障生活稳定、生产发展的同时，经济建设用水挤占农业、生态与环境用水，以及经济发展用水中城市用水挤占农业用水的问题。并且各个行业用水方式不同，在水资源配置过程中没有以耗水平衡为基础，而是耗水总量来限制各个行业的用水配置，这在一定程度上加大了农业用水的紧缺性。

（2）涉农部门管理之间协调规划问题

在农业发展中，以种植的作物来确定用水量，区域农业发展战略未能做到以水定略。在各个县区实行一村一品，发展各个区县的特色，如葡萄、甜瓜、猕猴桃、石榴等。涉农部门在制定这些区域农作物发展特色时，是否考虑到这些经济作物的需水量及可供水量，是否协调好农业和水利部门之间的关系，否则可能导致用水超出供给能力，水资源不能满足作物需求。鉴于农业是严重依赖土地和水资源的特殊产业，各涉农部门之间在做农业发展的顶层设计时需要相互协调，制定出切实可行的、更加合理的战略规划。

（3）农业用水效率与农业用水监测问题

在调研过程中发现，有些灌区仍然存在大水漫灌的方式，这就导致农业用水浪费、用水效率低。农业用水宏观监测方面也存在一定问题，如用水量的监测不够准确，对于灌区可以计量，但是对于国家投资而村组实行管理制的机井，真实耗水量测定不够准确。有的区县机井实行 IC 卡管理，但是大部分都没有实施，并且在实施中也存在一定困难。各区县用水协会不多，大多是居委会承包给农户，农户负责开、关、维修及收费等，这在一定程度上使农业用水效率得不到提高。如在调研中了解到，有些农户在浇水过程中变相地改动水表、或者替换电表，而管理人员不可能随时随地都跟随，从而导致用水量没有得到准确测定，农民也减小了自己的用水费用，从而造成了对农业水资源的浪费。而农业电价是影响提高用水效率的重要因素之一，但是西安市农用电价平均0.2元，总体偏低，偏离了农业水资源供求平衡，难以发挥调节农业水资源利用效率的作用。

（4）农户参与意识不够问题

在政府实行水利设施项目时，会出现民众因自身利益不配合项目建设的情况。这和政府制度因素有着紧密的关系，如何理顺农户和政府之间的利益关系，顺利推动水资源基础设施建设等公共性项目的实行，是有待破解的一大难题。在调研中发现，有一部分农户节水意识不够，这取决于文化素质、种植作物种类、灌溉费用等。如目前农户种植粮食的收入较低，农民没有积极性，并且灌溉费用也较低，因此农户对农业用水、节水的意识也很淡漠，这在一定程度上使农业用水效率得不到提高。

（5）环境负效应凸显问题

在西安市城市化和农业现代化进程中，为了追求经济发展的高速度，往往忽视资源和环境保护，致使水资源污染比较严重。在调研过程中，了解到有些村镇几乎没有或者正在建设污水处理厂，这种情况目前在农村生产、生活中比较普遍。农业生产中农药化肥的使用对环境的污染日益加剧，现代畜牧业的规模化养殖使得大量畜禽粪便集中排放，超采地下水所带来的地面沉降以及水资源紧缺区县出现的污水灌溉现象等，都成为目前西安市迫切需要解决的环境问题。

二 西安市农业水资源利用效率及影响因素分析

农业水资源利用效率反映了一个地区农业水资源利用的水平，其效率越高，说明农业水资源的配置和技术应用较为合理，农业水资源价值得到很好的实现，农业水资源利用的水平也就越高。西安市用水总量中，农业用水占了很大比例，而农田灌溉用水是农业的主要用水和耗水对象，据调查，西安市农业水资源灌溉效率达到70%，几乎接近中等发达国家水平。但是，灌溉用水效率只是体现在灌溉技术层面的效率，不等同于农业水资源利用效率，不能体现农业水资源利用过程中生态效益、经济效益和社会效益三者之间的平衡。

因此，本研究以农业水资源利用过程的生态、经济和社会效益平衡为目的，以优化农业水资源的配置及提高生产效率为原则，应用超效率 DEA 模型分别从时间维度和空间维度上测算了西安市农业水资源利用效率。通过分析区域农业水资源利用效率差异及其原因，最终对全域的水资源利用效率进行量化排序。从而为西安市决策层实现农业水资源高效利用提供更加明晰的参考依据和量化支持。

1. 研究方法与数据

（1）超效率 DEA 模型的设定

超效率数据包络分析模型（Super Efficiency Data Envelopment Analysis，SE-DEA）是由 Andersen 和 Petersen 根据传统模型所提出的新模型。作为运筹学的一个新的研究领域，它运用数学规划模型计算比较决策单元之间的相对效率，对于评价复杂系统的多投入多产出分析具有独到之处，目前，这一模型应用的领域正不断地扩大。传统 DEA 模型如最基本的 C^2R 模型对决策单元规模有效性和技术有效性同时进行评价，BC^2 模型用于专门评价决策单元技术有效性，但 C^2R 和 BC^2 模型只能区别出有效率与无效率的决策单元，无法进行比较和排序。超效率 DEA 模型与 C^2R 模型的不同之处在于评价某个决策单元时将其排除在决策单元集合之外，这样使得 C^2R 模型中相对有效的决策单元仍然保持相对有效，同时不会改变在 C^2R 模型中相对无效决策单元在超效率模型中的有效性，可以弥补传统 DEA 模型的不足，计算出的效率值不再限制在 0—1 的范围内，而是允许效率值超过 1，可以对决策单元进行比较和排序。

模型如下：

假设有 n 个决策单元，其输入数据为 x_j，输出数据为 y_j，$j = 1$，2，3，…，n。对于第 j_0（$1 \leqslant j_0 \leqslant n$）个决策单元，对第 j_0 个决策单元的超效率评价的 SE-DEA 模型为：

$$\min \theta - \varepsilon \left(\sum_{i=1}^{m} s_i^- + \sum_{r=1}^{r=1} s_r^+ \right)$$

$$s.t \quad \begin{cases} \sum_{j=1}^{n} x_{ij} \lambda_j + s_i^- = \theta x_{ij0}, i = 1,2,3,\cdots,m \\ \sum_{j=1}^{n} y \lambda - s_r^+ = y_{rj0}, r = 1,2,3,\cdots,s \\ \lambda_j, s_i^-, s_r^+ \geqslant 0, j = 1,2,\cdots,j_0-1, j_0+1\cdots n \end{cases}$$

θ 为第 j_0 个巨额车单元超效率值，ε 为非阿基米德值，n 为决策单元（DMU）的个数，每个决策单元均包括 m 个输入变量和 s 个输出变量。s_i^- 和 s_r^+ 分别为输入和输出松弛变量。x_{ij} 表示第 j 个决策单元在第 i 个输入指标上的值，y_{rj} 表示第 j 个决策单元在第 r 个输出指标上的值。λ_j 为输出输入指标的权重系数。θ，λ_j，s_i^-，s_r^+ 为未知参量，可由模型求解：

当 $\theta \geq 1$ 且 $s_r^+ = s_i^- = 0$ 时，称第 j_0 个决策单元 DMU 是 DEA 有效的，且为规模和技术有效，θ 值越大，有效性越强。

当 $\theta \geq 1$ 且 $s_i^- \neq 0$ 或 $s_r^+ \neq 0$ 时，称第 j_0 个决策单元 DMU 是 DEA 弱有效的。

当 $\theta < 0$，或者 $s_i^- \neq 0$，$s_r^+ \neq 0$ 时，称第 j_0 个决策单元 DMU 是 DEA 无效的，为规模无效或技术无效。

（2）输入与输出指标的选取

DEA 方法可以直接利用输入和输出数据建立非参数的模型进行效率评价，它在选择输入和输出指标上也有一些客观的要求，并且决策单元的个数至少大于输入输出指标的个数之和。

指标选取的原则：①科学性原则：一定要在科学的基础上选取，指标要能够反映农业水资源效率的内涵，能够较好地度量和评价农业水资源环境的利用情况；②全面性原则：评价指标要从水资源生态效益、社会效益及等方面进行选取，既要包括定量指标也要包括定性指标；③简要性原则：选择指标要简明扼要、内容清晰，相对独立；④可操作性原则：指标数据的获得要有可实际操作性。由于本研究所需定量数据从已有的统计资料、报告和调查中获得；⑤可比性原则：本研究是从时间维度上对西安市 2004—2012 年的水资源利用效率进行比较。

在以上选取指标的原则上，依据 DEA 模型的要求和数据客观可获得性（通过调研以及文献查找），同时参考了其他文献中关于农业水资源利用效率的评价指标，选取了以下几个输入产出指标：

输入指标：

农业用水比例：是指农业用水量占整个西安市总用水量的比例，反映区域内农业用水总体水平，指标值越大，说明农业对水资源的消耗量越大；

农业灌溉亩均用水量：反映农业灌溉用水情况，其值越小，说明农业灌溉的用水量就越少，灌溉效率就越高；

农田旱涝保收率：反映农业供水量对农业生产气候变化适应能力以及水资源开发利用率，体现社会效益；

有效灌溉面积：灌溉工程设施基本配套，有一定水源、土地较平整、一般年景可进行正常灌溉的耕地面积，其值越大，说明更能有效达到灌溉面积，反映水资源利用的社会效益；

本年水利资金总投入：反映水利资金投入量合理与否；

水土流失治理面积：反映生态修复能力，体现一定的生态环境效益；

输出指标：

每立方米的农业产值：反映农业水资源利用的经济效益，单位水资源占用和消耗所产出的有效成果数量越多，农业水利用的经济效率就越高；

农业增加值：是农业总产值扣除中间投入后的余额，可以反映农业的投入、产出，经济效益及收入分配关系。

2. 农业水资源利用效率实证结果分析

（1）基于时间维度的农业水资源利用效率分析

依据《陕西省统计年鉴》《西安市统计年鉴》《陕西水利年鉴》的资料，我们对西安市 2004—2012 年九年相应指标进行了梳理（见表附 - 2），并将西安市 2004—2012 年这九年作为决策单元。采用超效率 DEA 模型进行分析，使用 MATLAB 软件，最终求得西安市水资源输入产出效率结果（见表附 - 2）。

从时间维度上来比较西安市农业水资源利用效率，用一个比较直观的图表示出来，如图附 - 5 所示。总体上看来，水资源利用效率在 2004—2012 年呈现逐年增加的趋势。2004 年水资源利用效率是最低点，为 0.5191，说明农业水资源浪费情况严重，水资源没有得到充分的利用。但在以后各年中，水资源利用效率呈现均匀缓慢增加的趋势。而在 2009 年，西安市农业水资源利用效率达到最高点为 2.0495（效率 >1，根据超效率模型分析，效率值越大，有效性越强，说明 2009 年西安市农业水资源投入产出达到强有效）。这是因为 2009 年投入最少，却产出相对比较高，进而保证了农业水资源利用效率的提高。

表附 -2　　西安市 2004—2012 年水资源输入输出指标原始数据

年份	2004	2005	2006	2007	2008	2009	2010	2011	2012
X1	47.42	44.97	40.70	48.38	43.96	45.21	43.65	39.21	39.31
X2	213.58	197.75	188.01	198.62	246.10	241.20	235.60	210.60	215.90
X3	69.05	0.70	68.27	45.03	63.81	63.59	61.05	53.04	50
X4	181.24	200.41	195.35	193.12	182.99	182.12	187.57	174.88	173.68
X5	6.83	5.92	11.24	9.03	6.47	3.97	21.57	28.66	31.15
X6	245.61	251.91	257.1	257.78	255.2	256.7	266.94	266.94	267.28
Y1	10.58	13.47	15.34	17.24	22.44	28.22	33.35	43.14	47.66
Y2	56.77	66.01	70.77	82.51	103.45	110.38	140.06	173.14	195.59

资料来源：陕西省水利厅编 2004—2012 年《陕西省水利统计年鉴》，陕西出版传媒集团、三秦出版社；陕西省统计局、国家统计局陕西调查总队编 2004—2013 年《陕西统计年鉴》，中国统计出版社；西安市统计局、国家统计局西安调查队编《西安统计年鉴》。

其中：X1：农业用水比例；X2：农业灌溉亩均用水量；X3：农田旱涝保收率；X4：有效灌溉面积；X5：本年水利资金总投入；X6：水土流失治理面积；Y1：每立方米的农业产值；Y2：农业增加值。

通过调研及数据分析（见表附 -3、图附 -5）得知，2004—2012 年农业水资源利用效率呈现稳步逐渐提高趋势。这是因为西安市面对水资源严重亏缺态势，近年来加强了节水农业建设，加大了水利资金投入，2012 年底，全市现有万亩以上灌区 34 处，水库 92 座，库容达到 3.85 亿立方米，有效灌溉面积为 1277.18 千公顷，基础设施建设已经居于全国前列；西安市被评为全国节水示范市，主要采用喷灌、微灌、滴灌灌溉等节水灌溉措施；2013 年西安市节水灌溉面积为 245 万亩，农业灌溉效率达到 0.70 左右，已经接近世界发达国家水平。总体上，农业用水量下降，节水效果良好。同时农户节水意识也逐渐增强，农业水资源的浪费得到了有效遏制，进而农业水资源的利用效率也得到了很大程度上的提高。这也进一步说明了在西安市农业水资源严重短缺的现实情况下，农业节水将直接影响农业水资源的利用效率。

表附 - 3　　　　　西安市 2004—2012 年水资源利用效率结果

年份	2004	2005	2006	2007	2008	2009	2010	2011	2012
S_1^-	3.91	5.30	3.58	12.53	0.00	37.38	1.38	0.76	2.81
S_2^-	0.00	0.00	0.00	17.74	9.74	184.85	6.32	0.00	20.82
S_3^-	7.05	12.25	12.81	0.00	2.20	50.08	4.52	3.67	0.00
S_4^-	9.70	33.10	31.02	46.29	3.95	143.12	7.12	5.87	10.57
S_5^-	0.00	0.00	0.00	0.00	0.00	0.00	0.00	0.00	4.95
S_6^-	7.16	25.01	28.37	49.59	1.28	205.17	0.00	8.20	18.74
S_1^+	3.79	3.26	2.33	3.43	3.81	0.00	1.22	0.00	1.07
S_2^+	0.00	0.00	0.00	0.00	0.00	19.72	0.00	3.61	0.00
θ	0.5191	0.6175	0.6611	0.8065	0.8864	2.0495	0.8394	0.9568	1.1983
排名	9	8	7	6	4	1	5	3	2

注：S_1^-、S_2^-、S_3^-、S_4^-、S_5^-、S_6^- 分别为输入变量农业用水比例、农业灌溉亩均用水量、农田旱涝保收率、有效灌溉面积、本年水利资金总投入、水土流失治理面积的松弛变量，这些输入指标的松弛变量表示投入要素的过剩量；S_1^+、S_2^+ 分别为输出变量每立方米的农业产值、农业增加值的松弛变量，输出指标的松弛变量表示产出要素的不足量；θ 为农业水资源利用效率值。

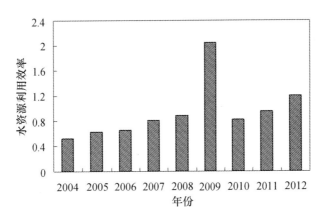

图附 - 5　西安市 2004—2012 年农业水资源利用效率排序

（2）基于空间维度的农业水资源利用效率分析

依据《陕西省统计年鉴》《西安市统计年鉴》《陕西水利年鉴》的资料，我们对西安市 2012 年十个区县（新城区、碑林区、莲湖区三个市区由于所处的位置和经济发展原因其农业指标为 0，因此，这三个市区不在本模型研究范围内）的相应指标进行了梳理（见表附－3），并将西安市各个区县作为决策单元。采用超效率 DEA 模型进行分析，使用 MATLAB 软件，最终求得西安市水资源输入产出效率结果（见表附－4、图附－6）。

表附－4　西安市各个区县 2012 年水资源输入输出指标原始数据

区县	雁塔区	未央区	灞桥区	长安区	阎良区	临潼区	蓝田县	周至县	户县	高陵县
X1	2.17	5.6	29.15	42.56	63.56	73.00	29.79	79.1	56	66.15
X2	127.0	196	279.8	156.1	313.0	158.0	125.0	282.4	138	290.9
X3	71.23	63	60.89	34.54	93.13	65.97	18.56	55.45	83	89.7
X4	71.23	34	17.08	9.54	10.96	11.78	7.25	12.74	11	16.9
X5	1.45	2.3	6.94	22.49	15.26	34.59	14.4	34.41	32	13.67
Y1	48.68	38	55.66	43.81	39.17	47.02	87.00	30.51	52.	48.87
Y2	2.34	2.2	16.08	30.06	19.7	29.63	24.45	25.39	25	20.33

资料来源：陕西省水利厅编 2004—2012 年《陕西省水利统计年鉴》，陕西出版传媒集团、三秦出版社；陕西省统计局、国家统计局陕西调查总队编 2004—2013 年《陕西统计年鉴》，中国统计出版社；西安市统计局、国家统计局西安调查队编《西安统计年鉴》

其中：X1：农业用水比例；X2：农业灌溉亩均用水量；X3：农田旱涝保收率；X4：每亩排灌动力机械；X5：有效灌溉面积；Y1：每立方米的农业产值；Y2：农业增加值。

通过表附－5 和图附－7 可以看出，整体上 2012 年西安市各个区县的农业水资源利用效率与各地区的经济发展趋势基本吻合。

从空间分布来看，目前蓝田县农业水资源利用效率值是 1.70，为最高。并且从各个区县选取的投入产出指标中可以看出，蓝田县亩均用水量较少，但是每立方米农业产值却是最高的。

这是由于蓝田县山、岭占土地面积的 80.4% 以上，川地只有很小一部分，所提供的农业灌溉用水数据只包含了川地用水，山、岭地均是靠天吃饭。而农业产值统计则涵盖了全县所有区域的，这导致所选取的输出指标每立方米的农业产值偏高，是其他地区的 2—3 倍，而输入指标（于川地的用水指标）相对较小，由此导致了蓝田县农业水资源利用效率最高的模型结果。

鉴于以上数据的有限性，我们希望在后续工作中，加大对蓝田各个村镇的调研力度，从而获取实际的灌溉面积、农业用水量及农业产值，保证我们对水资源利用效率计算的合理性和科学性。

表附-5　　　　　西安市2012年各个区县水资源利用效率结果

区县	雁塔区	未央区	灞桥区	长安区	阎良区	临潼区	蓝田县	周至县	户县	高陵县
S_1^-	0.00	0.00	20.2	5.27	20.8	33.9	25.6	15.8	22.3	20.8
S_2^-	65	24	199	0.00	93.3	0.00	151	37.1	0.00	8.00
S_3^-	15.7	29.4	70.9	11.1	44.6	40.7	0.00	13.5	58.74	26.0
S_4^-	18.4	0.00	18.5	0.48	0.00	2.50	7.85	0.00	2.98	0.00
S_5^-	1.71	0.00	0.00	4.43	0.00	15.7	8.56	5.38	15.86	0.00
S_1^+	0.00	0.00	1.56	63.1	30.6	63.4	0.00	59.8	38.15	22.6
S_2^+	0.46	2.74	0.00	0.00	0.00	0.00	35.2	0.00	0.00	0.00
θ	1.53	1.15	1.36	0.98	0.73	0.96	1.7	0.59	0.93	0.77
排名	2	4	3	5	9	6	1	10	7	8

注：S_1^-、S_2^-、S_3^-、S_4^-、S_5^-分别为输入变量的松弛变量，这些输入指标的松弛变量表示投入要素的过剩量；S_1^+、S_2^+分别为输出变量的松弛变量，输出指标的松弛变量表示产出要素的不足量；θ为农业水资源利用效率值。

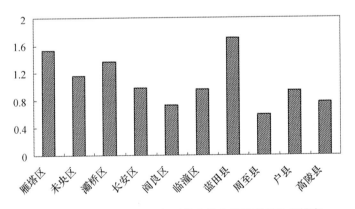

图附-7　西安市2012年各区县农业水资源利用效率排序

另外通过图附-7可以看出，西安市的四个中心城区（雁塔区、未央区、灞桥区、长安区）用水效率均较高，这与其所处的地理位置、经济发展程度等有着很大的关系。在这些中心城区，随着经济发展，必须采用与之相匹配的先进灌溉技术（滴灌、喷灌等基本全面覆盖）加大水利投入，因此，在一定程度上大大提高了农业水资源利用效率。

而在六大农业区县（阎良区、临潼区、蓝田县、周至县、户县、高陵县）中，临潼区的水资源利用效率最高，为0.9584，这也与其经济发展等趋势相吻合。随着经济的大力发展，临潼区在水利建设以及节水利用方面做出了很大的努力。2012年临潼区被水利部授予"全国农田水利基本建设先进单位"荣誉称号。近年来，省、市政府多次在临潼区召开全省、全市农田水利基本建设现场会，临潼区也连年获得全省、全市农建先进和全省水利振兴杯夺杯区县。并且其农业灌溉技术先进，2011年以来发展节水灌溉面积12.85万亩，大部分采用滴灌、喷灌等先进节水灌溉技术。临潼区高度重视基本农田水利建设以及先进的农业节水技术为其水资源高效利用奠定了坚实的基础。在西安市六大农业区县中，户县的农业水资源利用效率排名第二，为0.9345。我们在户县调研过程中，了解到户县的农业节水措施和技术比较先进。依农猕猴桃专业合作社建立的1500亩的猕猴桃基地、荣华葡萄基地全部采用滴灌灌溉，并运用先进的土壤水分监测技术，做到缺水区域适时适量供水，大大提高了农业水资源利用效率。同时在基本农田灌溉中，大部分采用水袋、滴灌、喷灌等措施，很少有大水漫灌的现象，较好的节水措施和节水技术保证了户县较高的农业水资源利用效率。

农业用水效率最低的区县是周至县，为0.5910，低于西安市平均水平。周至县是西安市典型的农业大县，农业灌溉在县域经济发展中起着至关重要的作用，但通过查阅文献资源发现就周至农业灌溉现状来看，灌溉技术仍然处于较低发展水平，水土资源组合不平衡、工程不配套、设施老化失修严重，管理手段相对比较滞后，农业节水措施和技术落后，大水漫灌的现象普遍存在，造成水资源的严重浪费，导致较低的农业水资源利用效率。随着经济的发展，周至县政府已经开始重视农业灌区节水配套建设，其农业水资源利用效率提升空间较大，在未来一段时间内应成为西安市农业水资源优化配置的重点调控区。

3. 农业水资源利用效率的影响因素分析

通过以上定量分析可知，效率测定时选取的输入和输出指标，在不同程度上均对农业水资源利用效率具有一定的影响，但是其具体影响程度是灰色的。故本研究采用灰色关联分析方法，通过定量分析和定性描述来阐明经济发展、节水技术、管理水平以及水价等因素对西安市农业水资源利用效率的影响。

（1）影响因素灰色关联分析方法

灰色关联分析方法是根据因素之间发展趋势的相似或相异程度，即"灰色关联度"，作为衡量因素间关联程度的一种方法。灰色系统理论提出了对各子系统进行灰色关联度分析的概念，力图通过一定的方法去寻求系统中各子系统（或因素）之间的数值关系。因此，灰色关联度分析对于一个系统发展变化态势提供了量化的度量，因此，非常适合动态历程分析。而且这种方法对数据要求较低且计算量小，便于广泛应用。

灰色关联分析法是以灰色系统理论为基础，通过计算关联系数和关联度指标，分析各种不确定因素对某一客观事件的影响程度，并确定哪些是主要影响因素的数量分析方法。其基本步骤如下：

①求各序列的初值像（或）均值像：$X_i^l = X_i/x_i(l) = (x_i^l(1), x_i^l(2), \cdots, x_i^l(n))$，$i = 0, 1, 2, m$；

②求差序列：$\Delta_l(k) = | x_0^l(k) - x_i^l(k) |$，$\Delta_i = (\Delta_i(1), \Delta_i(2), \cdots, \Delta_i(n))$，$i = 1, 2, \cdots, m$；

③求两极最大差与最小差：$M = \max_i \max_k \Delta_i(k)$，$m = \min_i \min_k n\Delta i(k)$；

④求关联系数：$Y_{0i}(k) = m + \varepsilon M/\Delta_i(k) + \varepsilon M$，$\varepsilon ? (0, 1)$，$k = 1, 2, \cdots, n$；$i = 1, 2, \cdots, m$；

⑤计算关联度，计算完关联度后，即可根据关联度大小对影响因素进行排序：

$$Y_{0i} = \frac{1}{n}\sum_{k=1}^{n} Y_{0i}(k), i = 1, 2, \cdots, m$$

式中：X_0^l，X_i^l 为 X_0、X_i 序列的初值象，X_0、X_i 为分析因素与影响因素序列，$x_0(k)$、$x_i(k)$ 为 X_0、X_i 序列内第 k 个元素，X 为序列号，K 为序列内观测元素号，$x_0^l(k)$、$x_i^l(k)$ 为 X_0、X_i 序列内第 k 个元素的初像，$Y_{0i}(k)$ 为 X_0、X_i 序列第 k 元素的关联系数，ε 为分辨系数，本研究取 ε 为 0.5，n 为序列内观测元素总数。

通过以上定量分析时间维度和空间维度的西安市水资源利用效率，可以看出，所选取的输入输出指标农业用水量、亩均灌溉用水量、农田旱涝保收率、有效灌溉面积、本年水利资金投入、每立方米农业产值、农业增加值等都不同程度影响着西安市农业水资源利用效率。因此，按照灰色系统理论，将以上分析出来的农业水资源利用效率作为母序列，将选取的输入输出指标分别作为子序列，借助 DPS 软件进行灰色关联分析，根据关联度大小，将影响因素进行排序。

（2）影响因素结果分析

本研究通过灰色关联分析，获得了西安市农业水资源利用效率影响因素灰色关联度表（见表附 -6）。从表附 -6 分析可知，除本年水利资金总投入的关联度值较低（0.6688）外，其他各因素与农业水资源利用效率的关联度均较高，平均值为 0.7567，和农业水资源利用效率值的变化表现出较强的一致性。具体关联度排序结果为：农业增加值 > 水土流失治理面积 > 农业灌溉亩均用水量 > 有效灌溉面积 > 农业用水比例 > 每立方米农业产值 > 农田旱涝保收率 > 本年水利资金总投入。

表附 -6   西安市农业水资源利用效率影响因素灰色关联度

影响因素	农业用水比例（%）	农业灌溉亩均用水量（m³/亩）	农田旱涝保收率（%）	有效灌溉面积（千公顷）	本年水利资金总投入（亿）	水土流失治理面积（千公顷）	每立方米用水的农业产值（元）	农业增加值（亿元）
关联度	0.7585	0.7897	0.7277	0.765	0.6688	0.7901	0.7556	0.7987
排序	5	3	7	4	8	2	6	1

根据关联度分析的原则，关联度值大的因素与农业水资源利用效率关系密切，反之则疏远。

1）农业增加值、水土流失治理面积及灌溉亩均用水量的影响

①农业增加值

根据上述 7 个影响因素关联值的大小排序结果，得知农业增加值是目前选取的指标中影响农业水资源利用效率的最重要因素，关联度值为 0.7987。在定量分析时选取农业增加值作为模型的输入指标，主要是为了从总体上评价农业用水的经济效益。因为农业增加值是衡量经济差异的主要指标之一，是指一定区域内农林牧渔及农林牧渔业生产货物或提供活动而增加的价值，为农林牧渔业现价总产值扣除农林牧渔业现价

中间投入后的余额。从微观上来说，农业增加值的计算，可以全面反映农业的投入、产出、效益及收入分配关系，有助于改善经营管理，提高经济效益。因此，一个地区一定时间段内农业增加值越高，也充分说明其农业经济效益较好，而本研究农业增加值也能直接反映整个西安市农业用水投入产出的经济效益情况，其值越大，经济效益就越好。

在上述分析中，也可以看出经济发展好的地区，其农业水资源利用效率相对也较高，与农业增加值的变动趋势是一致的。这是因为，这些地区经济实力雄厚、技术水平较高、农业产业结构合理，因此运用经济杠杆更加能够促进农业节水，从而提高农业水资源利用效率。

②水土流失治理面积

由以上灰色关联分析结果可知，水土流失治理面积是影响农业水资源利用效率的第二重要因素，其关联度为 0.7901。水土流失面积是指在山丘地区水土流失面积上，按照综合治理的原则，采取各种治理措施，如：水平梯田、淤地坝、谷坊、造林种草、封山育林育草（指有造林、种草补植任务的）等，以及按小流域综合治理措施所治理的水土流失面积总和。其在一定程度上反映了生态修复的能力，体现水资源利用过程中的生态环境效益。本研究发现，2004—2012 年西安市水土流失治理面积在逐年增加，而水资源利用效率也在同步提高，表现出一致的增长趋势。这同时也说明了水土流失治理越好，表明其水资源生态基础也较好，大量的水资源充分利用，没有在灌溉过程中以及随着降雨产生水土流失，因此，水资源利用效率就相对越高，进而体现了较好的生态修复能力，间接表现出很好的生态环境效益。

③农业灌溉亩均用水量

由表附 -6 可知，农业灌溉亩均用水量关联度值为 0.7897，也是影响农业水资源利用效率的主要因素之一，直接反映了西安市各个时期、各个区县农业节水情况。农业亩均灌溉用水量越小，说明农业节水越好，农业水资源利用效率就越高。从时间维度（2004—2012 年）上分析得出，随着近几年农业节水政策优惠、农业节水技术的进步，农业水资源利用效率也是逐年呈现稳步增高的趋势。而在西安市 10 个农业区县中，农业水资源利用效率较高的区域（四大城区及临潼、户县等），其节水政策与技术也是较好的区县。因此，西安市农业节水政策与农业水资源利用效率密切相关，政府扶持政策，农业节水的优惠政策、补偿政策以及管理政策等对农业水资源的发展进程有着重要影响。

2）有效灌溉面积、农业用水比例、每立方米农业产值的影响

农业用水比例、有效灌溉面积、每立方米农业产值这三个指标对农业水资源利用效率的影响程度基本相同，关联度都为 0.76 左右，因此，这些指标对农业水资源利用效率的影响也较大。

①有效灌溉面积：

有效灌溉面积，反映一定区域的水资源开发利用率，体现了水资源利用的社会效益，同时在一定程度上间接反映了农业节水政策与节水技术的状况。水利是农业的命脉，灌区是命脉中的命脉，是粮食安全保障的重要基地。以往大水漫灌、土渠灌溉等粗放的灌溉模式，导致有限的水资源得不到高效的利用，而随着近几年西安市各个区县灌溉方式的改进，新型、高效的节水灌溉技术逐渐得到广泛推广，因此，在水资源严重短缺的情况下，有效灌溉面积大幅度增加，水资源利用效率越来越高，也体现出较高的社会效益。虽然西安市已经出台了有关节水灌溉建设和设备补贴的政策，但在技术研发、工程建设、产业规范等方面缺乏全面的政策支持。农田电力设施、地下管网系统、节水灌溉工程输水主干管网、首部装置尚未纳入国家农田水利基础建设范围。节水器材生产未得到支农产品优惠政策支持。农业用水总量控制、定额管理制度不能有效落实，对浪费灌溉用水行为没有强有力的制度约束，缺乏节水用水的补偿机制。

因此，西安市农业节水政策及技术方面还具有很大的提升空间，这也为今后决策层提供了科学依据和技术支持。

②农业用水比例：

农业用水比例是指农业用水量（用于灌溉和农村牲畜的用水）占总用水量的比例，受用水水平、气候、灌溉技术以及渠系利用系数等因素的影响。其反映了区域内农业用水的利用效率，指标值越大，说明农业对水资源的消耗量越大。

西安市作为一个水资源极度短缺的区域，农业用水比例的状况直接影响着水资源利用效率，其值越大，农业用水消耗量就越大，水资源利用效率相对较低。传统的大水漫灌等方式不仅用水量大，且水的利用率

还很低，造成农业用水比例大，农业用水浪费严重。而灌溉技术的进步和普及可以大大降低农业用水比例，因此选取农业用水比例指标可以间接反映出西安市农业节水技术应用情况，从而为更好发展节水农业奠定基础。

③每立方米农业产值

每立方米用水农业产值，反映农业水资源利用的经济效率，单位水资源占用和消耗所产出的有效成果数量越多，农业水资源利用的经济效率就越高。在西安市农业用水总量不断减少的条件下，每立方米农业产值越高，越能体现节水技术带来的社会效益和经济效益。

由此，可以看出经济发展、节水政策和节水技术等仍然是提高农业水资源利用效率关键因素。

3）农田旱涝保收率及本年水利资金总投入的影响

农田旱涝保收率及本年水利资金总投入对农业水资源利用效率的影响程度低于以上几个因素，表现为一般关联度。旱涝保收率是指按一定设计标准来建造水利设施以保证遇到旱涝灾害仍能高产稳产的比率，而水利资金的投入与农田旱涝保收率是相辅相成的，大幅度水利资金投入保障了较高程度的农田旱涝保收率。对于靠天吃饭的农田，其是重要的影响因素。但是随着西安市都市化进程的加快以及对水利建设的重视，其对水利投入已经达到一定程度的层面，基本上均能保证较高的农田旱涝保收率（个别靠天吃饭的塬、岭区除外）。因此，这两项指标对农业水资源利用效率的影响程度相对较小。

4）其他因素的影响

在选取农业水资源利用效率的输入输出指标时，遵循一定的指标选取原则，同时考虑到数据的可得性，本研究选取了以上7个影响因素进行了分析。但是，农业水资源利用效率是通过农业水资源的配置效率和生产效率共同来体现的，因此，还有其他一些因素对水资源利用效率产生重要影响，而在模型中由于资料缺乏未能纳入分析的一些因素，也将是我们后续工作中研究的重点内容。

①农业水价

水价可以反映水资源的实际价值，这对水资源的可持续发展具有重要的意义。而在以上定量分析水资源利用效率中我们没有选取农业水价指标，这是因为在调研中得知近几年农业水价几乎没有变动，那么在模型运算过程中从时间维度上就不能很好地反映水价对农业水资源利用效率的影响。但是我们认为水价是影响西安市农业水资源利用效率的一个非常重要的因素，因为通过查阅大量文献发现，其他地区研究水资源利用效率时均把水价作为一个很重要的影响因素来进行分析。并且在调研中农户也谈到了农业水价在很大程度上影响了利用效率。一般而言，合理的水价不仅反映水资源的稀缺程度，而且还反映水资源转换的机会成本。因此，水价能够引导水资源从低效率向高效率的方向转移。

水价是调节水资源供求关系的经济杠杆，近几年来，随着全国水利工程水价改革的稳步推进，西安市也在不断地进行水价改革的探索。过低的水价，是对农业用水浪费和用水低效的鼓励。合理的水价，能够较好激励和促进节约用水，提高农业水资源利用效率。

因此，在以后的工作中我们将进一步对农业水价对水资源利用效率影响进行定量分析，从而为以后水资源管理部门提供决策依据。

②农业水资源管理方式

在调研中也发现，管理较好的区县，如户县的甘水坊村，水资源管理方式合理，其农业产出就比其他几个村子高，并且有效灌溉面积也相对较大，因此，水资源利用效率就较高。由此，水资源管理体系在一定程度上也会影响农业水资源利用效率。农业水资源管理就是对研究区域内各类别水利工程的运行管理，是分级管理，专业管理和群众管理三者相结合的管理体系。

首先，分级管理因素。具体就是实施分级负责管理，以保证运行的安全性。每个管理站和站内的管水人员负责管理输水主干渠及其所属的各个支渠，灌溉引水渠首等，同时把所属工程建立档案，进行登记造册，管理中心依据工程运行的现状情况进行管理承包合同的签订，确定管理内容和管理标准，年终依照管理效果，维修养护和安全运行等情况，运行奖罚兑现。签订管理责任书，层层分解任务和级级落实责任。如果出现没达到养护标准或发生人为破坏的现象等情况，要追究相关管理单位、人员的责任，在经济上进行处罚并责令维修配齐。这种管理方式相对来说农民的节水意识不够强烈，总是觉得事不关己高高挂起，达不到真正节水的效果。

其次，专业管理队伍因素。户县的1500亩的猕猴桃基地和荣华葡萄基地实行的是这种管理机制，要想实行专业化的管理养护就必须建立专业的管理队伍。设立专门的护渠队伍，对辖区工程进行管理维修，并且要做到定点定段，专人专职，随时养护，长年坚守。每个断点的工作人员都要和相应的管理单位签订责任合同，责任和任务都必须落实和分解到每一级，并进行量化考核。在调研户县甘水坊村时，村书记也提到这种管理方式存在一些弊端。比如，有些农民在浇水过程中变相地改动水表，或者替换电表，而管理人员不可能随时随地都跟随，从而导致用水量没有准确地得到测定，农民自身减少了浇地费用。这样最终使得农业水资源浪费，不能真正达到水资源高效利用的目的。

最后，群众自主管理因素。这是实现节水农业、提高农业水资源利用效率的最有效的方法。农民必须从自身形成节水意识，要从我做起，不能浪费每一滴水。提高群众经营管理的能力，就务必让他们进行自主管理。通过自主经营的管理办法，可以提高相关管理人员的经营管理能力，进一步推进研究区域的水利工程建设的进程，最终促进形成研究区域水利工程建设和管理的良性运行机制。在调研蓝田白鹿原时发现，新修的节水项目工程保证了在干旱时农作物用水需求，而农民不再靠天吃饭，因此农民的自主管理能力很强。农民不但灌溉时节约用水，并且在灌溉后对水利设施的维护和保养都是自发的。这在一定程度上保证了农业节水的有效实施。

4. 小结

通过超效率DEA模型定量分析可知，2004—2012年随着农业节水建设的大力实施，西安市农业水资源利用效率逐年得到提高，随着西安都市化进程的加快、农业用水比例的下降以及水资源瓶颈约束的影响，在全方位评价西安市农业水资源利用效率的前提下，探索提高水资源利用效率的途径和方法就显得尤为重要而紧迫。从各个区县来看，周至县水资源利用效率最低，说明其农业水资源利用效率提升空间较大，在未来一段时间内应成为西安市农业水资源优化配置的重点调控区。而经济发展和节水战略的实施，是农业水资源利用效率最重要的影响因素。

三 西安市农业节水战略

1. 战略意义

西安市水资源总量不足、时空分布不均，并且随着工业化、城市化进程的加快以及生态化城市的建设，总用水量需求增加，农业用水将更为紧缺。因此，建立与完善适合西安市市情的现代农业节水体系、大力实施农业节水战略，对缓解水资源短缺，摆脱农业用水危机，提高水资源利用效率、实现农业可持续发展，保障粮食安全和生态安全，推动西安市经济社会可持续发展具有重要的战略意义。

（1）实现合理的水资源消费结构

随着西安社会经济的发展、城市化进程的加快，需水量也相应地增长，农业用水、工业用水，生活用水，无不在抢占日渐稀缺的水资源。2013 年西安市农业用水占总用水量的 36.8%，而 2015 年下达的用水指标中规定农业用水减少到占用水总量的 33.3%。由此可见，促使西安市地区水资源由低效产业向高效产业转移，使经济发展与水资源消费结构相匹配，必须实现农业水资源往第二、第三产业和生活用水的转移。而只有实行农业节水战略，提高农业水资源利用效率，才能将水从农业中转移出来，使水资源的使用更好地适应经济社会的发展规律。实现农业节水战略，将农业节约的水量向工业和生态进行合理调配，走出农业节水支持第二、第三产业的发展，促进农业生产方式的重大转变，也为实现水资源结构性调整打下基础。

（2）保障用水安全

面对日益增长的用水需求，水资源供给日益紧张，再加上水污染、水资源利用效率低下等因素，导致水危机频频出现。据调查 2015 年西安市的用水指标为 18.7 亿 m^3，西安市水务局已经将用水指标下达到各个区县。而农业是目前用水量最大的产业，实行农业节水将会在很大程度上改善水资源供求现状，提高水资源利用的有效性，保障水安全。随着西安市工业化和城市化的发展，越来越多的人在城市聚居，因此城市的用水需求日益剧增、供水的压力日趋紧张。农业节水不但提高了水资源利用效率，也缓解了城市供水困难，从而在一定程度上保障西安市用水安全。

（3）推进农业的可持续发展

农业水资源的可持续利用反映了农业发展和水资源利用之间的相互协调性。水资源可持续利用的目的是：根据水资源永续利用的原则来保证人类社会、经济和生态环境的可持续发展。注重研究水在自然界循环过程中会受到干扰的一些解决方法，保证这种干扰不影响水资源的可持续利用。在进行水资源规划和水利工程设计时，为了保证水资源的永续利用性，要遵守：第一，开发利用天然水资源时不能造成水源逐渐衰竭；第二，因自然老化导致水利工程系统的功能减退，要有后续的补救措施，尽量持久保持该系统的设计能力；第三，对一定范围内水资源的供需问题，要考虑到供水需求的增加，合理用水，做好节水措施与水资源的需求管理，保持水资源的长期可持续性。

西安市实行农业节水，不仅能够维持基本的生态过程，还可以提升社会经济的可持续发展能力。通过水资源的可持续利用来支撑农业可持续发展，保护生态环境，推进生态建设，达到人与自然的和谐共处。

（4）保障粮食安全

粮食安全是推动经济发展、保持社会稳定的重要基础。水是粮食安全生产的关键要素之一，而农业又是用水大户，面对西安市农业用水总量减少的严峻形势，节水农业是摆脱水资源短缺的束缚、保障粮食安全的必然选择。解决农业用水问题，必须大力推广节水灌溉，有效地提高了粮食综合生产能力，为经济社会持续、稳定、快速发展提供了较好的保障，农业节水是保证西安市粮食安全的必由之路。只有实行农业节水战略，才能解决水资源短缺问题，从根本上保障粮食安全。

（5）改善生态环境

保护和改善生态环境，是实现可持续发展的客观需要，也是我国实现现代化的必然要求。农业因其分布的广泛性成为生态环境恶化的主要承受者。同时承受着来自城市和工业的生态污染转移的压力。部分地区以牺牲生态环境和资源的代价来换取经济发展的政策，使得农业承受了严重的后果。因此改善农村的生态环境任务艰巨。农业节水将有利于促进生态环境的建设。各种高新技术的应用，将有效地促进节水设施的发展，提高农业水资源的利用效率，提升农业的效益，恢复农村的生态景观，完善农村的生态环境，促进农村经济发展，同时促进生态文明建设。

2. 国外发达国家农业节水战略

一个国家或一个地区节水农业选择的发展战略、采取的技术路线，对节水农业发展进程影响很大。发展节水灌溉依赖于现代灌溉技术的研究、推广应用和技术培训等环节，也涉及水土资源的合理利用、农业种植结构的调整、用水管理体制的改革、水价政策的制定和生态环境保护等领域。但是目前国外发达国家的农业节水战略总结为以下三种：

（1）以色列节水战略

以色列是一个水资源严重紧缺的国家，人均水资源占有量只有365m³，不及世界平均水平的1/23。以色列的灌溉面积为22万公顷，农业用水量为12.58亿 m³，占总供水量的62%，比西安市农业用水所占比例大两倍。以色列自建国以来，农业生产增长了12倍，而农业用水量只增长了3.3倍，这不能不说是个奇迹。

以色列将水资源列为国家战略资源进行统一调配。以色列地表水资源分布很不均匀，80%的水集中在北部地区，只有20%在南部地区，但全国65%的耕地面积却在南部。以色列于1953年开始兴建北水南调工程，该工程将北部加利利湖的水用两级泵站提水到海拔152米处，使其流向沿海，再用泵将水送到干旱的南方。同时，政府还在冬季和春季北部雨水充沛时，将多余的水送往东部地中海滨海区，注入地下蓄水层，以防海水因地下水位下降而倒灌。

以色列在水资源调配、输配水、田间灌水和作物吸收等各个环节均采取相应的节水措施，组成一个完整的节水灌溉技术体系，包括水资源优化调配技术、节水灌溉工程技术、农艺及生物节水技术和节水管理技术。其中节水灌溉工程是该技术体系的核心，已相对成熟。其节水工程灌溉技术堪称世界一绝，节水设备已出口很多国家。

实行差异化水价。国家为供水提供一定的补贴，但补贴的比例在逐渐降低。在国家供水公司重组后，水价的逐渐增加，国家对供水的补贴已由占成本的50%降低为20%。近年来推广的灌溉水分段计价的办法使灌溉水量节省了10%—15%。其灌溉水价从源头和分段计价，比如淡水的水价比三级处理污水的高，而三级处理污水的灌溉水价要比二级处理污水的计价高。并且在用水需求量大的时期要比用水量小的时期高7%。

以色列设有专门的水资源管理委员会，每个公民都有用水限额，农业和工业用水也都是按计划分配。因此，以色列国民不断建设集水设施，不断完善污水回用系统，最大限度地收集储存雨季天然降水资源。因地制宜地修建各类集雨蓄水设施以供直接利用，或者注入当地水库或地下含水层。从北部戈兰高地到南部内盖夫沙漠，全以色列分布着百万个地方集水设施，每年收集 1 亿—2 亿 m³ 水。以色列在污水净化和回收利用方面始终处于世界领先地位。以色列经过处理的污水大部分用于农业灌溉，1972 年，政府制订了"国家污水再利用工程"计划，规定城市的污水至少应回收利用一次。目前，以色列 100% 的生活污水和 72% 的城市污水得到了回用，而污水处理后的出水 46% 直接回用于灌溉，其余 33.3% 和约 20% 分别回灌于地下或排入河道。利用处理过的污水进行灌溉，不但可增加灌溉水源，而且能起到防止污染、保护水源的作用，使许多干涸了的河流恢复了生机。

（2）法国节水战略

法国的水资源总量为 1010 亿 m³，人均水资源占有量为 3300 m³。农业用水量为 24 亿 m³，占总供水量的 21%。虽然法国的水资源较为丰富，但时空分布极其不均匀，在地域和时域上存在水资源紧缺的问题，法国的南部水资源比较紧缺。

法国水管理的特点是由国家、流域管理委员会、水协会和地方水管理公司共同参与管理。为了管理好水务，近年来法国修改了水法和农业法两部法规。水法强调了水资源（包括地表水、地下水等）统一性，建立了以流域为单位的水资源管理的体系。法国 6 个流域有关水政策的决策是由在流域管理委员会的所有用户代表（包括政治家、农民、工业、环境部门、消费协会和国家的代表）共同协商确定。水法还强调了水是公共资源，因此，必须采用综合和平衡的管理措施协调用水户的需求和环境保护需求。农业的政策框架基于欧盟的农业政策（CAP），这一政策限定了每个成员国的农业发展及灌溉需水量。

法国灌溉用水管理战略分为三种，分别为协作管理、区域开发公司管理和单个灌溉工程管理战略。

协作管理战略：是由参加用水户协会的农场主和其他用户共同拥有和使用灌溉设备，协会负责需集体开展的工作、统一管理设备和维护工程设施。协会的平均规模是每个协会有 75 个成员和 250 公顷灌溉农田。

协作管理战略在法国南部得到了大面积推广应用，有 1/3 灌溉农田采用了这种管理战略。协作管理战略的成功归于协会成员之间的联系紧密，农民负责履行协会集体做出的决定，水费收取和管理到位。水费至少可以支付运行和维护费用，有时还可以支付部分工程建设投资。

区域开发公司管理战略：区域开发公司是为开发法国南部而成立的，法国现有 5 个区域开发公司，其中 3 个公司直接管理了 27.5 万公顷灌溉农田的设备，并为由用水协会和单个农场管理的 9 万公顷灌溉农田供水。区域开发公司的运行管理规则是：平等（所有用水户平等）、高质量（已与用户签订合同的方式确定服务）、可持续发展（经常维护和完善工程设施）、透明和负责（农民选配代表参加区域开发公司管理委员会）。

单个灌溉工程管理战略：用于农户依靠建立在自己的农场内的水库或地下水为灌溉水源，或直接从河流引水灌溉的情形。法国有 120 万公顷灌溉农田采用这种管理模式，可见它是法国主要的灌溉管理模式。这种管理模式的问题是如何搞好多个用水户的整体供水管理，特别是在夏季，作物的需水量达到最高峰，而同时地表河流也正处在枯水期。为了保护水环境，需要计划和控制地下水的开采和从河流的引水量。因此，单个灌溉工程管理战略在 80 年代受到了严重的挑战，特别是在法国西南部这样严重缺水的地区。为了解决这些问题，需探索新的方法，如统一管理水资源，并配合采取经济手段（如限量供水、提高水费等）。

（3）美国节水战略

美国是世界上重要的农业国之一，农业在其国民经济中占重要地位，粮食、畜产品产量居世界前列，在农业节水方面有许多先进的经验。

美国是一个高度市场化国家，水价的形成与水资源的配置、供求均通过市场机制调控，各地水务管理部门的来水、蓄水、输水、提取地下水、污水处理再利用、地下水回灌等都是有偿的，来水要购买，蓄水、输水、提水、污水处理要计入成本，水资源按水质和成本计价，水价包括水债券、资源税、污水处理费、检测费等，每年修订补充一次。美国的灌溉水价基于评价成本价，水价不但包括运行和管理成本，也包括政府为保护水资源而附加的费用，按用水量收取水费，非常注重水价对节约用水的杠杆调节作用。

美国有很好的现代灌溉技术研究和开发支持条件，有许多研究中心，这些中心经常深入农场与用水户保持密切联系，技术推广不但速度快且面也广，现代灌溉面积发展速度很快。美国垦务局和其他机构遍布美国各地，根据当地的气候和水源条件为灌溉农业提供良好的技术支持。垦务局将自动控制技术用于灌区配水调度，配水效率可由过去的80%增加到96%。在调配管理中一个主要手段就是依靠高科技进行自动化管理，在灌区管理机构设有灌溉总控制室，及时进行调配，通过卫星联网在全国形成完整的水资源调度调控系统，进行自动化管理。美国政府按照节水战略适时进行灌溉农业结构调整，将灌溉农业由水资源紧缺的地区转移到水资源丰富的地区。在80年代美国有85%的灌溉面积在西部，15%在东部；而在90年代有77%的灌溉面积在西部，23%在东部。

美国农业灌溉体系（包括供输水设施）均由政府逐年投资建设，国家对节水灌溉技术的应用实行补贴。加利福尼亚州每年对节水技术推广补贴达3000万美元，同时150个气象站及时为农业生产提供气象服务，指导农民节水灌溉。美国在水资源利用上特别注重维持水资源平衡，水务局不单纯负责供水，还要统筹调配工业、农业、城市居民和生态用水。政府尊重初始水权，若初始水权属于农业的，城市用水必须向农业部门购买，并向农民投资节水设施，节水的水供城市用。

美国所有的农场主都聘有专业技术人员，其在农作物生长期间每天对不同土层的土壤水分进行定点、定时测定和记录，根据气象资料计算作物的需求量和补给量，真正做到按需灌溉、精量灌溉。

（4）小结

西安市发展节水技术首先应立足自身条件，借鉴国外先进经验，分别从国家、社会和农户层面利用适当的管理体制、经济政策等将节水带给地方和农民的利益及相应的责任有机地结合起来。同时利用现代技术将流域、灌区和田间管理、工程和农艺节水措施很好地结合起来，使我国的节水灌溉事业获得可持续发展，取得更好的节水效果，获得更大的经济效益、社会效益和环境效益。

3. 西安市农业节水战略制定的原则

西安市未来农业节水战略制定应坚持以下"六项原则"。

（1）注重实用、可持续发展原则。本着农民易学、易懂、易操作的精神，多推广农民乐意接受的节水灌溉技术，帮助农民提高采用节水技术进行农业生产的经济效益，使节水灌溉技术成为农民看得见、摸得着的并能给其带来一定经济效益的生产措施；结合节水型社会试点县建设，以水土资源承载能力为基础制定农业节水发展目标，努力做到与人口、资源、生态环境的相互协调，保障水资源可持续利用和农业可持续发展。

（2）因地制宜、分区而治原则。西安市山区和平原的自然条件、社会条件差异很大，农业节水发展模式不可能相同，不能盲目照搬其他模式，不同区域要抓住主要矛盾，走适合自己的农业节水发展道路。

（3）量力而行、梯次发展原则。遵循农业节水发展具有"阶段性"的客观规律，立足当前，着眼长远，根据我市经济社会发展和管理水平，节水农业发展要梯次进行，逐步升级，例如计划上微灌工程的地点，近期受经济条件限制，可先建水源工程或铺设主管道，待经济条件允许，再上微灌工程。

（4）科学规划、分步实施原则。全市节水灌溉的发展要统筹规划，开源节流，以提高天然降水利用率为前提，以提高灌溉水的利用率和水分生产率为核心，工程措施与非工程措施相结合，现代技术与传统经验相结合，达到水资源优化配置，高效利用的目的；受资金少的限制，节水灌溉目标的完成不可能一蹴而就，定出近期目标和远景规划，一部分农民先建起来，再带动一大片。

（5）效益优先原则。优先建设高效益的节水灌溉工程，用大规模、高效益调动农民投资投劳的积极性，努力降低农业用水成本，增加农民收入，发展农村经济，并兼顾处理好经济效益、社会效益、生态环境效益之间的关系。

（6）机制创新原则。目前节水灌溉工程的建设对象大部分都是村集体，工程都是由村里代管，土地却由一家一户经营，使用与管理脱节，致使工程不能正常发挥效益。为了适应当前形势需要，可以转变建设与管理机制，鼓励有资金筹措能力，有利于工程实施和建后管理的土地承包大户的承包区作为节水灌溉实施地点，并由县水务局抗旱服务站具体负责该项目的协调工作和技术服务。

4. 西安市农业节水战略

鉴于西安市农业用水的严峻形势，必须将农业节水提升到西安区域资源和经济安全战略管理的高度。西安市农业节水战略可从以下六个方面来推进：

（1）技术创新战略

针对西安市不同地域水资源分布特点，积极探索和创新符合县情的农业节水发展技术，构建节水灌溉模式区。在现有的灌溉技术基础上，西安市应重视喷灌、微灌、覆膜灌溉、地下灌溉等先进灌溉技术的研究、应用和推广，加强农田水利设施建设，以最大限度地发挥各种节水灌溉技术的潜力，实现田间节水。同时，要与林渠井综合配套相结合，通过实施渠系配套、渠道防渗和改渠道输水为管道输水等工程措施，减少灌溉用水在输送过程中的渗漏和蒸发损失，从而提高渠系利用系数，扩大有效灌溉面积，实现输水过程节水。

西安市政府在采用以上节水灌溉创新技术的同时，要加快建立以企业为主体、市场为主导、产学研相结合的节水灌溉技术创新体系，促进节水灌溉产业优化升级，实现农业水资源利用的经济效益和社会效益。

（2）循环利用战略

基于循环经济理论，西安市各级政府部门采用减量化、再利用和再资源化原则，提高水资源的重复利用率的同时，减少农业用水量。西安市政府应该进行有效引导，在农业用水中逐步推广使用再生性水资源：①中水循环利用。农业用水虽然作为主要用水之一，但对水质的要求并不高，一般污水处理厂二级出水即可用于农业灌溉。因此，将生活污水转化成农业用水，变废为宝、发展污水的回收再利用、实现污水的资源化。西安市政府有关部门制定相关利用中水的优惠政策，鼓励灌溉广泛使用中水，提高中水资源化循环利用率，发挥使用中水应有的社会效益和环境效益；②雨水资源化利用。雨水集蓄利用是缓解水资源紧缺、实现水资源循环利用的重要途径。由西安市政府主管部门牵头，健全和完善雨水调蓄利用技术支持和管理体系，制定合理的政策优惠和补贴方式，将雨水集蓄利用工程与节水灌溉、水土保持及生态环境建设相结合，提倡一水多用。通过水窖、大口井、塘坝、水库等水利设施集水，直接或经适当处理后用于农业灌溉，从而促进雨水资源的循环和高效利用，发挥雨水资源的环境效益。

（3）结构调整战略

通过调整、改善和升级区域农业发展结构，进一步优化西安市农业整体经济的产业结构，实现以水定产业，以水定规模的区域农业发展结构。充分考虑水资源禀赋和水环境容量以及资源环境承载能力，实现量水而行、以水定地、以水定产、以水定发展的战略。西安市政府相关部门调整与搭配合理的作物结构，减少耗水量大的农作物的种植面积，不再盲目实行一村一品的经济作物发展模式。实行"调粮、保产、做精经济产业"的发展战略，粮田逐渐退出高耗水作物，推广旱作农业田、发展生态景观田，适量扩大节水、高效作物的种植面积，压缩经济性的高耗水性作物的种植面积，大力发展低耗水性、市场竞争性强和经济效益相对较高的作物。切实做到以水定发展，逐步形成各具特色的区域农业发展格局，进一步提高农业水资源利用的经济效益和社会效益，以水资源可持续利用支撑经济和社会的可持续发展。

（4）价格调控战略

通过调整农业用水价格，创造西安市农业节水的内生激励。农业水价制度应在保障粮食安全、支持农业生产的基础上体现市场经济运作原则，做到成本补偿、合理收益、节约用水、公平负担。价格调控战略需控制在适度区间，首先要考虑到国家对农业的扶持及补贴性质，其次要科学调研的经济承受能力，水价过高，可能会伤害农民利益，过低，则节水行动的激励不足，无法实现决策者初始目的。因此，西安市有关部门应该在充分听取相关各部门农户意见的基础上，对农业水价进行动态管理，制定一个合理的标准，将其作为农业水价调控的上限指导水价改革。综合考虑农业的具体状况，对粮食作物引用较低水价，对经济作物则可以适当调整上升幅度，农业水价调控战略必须建立在完善的计量基础设施之上，广泛推广应用智能 IC 卡技术，让农户用明白水、交明白钱，禁止任何形式的搭车收费和挪用。通过水价调控，稳定国家的粮食安全，调动群众实施科学灌溉和节约用水的积极性，有效遏制农业用水浪费，促进水资源的科学利用，提高农业水资源利用的社会效益和环境效益。

（5）水权交易战略

水权交易的实施需要有坚实的市场环境和良好的制度设计，因此，西安市政府在水权初始分配中，应发挥职能优势，加强农业水资源配置制度建设、水权初始分配和水事监管。西安市根据各个区县水资源天然差异、初始水权分配量、水资源耗费量和水资源开发利用量的不同，实行地方之间水权交易，水资源可以由富余地区出售给缺乏地区；根据水资源在不同部门之间的产出效率差异，实行部门之间水权交易，将各个部门节约的水出售给其他部门；根据农户节水意识不同，实行用水个体户之间水权交易，对于完成节水指标的用户允许将节约的水资源有偿转让，不但保证农业水资源利用的经济效益，也达到较好的社会效益。

同时，政府必须将宏观层面上的用水总量指标体系与微观层次上的定额管理指标体系相结合，以"维持水权稳定性，提高水权效率"为核心，在科学发展观的框架下，实施水权的界定和水权的分配。

（6）管理提升战略

西安市决策层通过全面以及整体的视角对农业用水中现在和将来的管理问题进行分析和决策，使农户、政府等环节的管理工作可以协调、有机地进行：

①落实最严格的水资源管理制度，全力推进西安市节水建设。严格落实"三条红线"的要求，严控西安市各个区县水量分配，建立覆盖市、县、镇三级行政区域用水总量控制指标体系，全面部署工作任务，落实有关责任，促进农业水资源合理开发利用和农业节水；②建立和完善农民用水者协会。西安市在保障水权所有者的权益不受影响的情况下，建立用水利益群体参与管理相互协商的制度，充分发展各种用水组织，调动农民参与灌溉管理的积极性，加强灌溉管理，杜绝用水管理中存在的漏洞；③加强政策扶持力度。西安市政府和水利部门要采取多种措施对农户的节水灌溉投资进行引导和支持，在政策上给予一定的倾斜，引导和鼓励农户自发地进行节水灌溉技术更新改造；④加强宣传教育。西安市加大宣传的力度，灵活运用多种宣传手段，市政府可以联合电视、网络、广播等大众媒体公益广告的宣传，策划不同的农业节水节目，进行节水宣传。

总结：本研究主要探讨了农业水资源利用效率问题，而没有考虑非农业用水的利用效率。面对西安市水资源短缺与浪费问题并存，提高水资源利用效率，不仅要求提高农业水资源的利用效率，而且还需要在各个部门间实现水资源的自由转移，建立健全水权市场和农业水价改革，进而提高水资源利用效率。